U0136107

當代台灣宗教發展

張家麟　著

蘭臺出版社

感　謝
員邦企業股份有限公司贊助

《國家與宗教政策》及《台灣宗教發展》
兩本著作的編輯與出版

真理大學宗教文化與組織管理學系所主任
台灣宗教信仰研究室主任　張家麟　拜上

台灣宗教團體發展的變因

　　當代台灣宗教發展是收集六篇論文的小書，主要焦點關注於台灣新興宗教山達基教會、傳統鸞堂及佛教佛光山這三個教派的宗教發展變因的研究，嘗試從宗教社會學的角度切入，釐清宗教發展過程中，有那些影響宗教團體興盛的內在因素。

　　如果能從宗教團體及宗教團體以外的社會因素尋找出較為具體的內在變因，將能釐清宗教團體在當代社會生存與發展的主要動力，以新興宗教來看，造成新興宗教出現、發展的主要因素來自於現代社會的需求、社會的急遽變遷、期待救世主的出現、傳統宗教無法滿足現代社會、新興宗教教主的神秘經驗、新興宗教教義具有靈驗、悸動效果等因素。

　　然而，這些因素並無法完全套用在當代台灣各個宗教團體，部分宗教團體發展迅速，可能只是擁有這些因素中的幾項變因，像佛光山、法鼓山、慈濟功德會、靈鷲山、中台山等佛教團體，在全球傳統宗教蕭條的趨勢中，卻在台灣蓬勃發展，都和這些團體的「領袖」特殊魅力(charisma)有密切關聯，也可能和台灣民眾捐贈宗教的深厚經濟能力，捐贈後個人及其家屬擁有宗教功德心理緊密相關。但是本書並未對上述議題求證，只先對新興宗教中的山達基教會、傳統宗教轉化為新興宗教的玄門真宗、真佛心宗鸞堂及傳統佛教的佛光山得以持續發展做調查，探究他們的宗教活動中，有那些促進他們發展的主要動力。

　　以山達基教會為例，在台灣十年的宣教已經建立十個教會，吸收將近一萬個信徒，宗教發展可謂相當快速，其宗教

最主要的特色在於，教義具有「神秘經驗」，對年輕人有吸引力，因此年輕信徒佔其信徒比率高。為了使年輕信徒吸收山達基教義，得透過「戴尼提」的學習，學習這項技術越多者，認同其教會程度越深，也願意將山達基的經驗宣傳到家人和朋友，類似運用人際網絡進行宣教工作。山達基的宗教經驗是否可以套用到其他宗教，值得進一步探究。

與山達基發展經驗不同的是傳統鸞堂的轉化，最具代表的個案為真佛心宗與玄門真宗。這兩個傳統鸞堂為了迎合現代社會的需求，將鸞堂中最重要的扶鸞儀式進行改革，使扶鸞儀式的參與成員、鸞筆、鸞台、儀式進行過程，從傳統中解放出來，讓男、女皆可成為鸞手，打破傳統男性鸞手獨佔的位置，也改良單人鸞手就可扶鸞的鸞筆，不再需要由雙人來扶持的鸞筆，儀式進行也提升參與成員涉入的程度，使儀式的宗教修煉意味更強。這些儀式因為社會的需求而產生的變化，是凝聚鸞堂信徒的主要原因，也是促使鸞堂效勞生願意實踐鸞堂教義，推廣鸞堂宗教經驗給親朋好友的內在動力。

至於佛光山的宗教發展原因很多，本書只篩選一篇筆者到佛光山派駐台南明德戒治分監的社會調查，在調查中顯現出來，佛光山投入監獄教誨活動，無形中帶給監獄受刑人不錯的戒毒效果，也促使受刑人對佛光山教義的理解、認同佛光山、希望皈依為佛光山的信徒，並對佛光山駐監法師十分尊敬。佛光山的監獄教誨活動，造就了佛光山對社會弱勢團體服務的良好形象，也促使佛光山團體發展。

在本書所提及的這三個個案，都是對宗教團體發展的內在變因提出解讀，不同團體發展的變因也不盡相同，山達基以神秘經驗吸引了年輕教徒加入，鸞堂在扶鸞儀式改革回應了現代社會追求速度、男女平等及普遍參與的需求，佛光山則對弱勢受刑人的服務，塑造了佛光山良好的形象，也實質造就受刑人認同佛光山的理念。因此，每一個宗教團體在尋求宗教發展的過程中，都可能運用自己宗教的優勢來滿足當代社會人們渴望宗教慰藉的心靈，建構出有利於自己宗教發展的模式；當然，宗教發展的主要關鍵因素可能在於宗教領袖體察當代社會的需求，重新解讀其宗教教義，並把宗教教義實踐，來獲取信徒的認同，不過，這仍只是筆者的學術想像，猶待未來尋求更多的資料加以證實。

目　次

第一章　當代台灣新興宗教研究趨勢之分析

壹、緒論

一、研究動機

　　全球傳統宗教世俗化的過程中，部份傳統宗教走下坡之際，新興宗教卻悄悄出現，走入人群、社會或山林，變成二十世紀宗教發展的重要現象，引起宗教學者、人類學者及社會學學者的關注。

　　台灣捲入全球化過程中，受全球政治民主化與自由化的影響，國家解除戒嚴，既有本土新興宗教團體，乃有機會由地下非法轉成地上合法。另外，從國外引入新的宗教團體，吸引部分信徒，得以在台灣發展，也漸漸擁有社會基礎，得到公部門

認同，至今已有 27 個合法宗教團體，（附錄一）其中絕大多數是新興宗教團體[1]。

　　當然有些新興宗教團體在台灣發展，但沒有向公部門登記為全國型團體，如屬藏傳佛教系統的中華民國朗色林護法功德會，她們在台宣教一如其他新興宗教團體，宣教活動頻繁，信徒增加快速，已具全國性宗教團體的規模。這些新興宗教團體蓬勃發展的現象，相當值得宗教研究者關心，尤其應探究新興宗教團體得以發展的動力，有那些宗教與非宗教的因素。過去五十年來台灣學術界對此議題已經累積一定的研究成果，但是對新興宗教的定義、分類及理論解讀，卻出現頗不一致的現象，值得我們繼續探究，舉例來說，有下列幾項：

（一）新興宗教定義爭議

　　新興宗教的定義與分類，台灣學術界可以歸納為兩個主要類型。1. 認為新興宗教是從傳統宗教轉化而來（董芳苑，1983；吳寧遠，1996：259-265）；2. 以為新興宗教是新的教主開立宗派展現不同於傳統宗教的新宗派（鄭志明，1995：89）。這兩種定義與分類，套在台灣的新興宗教的現象，是否可以涵蓋，則令人好奇，或是有第三種概念的建構，才能滿足台灣當今諸多的新興宗教。

---

[1]　許多小型的「新興宗教」團體不一定向內政部民政司登記，就在台灣地區活動；如中華民國朗色林護法功德會、奧修超覺靜坐、世界真光文明教團等。

（二）新興宗教理論爭議

至於新興宗教的理論，既有研究顯現出不同的理論解讀，有學者認為社會的需求是新興宗教出現的主要原因（宋光宇，1998：68-70），另有學者則引用傳統的說法，認為宗教天才的出現導致新興宗教創立。（董芳苑，1986：319-344）此外也有人認為不只是教主天生的卡理斯瑪（charisma）能力，還包括這能力的展現，提出了新的教義及教導信徒修煉身心的方法，滿足了人心的空虛及無助的需求。（鄭志明，1999：176-189）這些解讀呈現相當大的歧異，這也是筆者想釐清的另一項重點。

（三）大量新興宗教研究與現象湧現

台灣政治環境在西元 1990 年後，變的更為自由與民主，新興宗教團體大量出現一樣，也引起學術界研究關注，造成新興宗教研究的里程碑。在這之前，台灣地區學界對新興宗教研究如鳳毛麟角；1990 年後，新興宗教研究如雨後春筍，紛紛冒出。當研究主題禁忌相對減少時，新興宗教研究變成宗教研究新的一項顯學。

二、研究問題

基於當代台灣學術界對新興宗教研究的基礎，本研究焦點在台灣本地新興宗教研究變遷趨勢，而要釐清以下幾個問題：

（一）為何新興宗教研究在解嚴後才大量出現？

（二）新興宗教定義及其理論建構爭議與發展？

（三）科際整合對新興宗教研究的影響及未來可能趨勢？

　　上述三個問題，筆者將以時間為主軸，釐清不同年代學術界在新興宗教研究有那些變化，並探究造成這些變化的內在因素？本文將收集 1950 到 2003 年有關新興宗教在台灣研究的學術期刊論文、博士碩士論文、委託研究及專著，從中歸納既有新興宗教研究的次級資料，希望能得出當代台灣新興宗教研究的趨勢，並解答上述幾個問題。

貳、政治解嚴與新興宗教研究

一、新興宗教團體公開活動

　　新興宗教的活動，深受國家政治體制結構的影響，伴隨台灣政治體制「自由化」及「民主化」的推動，新興宗教團體逐漸由「地下」走到「地上」，獲得前所未有的發展。（瞿海源，2001：249-276）雖然，在台灣尚處戒嚴時代，學術界已對新興宗教展開研究，但是只有極少數的學者從事宗教研究，更遑論新興宗教的全面研究。例如宋光宇（1983）研究發現一貫道在戒嚴時代慘遭「汙名化」之苦；董芳苑（1986）對新興宗教觀察之後，對它作界定。

　　學界對此主題研究風氣不盛的主要原因在於：處在戒嚴時代，除了傳統宗教團體之外，新興宗教團體很難有生存空間；既然新興宗教深受政治因素限制，新興宗教很難開展，新興宗教現象活動量少，自然少有學者對它研究。

　　而當台灣國家體質轉變化之後，民主化的壓力帶給具有選票基礎的新興宗教團體一線生機，政治人物為了獲得信徒的支

持，開始為新興宗教團體代言，像一貫道就獲得當年國民黨立委的聲援，而得以合法。類似一貫道的新興宗教頗多，像錫安山教會也是透過民主化的機會，向政府施壓，而獲得合法的生存空間。解嚴後的統一教、天理教、摩門教、巴哈伊教、軒轅教等，都得到當時國民黨的合法承認；也有部分新興教派如妙天禪師、宋七力、清海法師、一貫天道等，因為涉及違反民、刑法相關法令，引起國家機關對他們進行某種程度的「宗教掃黑」行動。（張家麟，1999：240-246）台灣民主化之後，雖有「宗教亂像」，但也說明了新興宗派擁有比以前更多的生存空間。

二、政治解嚴前後與新興宗教研究變化

當新興宗教團體得以公開活動之後，宗教學者對他們進行研究，也就逐漸增多。從以發表的論文來觀察，就可以證實這項說法；根據中華民國期刊論文、博碩士論文及國家圖書館管藏書目等資料庫，以「新興宗教」或「新興宗教團體」為關鍵字搜尋，發現共有 109 份資料和新興宗教研究有關。（表 1）

表 1　五十年來台灣新興宗教研究統計表

發表年代	期刊論文	博碩士論文	書籍	累積篇數	百分比（%）
1987 年以前	3	0	4	7	6.42%
1988～1995	9	4	10	23	21.10%
1996～2000	30	11	8	49	44.95%
2001～2003	17	11	2	30	27.52%
共計	59	26	24	109	100.00%

　　這五十餘年來（1948-2003）有關新興宗教研究的統計資料[2]，已經累積相當的篇幅；但如果仔細理解，新興宗教研究在不同階段展現的研究成果差異頗大。在 1987 年之前，累積 7 篇的篇幅，包含 3 篇期刊論文及 4 本書籍，只占總研究的 6.42%，比例相當的低；1988 年到 1995 年新興宗教研究逐漸增加，累積 23 篇的研究，包含 9 篇期刊論文、4 本博碩士論文及 10 本專書，占 21.10%；1996 年到 2000 年台灣學術界對新興宗教研究關注加深，累積 49 篇的研究，包含 30 篇期刊論文、11 篇博碩士論文及 8 本專書，占歷年總研究的 44.95%高比例；而在 2001 年到 2003 年這三年當中，新興宗教研究持續維持高峰，累積 30 篇的研究，包含 17 篇期刊論文、11 篇博碩士論文及 2 本專書，占 27.52%。（表 1）

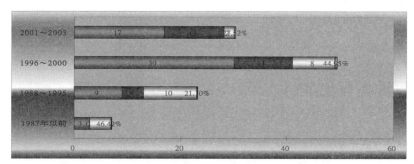

圖 1　五十年來不同年代台灣新興宗教研究統計表

---

[2]　教育部顧問室曾委託學者編纂《五十年來台灣宗教研究期刊資料彙編》，其中有關「新興宗教」資料蒐集，礙於篇幅只能篩選具「代表性」的期刊論文 18 篇，（鄭志明編，2003）遺珠之憾頗多。有關新興宗教的研究資料尚應包含書籍、博碩士論文及未公開的研究，才比較完整。本文則以書、博碩士論文及期刊論文為對象，作新興宗教資料的歸納及整理。

　　造成台灣學術界過去疏忽新興宗教研究與最近這十年來對新興宗教研究較高度的關注，主要原因來自政治及社會背景變遷，分別說明如下：

（一）威權體制的禁錮

　　威權政治體制下，新興宗教很難有生存空間；國民黨為了掌控社會團體，只同意傳統的佛教、道教、基督教、天主教及伊斯蘭教，不同意其他新興宗教出現。所以在 1987 年前既沒有太多的新興宗教現象，宗教學者就比較不可能注意到這個問題。只有極端少數學者像董芳苑、宋光宇、瞿海源等人，投入「新興宗教」的研究[3]，開創了台灣學術界此領域的先河。

（二）政治「自由化」、「民主化」的鼓勵

　　台灣政治「自由化」的關鍵年代是在 1987 年，而政治「民主化」遲至 1991 年才逐漸升高程度。這兩次政治體制的變化，促使「舊有的」新興宗教團體從非法走入合法，也鼓勵了其他「新的」新興宗教團體在台灣社會的發展[4]。

---

[3]　董芳苑最早投入新興宗教研究，分別在 1980 年〈「一貫道——一個最受非議的秘密宗教」〉及 1983 年《台灣民間信仰之認識》一書中論〈台灣新興宗教概觀〉；之後，宋光宇在 1983 年《天道鉤沈——一貫道調查報告》對一貫道從事研究；瞿海源也在 1985 年發表〈台灣社會的功利思想與新興宗教〉，1986 年的〈探索新興宗教現象及相關問題〉，後來收入在《氾濫與匱乏長篇》（瞿海源，1988）；

[4]　鄭志明也有類似的看法，認為 80 年代隨著政治環境的改變，以及一貫道的合法化後，各種新宗教團體幾乎呈現直線上升的態勢，加上後來人民團體法實施，開放宗教團體的申請，更加地促成各種新興宗教團體的成立。這些教團多強調信仰的靈驗性格，其吸引信徒的方法則各自不同，有的偏向於禪修

（三）新興宗教團體形同「壓力團體」

　　新興宗教團體第一次得到鼓勵得以發展是政府解嚴，他們從此擁有生存空間；他們再次得到政治的正面影響，是台灣持續的全國性的選舉，如 1996 年台灣第一次總統直選，所有總統候選人無不拉攏各個宗教團體，當然也不會放棄新興宗教團體信徒的選票。只要台灣持續性的辦理選舉，新興宗教團體將是候選人持續拉攏的對象；新興宗教團體得到民主的助力，在台灣社會有了相當紮實的基礎。

（四）新興宗教團體合法登記較容易

　　台灣目前內政部民政司登記有案的宗教團體已有 27 個，其中一大半是新興宗教團體；這些新興宗教團體可能為了宣教的利益，乃向國家機關申請合法登記。而國家機關目前接受宗教團體申請為「新宗教」的宗教政策，持比較開放的態度，運用「公聽會」的方式，委託學術界對新宗教團體調查及評估，讓有一定規模的新宗教團體登記合法。

方面，如各種禪修、神功等團體的開班授徒，形成教團，這一類的團體很多，如「禪坐養生學會」、「大乘禪功學會」等；有的偏向於解說法門的傳授，發展成一套特殊的修行體系，如「崑崙仙宗道功研究會」、「靈仙真佛宗」等；有的偏重於神秘經驗的神蹟與功能，再加上一些修持方法，來吸引信群眾，如「禪定學會」、「萬佛會」、「亥子道」等；有的經由神秘經驗的學理探討，吸引了一些追求玄理的信眾，如「靈乩協會」、「靈學研究會」、「中國道家五術法術學會」、「占驗協會」等。（鄭志明，1995：91-92）

（五）宗教研究社群增多

台灣在 1980 年代投入宗教研究的學者以中央研究院的院士或研究員居多，如李亦園院士、瞿海源、宋光宇、林美容等研究員，一般大學沒有設「宗教學系」或「宗教學研究所」，很少研究。到 1990 年之後，大學「宗教學系」或「宗教學研究所」得以設立，宗教研究人口增多，（附錄二）大學開設「宗教人類學」、「宗教社會學」、「新興宗教」，研究所開設「新興宗教專題」的課程也很普遍，研究投入這領域的可能性增加。

政治體制由威權轉向自由與民主的變化造成兩項重大影響：一為新興宗教在台灣大量的出現，新興宗教現象蓬勃發展，另一為宗教研究社群「量」的增加。有了這兩個基礎後，新興宗教研究變成台灣宗教人類學家、社會學家、歷史學家、哲學家就開始關注主題之一，自然而然豐富了 1990 年之後新興宗教研究的篇幅。

叁、新興宗教的定義與發展

台灣地區宗教學術界對新興宗教的研究，起於「新興宗教」的定義，到底新興宗教研究的範疇多大，沒定義清楚，就很難進行研究。[5]早期，以董芳苑（1986）、瞿海源（1989）和鄭志

---

[5]　西方對新興宗教的定義常用 cult 或 new religious movement 來稱呼，在西方學術界這兩個稱呼也引起「新興宗教團體」及「既有宗教團體」的不滿；然而宗教社會學家採取價值中立的立場，認為二次戰後逐漸出現的宗教團體，他們提出討論此後是否有靈魂、我是誰、生命中的意義與目的等廣義終極關懷的某種形式的答案，皆可稱為新興宗教團體。（林本炫，2003：42-48；Eileen

明（1995）等人著墨較多[6]。以下將針對這三位教授對新興宗
教的定義作分析，企圖理解他們新興宗教的爭論及合適定義。

一、新興宗教的範疇

　　台灣的宗教研究起步，和世界其他先進民主國家學術界的
宗教研究較晚，而新興宗教的研究又比傳統宗教研究更晚起
步，所以董芳苑遲至 1986 年在〈台灣新興宗教概觀〉一文才對
新興宗教作界定，以戰後台灣為時間基準點，切割傳統宗教與
新興宗教的分際，在戰後出現的宗教團體稱為新興宗教團體，
而在戰前的宗教團體稱傳統宗教團體，將新興宗教分成三個範
疇：

　　（一）範疇一：戰後為迎合台灣民眾心理需求及寄託，而
　　　　　在本地創立的新教門。

　　（二）範疇二：戰後來自中國大陸及國外的教門與近代宗
　　　　　教。

Barker, 1995：9）

[6]　除了三位教授以外，林本炫及林美容的論文中，也提到新興宗教的簡單定
　　義，如林本炫編譯之宗教與社會變遷乙書首章，「關於當今『新興宗教』的
　　理論與研究」（1993.9-61），即直指新興的宗派「乃是現階段『世俗化』
　　（secularization）的展現」，第十一章（383-401）並提及：「一般而言，快速
　　的社會變遷常常會成新興宗教運動的產生，在許多現代社會裡多有這種現
　　象。在台灣這種現象也相當明顯……」；另外，如林美容編之台灣民間信仰
　　書目將新興宗教歸入「以信仰源流來分類」的部分（1991：IV-XIV），且認
　　為可統稱為「民間教派」，其於「宗教生活面面觀」，乙文（1993：295-311）
　　亦將傳統宗教與新興宗教對立，說明二者有合流的傾向。由於兩位學者只是
　　對新興宗教稍作解釋，故本文不對其定義作論述。

（三）範疇三：戰後發生於傳統宗教的新現象。（董芳苑，
　　　　1986：320-321）

　　鄭志明認為，此一界說的優點是不將新興宗教現象單一
化，指出了多種來源及分化的新興宗教現象，和傳統宗教相比
較，彼此的形式與內容上大有差異，不適宜混在一起作界說。
三種範圍的說法，是站在台灣立場來討論新興宗教，以「戰後」
作為判定新舊的時間，掌握到台灣地區的主體性，在時間上也
有明確的界定。以戰後作為時間的分水嶺，有別於戰前已有的
宗教，新傳入或新成立的宗教都可視為新興宗教。然而，第三
範圍是有些問題的，將具有新現象的傳統宗教，也視為「新興
宗教」，似乎擴大了「新興宗教」範圍（鄭志明，1995：86-87）

　　筆者不太同意鄭教授對董芳苑的批評；因為從傳統宗教分
裂出來，或重新創立新教門，都可能成「新宗派」[7]（sect; cult），
而部分的「新宗派」也可能在未來發展為「新興宗教」。目前台
灣的「新興宗教」的確有傳統宗教的轉型的先例，像「中國儒
教會」已獲得內政部同意為「新宗教」，她就是由「傳統民間信
仰」──鸞堂──結盟後，轉化而來。不僅如此，2004 年向內政
部申請登記為「新宗教」的三個宗教團體，「萬宗」、「乾坤教」

---

[7]　有關「傳統宗教」（tradition religion）、「教派」（denomination）與「新宗派」
　　（sect; cult）的差別在別，傳統宗教是指存在世界已有相當長久的歷史，如
　　天主教、佛教、伊斯蘭教、印度教、道教等；而 denomination 是指已納入基
　　督教主流，其教義已有「正統性」，宗教組織也有一定的規模，如長老會、
　　浸信會、貴格會等；而 sect 是指尚未被主流教派承認的團體；cult 則比 sect
　　更邊緣化，隱含負面評價，甚至被傳統宗教質疑其是否為「真宗教」。（林本
　　炫編譯，1993：12；林本炫，2003：42-43）

及「玄門真宗」，都是從「傳統民間信仰」——宮廟轉變而來。
[8]具體而言，董教授預見了新興宗教與傳統宗教的辯證關係及
兩者的分裂、合併的可能。

　　事實上，董教授對新興宗教的界定已經有一定的認知，他
的定義展現出以下幾點特色，1. 時間限定：用時間切割新興宗
教或傳統宗教，關鍵年在於 1945 年；之前存在的宗教稱為傳統
宗教，之後稱為新興宗教。2. 地區限定：以台灣為主軸，從外
地如中國大陸及國外傳入的宗教皆為新興宗教。3. 宗教新設或
傳統宗教轉型：新興宗教範圍包含傳統宗教的轉型和本土創立
的新宗教兩類。

　　用這些特色中的前兩項觀點，來研究台灣地區新興宗教現
象頗為適切，但如果用之研究其他國家地區的新興宗教現象，
則可能扞格不入。因為在台灣可稱為「新興宗教」，在其他國家
地區可能是「傳統宗教」，或是已發展頗久的「宗派」。

　　如「藏傳佛教」是中國的「傳統宗教」，但是屬於西藏則
當寺系統的「中華民國朗色林護法功德會」在台宣教只有 10
年的光景。其他像一貫道在中國大陸已經傳了上百年，它在
1945 年後傳入台灣，學術界稱之為新興宗教。同樣情形出現在
許多「外來宗教」：如「創價學會」在日本已流傳幾百年，戒嚴

---

[8]　真理大學接受內政部委託，辦理「新宗教」申請案的調查及公聽會，計有三
　　個宗教團體申請成為全國型的「新宗教」，皆屬於傳統民間信仰的宮廟類型，
　　如「乾坤教」以供奉玉皇大帝為主神，「萬宗」以供奉呂恩主為主神，「玄門
　　真宗」以供奉關聖帝君為主神；它們的組織規模皆僅只於傳統宮廟，比較大
　　的組織規模是幾個傳統宮廟、道場的結盟，跨少數 4-5 個縣市，很少有遍及
　　全台各縣市的規模。（真理大學宗教學系，2004）

時代被政府壓制，目前也是台灣的「新興宗教」;「山達基教會」（Scientology）在歐美已有 50 年歷史，傳入台灣僅 8 年，兩年前獲內政部同意，成為第 25 個「新宗教」。

因此，從「宗教發展」來看，「新興宗教」研究意謂幾點意涵：首先是「外來宗教」與「本土宗教」的互動、競爭關係，其次為外來「新興宗教」在台的發展「本土化」過程；再者是此宗教在組織、宣教、福利及心靈慰藉變成「區域性」或「全球性」宗教變遷過程。而這三點都是理論概念的想像（theoretical concept imagination），值得我們對外來「新興宗教」在台發展時，投入關注與研究。

二、新興宗教是指「新興宗教現象」

董芳苑對新興宗教定義之後，瞿海源及鄭志明也分別在〈解析新興宗教現象〉與〈台灣「新興宗教」的現象商議〉，兩篇文章中，對新興宗教的界定加以討論及補充，瞿海源的說法強調「新興宗教」是指「新興宗教現象」，而鄭志明則想區分「新興宗教」與「傳統宗教新興化」的差異。

瞿海源從事社會學的研究，對新興宗教也頗為重視。其對新興宗教雖然沒有明確的定義，大致上在概念的使用類似於董芳苑，立足於台灣地區的宗教發展趨勢，關心 1945 年後新興的宗教現象（瞿海源，1989：230），其「新興宗教」的語意與董芳苑的第三範圍說相同，常等同於「新興宗教現象」一詞。林本炫則對瞿的說法進一步詮釋，認為「新興宗教現象」包含狹義的制度化新興宗教及普化宗教，前者如「新約教會」、「天帝

教」，後者如民間信仰「宮壇」的轉型。(林本炫，2003：49-50)

　　筆者以為如果只以「新興宗教現象」解讀「新興宗教」，易陷入「套套邏輯」的同語反覆情境，還好林本炫有為其註解，認為出現在台灣地區的「新宗教」現象，包括寺廟新轉型，形成「教團」組織，如傳統「鸞堂」串連，轉型為「儒宗聖教」、「玄門真宗教會」等新的宗教團體，也可稱為新興宗教。而在未來發展，這類型宗教團體向國家機關申請登記為全國性「新宗教」的可能性很高，只要符合內政部民政司的要求標準，台灣「新宗教」將呈現多元並存的現象。

　　瞿海源也從新興宗教現象的基本特徵，對新興宗教的界定作補充，而此觸及到新興宗教的本質，他找出七項基本特徵：

1. 全區域

　　不論是較具制度性的新興宗教，如一貫道、天帝教，或是擴散性的宗教，如私人神壇、與大家樂有關的陰神崇拜，在地理分佈狀況方面，基本上，都不是地方性的，幾乎是全台各地都有。

2. 悸動性

　　新興宗教的信仰者在皈依過程中多有著令人悸動的宗教經驗。其間，靜坐所獲之特殊心理經驗成了不少新興宗教發展的重要基礎。禁食祈禱也使部份基督徒經歷了非凡的狀況，扶鸞與製作鸞書也使得儒宗神教、慈惠堂及一貫道信徒有相當強烈的感覺。佛教密宗的盛行，也促成信徒因灌頂及觀像的經驗而感動不已。

3. 靈驗性

　　悸動性通常也和靈驗性相伴而生，我們可以說悸動性多半

乃是由靈驗性所促成，沒有宗教靈驗的事蹟就不可能產生所謂的悸動性。靈驗性只是事跡的肯定，悸動性則涉及強烈的心理感受或感應。

4. 傳播性

各類新興宗教之所以具有全域性，主要是由於此類新興宗教的傳播性甚強。通常這些團體的宗教精英份子一方面擅長宗教的創新，另一方面則注意有效傳地傳播其宗教。一些以靈驗為號召的神壇寺廟通過各種管道，更是聞名遐邇，遠近信徒接踵而至。北港朝天宮不僅平日香客絡繹不絕，去年的全島巡迴「弘法」更具主動出擊的態勢。

扶鸞著書的儒宗神教在刊物及善書的發行及流通量方面更令人歎為觀止。例如《地獄遊記》在四年前就已發行了三百萬冊，其傳播的威力由此可見一斑。

5. 信徒取向

新興宗教的崛起不只和吸收信徒能力有關，更常見的現象是信徒積極參與的動機高昂。這主要是因為大多新興宗教都是以信徒為取向，這類新興宗教的領袖多具神才的特色，信徒對之崇敬有加。

6. 入世性

新興的宗教大都入世性很強，以助人增強其對變遷中社會的適應為主。縱或有些宗教有相當濃厚的復古色彩，但也多以此做為去除現代社會的缺失之憑藉。

7. 再創或與復振性

瞿海源認為，幾乎沒有一個新興宗教是全新的，絕大部分是再創或復振性的，亦即多以既存的不同宗教或文化理念為根

基，予以新改革或重組（瞿海源，1988：371）李亦園（1984）
的研究也指出：「無論宗教氣象如何產生激烈的反應，其反應的
模式仍然不脫傳統中國文化約束」。換言之，為因應社會的需
要，新興宗教看起來有新的面貌，實際上許多是各種傳統的宗
教文化質素的重新組合和加強。

　　上述這些說法已經指出不少「新興宗教」的特質，但是筆
者認為也有一些「傳統宗教」也具有部分雷同的特質；例如以
宗教活動帶給信徒內心的「悸動性」及「靈驗性」感覺來看，
在舊有「傳統民間信仰」、「道教」及「藏傳佛教」一如新興宗
教，都非常強調[9]。以「傳統民間信仰」中的鸞堂系統作說明，
具有 100 年以上的宜蘭新民堂、苗栗獅山勸化堂，與「新興宗
教」鸞堂系統，台中玄門真宗、桃園真佛心宗比較，他們的扶
鸞儀式，幾乎如出一轍，很難看出重大差異[10]，扶鸞時帶給信
徒的「悸動性」及「靈驗性」皆相當強烈，信徒也因此實踐宗
教教義。（張家麟，2004）

---

[9]　鄭志明對瞿海源強調新興宗教的「悸動性」及「靈驗性」性質，也提出相當
大的保留態度；他認為瞿海源列的七點特性之中，只有第七點宗教的「再創
或與復振性」涉及到宗教本質的判定問題外，其餘都是偏重在宗教活動的外
在特徵，這些特徵正是當前各種宗教的發展趨勢，不能作為新興宗教的判定
標準。（鄭志明，1995：88）

[10]　真理大學舉辦第一屆宗教儀式會議，在 6 月 8 日、15 日及 22 日分別於淡水、
台中、台南各舉辦一場扶鸞儀式展演，邀請「傳統」鸞堂及「新興宗教」鸞
堂齊聚一堂，鸞手扶鸞的氣氛，充滿「悸動性」及「靈驗性」的現象。

三、新興宗教與「傳統宗教新興化」

　　鄭志明對「新興」一詞提出討論，認為從時間、空間及宗教內容判定「新」與「舊」，易陷入意氣之爭；而應另闢蹊徑，找出「新興宗教」新意涵：他認為不少傳統宗教為了適應時代的變遷，也進行「新興化」的自我調整，這是「傳統宗教新興化」的現象，應該不是「新興宗教」。（鄭志明，1995：85-86）

　　依其說法，「新興宗教」一詞有其特定的對象，大致上是不包含傳統宗教的「傳統宗教新興化」團體；但是他也認為「新興宗教」與「新興化團體」有時在分辨上不是很容易的，比如有些新興宗教團體還是打著傳統宗教的招牌，有些被視為傳統宗教的新興團體，其組織與運動方向愈來愈與新興宗教相似。（鄭志明，1995：88）

　　筆者以為：鄭志明固然指出「新興宗教」與「傳統宗教新興化」的差異，但是他也陷入兩難，如果將「傳統宗教新興化」這類宗教團體排除，台灣還有幾個「新興宗教」呢？而且，從他舉的新興宗教例子來看，有不少新興宗教，也是從「傳統民間信仰新興化」而來。如慈惠堂供奉瑤池金母，有不少民間宮廟供奉此神祇；高雄「文化院」系統與「傳統鸞堂」有密切關連；現代禪、禪學會教導信徒修行的方法，那可能與傳統佛教的「禪修」方法有關；至於清海法師的禪定學會，則可能從佛教吸收部分教義，再自創宗派。因此，與其排除「傳統宗教新興化」團體為新興宗教，不如將之視為新興宗教的一個類別，那更符合觀察與研究的需求。

　　鄭志明進一步建構判定新興宗教的標準：（鄭志明，1995：

89-90）

1. 傳播顯靈經驗

新興宗教教主開宗立派和教主宣稱某一神明應劫下凡救世，經靈媒的傳播，不斷地宣揚其救世的理念，自成一套系統有關。這類教團有的雖無教主，但經由神職人員發展組織，成為宣揚神恩的團體。如慈惠堂、文化院等，前者以瑤池金母，後者以清水古佛，作為新的救世主神。台中太平的開天宮，則以「五母信仰」重臨人間，以靈媒濟世，積極地佈道傳法。

2. 教主為神明轉化

新興宗教的教主大都自稱是某一神明轉化脫胎下凡，而被信徒視為救世主。相信教主具某種神秘能力或教法，能幫助眾生解脫。如盧勝彥的靈仙真佛宗，盧勝彥自稱為西方淨土的大白蓮花童子轉世的活佛。

3. 修行具有靈驗

教主經常自創一套新的身、心、靈修行方法，宣揚其修行方法無比的靈驗與有效的[11]，正式地開班授徒，且形成一套修行工夫與宗教儀式，而且廣為宣傳。宣稱幫助信徒在修行過程得到解脫，這些修行方法可能包含傳統宗教部分的修行法，譬如「靜坐」、「冥想」、「氣功」；自立一套新的修行方法的宗教團體，如現代禪、佛乘宗、九九神功、禪學會等。

---

[11] 筆者在去年7月從事山達基教會的調查，該教會運用「援助法」幫助煙毒犯治療，頗具療效。另外，筆者的〈靈驗、悸動與宗教發展—新興宗教山達基個案研究〉也發現，該教會信徒都很肯定「戴尼提」技術，可幫助個人內心的陰影（stigma）去除，使個體內心解脫，到「自由」的境界。（張家麟，2003）

4. 宗教神秘體驗

新興宗教的修行與宗教活動，特別強調宗教神秘的體驗，這些神秘體驗可以是信徒感受教主的「法力」，也可以是信徒自己在修行過程中，超出現實世界的心靈體驗。自立一套教義詮釋體系，特別強調傳統宗教中某些神秘的體驗，將其教義重新組合或改革，形成新的運動團體。如清海的禪定學會與宗聖的萬佛會，前者重神秘體驗，建立一套新的詮釋神學，後者重教義改革，積極地參與社會運動與宗教創新運動。

鄭所建構的準則，相當強調新興宗教「靈媒」濟世普渡眾生；「教主」法力高強幫助信徒解脫；「教主」修行方法非常「靈驗」，信徒可依法修行；「教主」自立教義，重新詮釋既有神學。鄭志明抓到新興宗教非常重要的兩個因素，一為「教主」魅力，另一為新興宗教的修行、儀式，對信徒內心具「靈驗」感受。對此兩頂判定新興宗教的標準，筆者完全同意，但筆者認為，要找出新興宗教研究的指標（index），不應拋棄董芳苑及瞿海源的論述。筆者嘗試綜合這三位的論述，建構以台灣地區為研究範圍的新興宗教「標準」（criteria）：

1. 時間

新興宗教應是指 1945 年之後出現在台灣的宗教團體，如一貫道、天帝教、軒轅教、天德教。

2. 空間

用外地傳入的宗教團體，如山達基、創價學會、奧修、朗色林護法功德會等。

3. 傳統宗教轉化

傳統宗教轉化出來的團體，如中國儒教會、玄門真宗等。

4. 靈驗

新興宗教的儀式及教義實踐，是否能滿足信徒內心的靈驗需求，如山達基、玄門真宗；包含教導信徒「修行」與「鍛練」，進而改善其身、心、靈，如法輪功。

5. 宗教領袖魅力

能創立新興宗教，與「教主領袖魅力」有高度關連，部分教主在修行時即能忍人所不能忍[12]，展現不平凡的特質。部分教主教導執行宗教儀式時，非一般人能及，如扶鸞能力較強的文化院正鸞手蔡文、真佛心宗宗主陳政淋、玄門真宗宗主陳桂興。部分教主詮釋教義具吸引力，如清海法師。

前三項指標是外顯指標，後兩項則是新興宗教的內在指標。外顯指標只是判定該宗教團體是否為台灣地區的新興宗教；而內在指標是展現出新興宗教出現、存在及發展的主要動能。用這五項標準，應該指稱台灣目前存在的新興宗教，不僅如此，研究者依此指標在觀察新興宗教的現象時，也可根據其研究需求，建構與新興宗教相關的「命題」，那麼新興宗教的指標研究將具「理論概念」的意涵。

肆、本土新興宗教的理論及其發展

有關本土新興宗教的「理論」（theory）建構，發展很晚，

---

[12] 自創「靈鷲山」教派的心道法師，在靈骨塔、墓塚間、如幻山房、華法洞（一坪大小的山洞）修行，曾斷食兩年，過著非常人的生活，終於成為一代著名法師。（陳大為、鍾怡雯，2002：72-132）

1970 年代開始論述「新興宗教的起源」，此理論延續到 2000 年仍有論述。其後是在 2000 年討論「新興宗教教派分裂」及「新興宗教發展」因素。[13]茲說明如下：

一、新興宗教的起源

（一）社會變遷論

　　本土新興宗教研究最早以李亦園的研究較具代表性，然而他的研究深受 1970 年代美國新興宗教研究的成果所影響，他認為台灣新興宗教的出現深受當代台灣社會的思緒與道德信仰系統的崩解，台灣社會的急遽變遷是台灣新興宗教興起的主要原因。[14]

---

[13] 對這三個理論討論，主要文獻是：1.鄭志明主編（2003）《五十年來台灣宗教研究期刊資料彙編—新興宗教》一書中，鄭志明論〈台灣「新興宗教」的文化特色〉（上）（下）兩篇及宋光宇〈試論新興宗教的起源〉，共計三篇論文。2.內政部主編出版（2003）《宗教論述專輯第五輯—新興宗教》，有趙星光，（2003）〈世俗化與全球化過程中新興宗教團體的發展與傳佈〉，張家麟（2003）〈靈驗、悸動與宗教發展--新興宗教山達基個案研究〉，游謙（2003）〈新興宗教與主流教派的關係：比較宗教學的觀點〉，林本炫（2003）〈社會學有關『新興宗教運動』定義的意涵〉等四篇論文，及林本炫編譯（1993）《宗教與社會變遷》第一章〈關於當今『新興宗教』的理論與研究〉。

[14] 這個理點深受涂爾幹的社會思緒論所影響，也和美國 1970 年到 1980 年新興宗教學者建構的「文化危機理論」相似。美國的文化危機理論以格拉克、艾斯特及吳思拿三位學者為代表；格拉克（Glock, 1976）的說法就證實此項論點，他認為六〇年代此起彼落的社會與文化抗議和實驗，反映了新興宗教運動出現的意義與正當性。艾斯特（Eister, 1972, 1974）也認為新興宗教運動的興盛，和「隨著先進社會在溝通制度與個人調適制度的錯亂而來的『文化危機』有關，這一錯亂給予了宗教運動興盛的會」（Eister, 1974：612）。Wuthnow

　　李亦園主要的論點為：新興宗教運動具有「偏差性」與「創新性」的特質，其出現導因於舊有規範的瓦解及既有價值的欠缺共識有關，這有涂爾幹的社會失序理論（society anomy theory）的影子。台灣的新興宗教的出現在於台灣宗教的功利主義趨勢，在急遽的社會變遷過程中，信仰系統和道德倫理系統的分離，是新興宗教興起的原因，民俗宗教中的功利主義，是道德與宗教分離的例證。（李亦園，1984）

　　原有價值體系已被「現代化」社會衝擊，變成無法滿足既有社會的需求，而新的價值體系未建立之際，新興宗教的教主及其意識型態，就擁有生存與發展空間。社會失序論詮釋了「新」、「舊」社會價值體系變化的間隙，新興宗教乃在此空隙興起。

　　這論點非常接近社會學的「鉅視」理論，由於社會急遽變遷，乃產生新興宗教。如美國南北戰爭之後人口遷徙，造成摩門教和耶和華見證人的出現，或是日本在面對歐美的文化衝擊，天理教重新再生，（林本炫，2003：55）這些西方理論或許可解釋美國及日本，但是並一定可以直接套用在台灣地區新興宗教的解讀，說不定有理論的侷限，值得進一步研究。不過當研究者的主觀移植西方理論時，應該有更多的具體台灣新興宗教資料來檢證，不然這些理論都只是尚待驗證的「理論假設」而已。

（1978：59-60）從全球的社會價值變遷角度來解讀新興宗教的出現，他曾指出，在現代世界次序形成過程中，有三個時期容易引起宗教的激烈變遷：1. 世界體系中的核心勢力迅速擴充時；2. 核心與邊陲區域間極化衝突期，3. 新的世界次序趨向於穩定之重建期。（林本炫編譯，1993：11-23）

（二）社會需求論：天啟末劫論的反省

不同於社會變遷的鉅視理論的理論假設，是宋光宇（1998：68-70）在「試論新興宗教的起源」一文中，提出的社會需求論，他用田野的資料說明宗教團體滿足「社會需求」，才是新興宗教的起源，駁斥了「天啟末劫論」的說法。「天啟末劫論」是過去新興宗教出現的主因，尤其是對西方世界基督教與東方世界天師道出現的解讀，這兩個宗教都是在社會動盪不安的狀況之下，人心「憎惡現世，等待救主」之後才出現。

宋用具體資料論證，當代台灣新興宗教得以出現，與該宗教是否滿足社會需求有關，尤其是該宗教中的「人神真接溝通（扶乩）」、「（宗教）醫療行為」、「社會救濟」、「宣講」、「靜坐」和「經懺」等宗教內容，才是吸引了新的教徒對新興宗教的認同的主因。[15]從新興宗教內容符合社會需求的角度來看，是因為當社會有潛在的需求，而新興宗教的宗教內容剛好填補了社會中部分民眾的需求。

如果說社會變遷論是從社會大環境的失序、外環境對內環境的衝擊來解釋新興宗教的出現，是以社會的「外部」因素，影響了新興宗教；而社會需求論則是從宗教團體的宗教活動來解讀該團體的存在意義，愈能滿足社會需求論的宗教活動，其成為新興宗教團體的可能性愈高，它是以宗教團體的「內部」

---

[15] 宋光宇調查理教、一貫道、天德教、道院、鸞堂、軒轅教、同善社、萬國道德會、慈濟功德會、佛光山等團體，認為這些團體至少擁有 3-5 項滿足社會需求的宗教活動，（宋光宇，1998：69）有這些活動，新興宗教團體才能出現。

因素,來理解新興宗教。

筆者以為宋所建構的宗教團體中的六項活動「人神真接溝通(扶乩)」、「(宗教)醫療行為」、「社會救濟」、「宣講」、「靜坐」和「經懺」,尚可擴大檢證台灣地區「所有的」新興宗教團體,證實「愈能滿足社會需求論的宗教活動,其成為新興宗教團體的可能性愈高」這項通則(generalization),並將之細膩化,看這六項活動中,那幾項具關鍵的影響力,則對新興宗教的起源研究將有重大貢獻。如進一步將這六項概念與新興宗教團體的發展相勾連,或許也是非常棒的理論假設。

(三)合緣共振論[16]

不同於前兩個理論,「合緣共振論」是從教主、信徒及社會三者互動的角度切入,其中教主具有卡理斯瑪(charisma)的領袖魅力,經常是新興宗教得以發展的最大因素。

由教主立「法」,再由「法」設「教」這種過程,是一般新興宗教發展的路徑。部分新興宗教取決於教主的領導,及信徒對教主的期盼,期待教主具有治病的神能、教主擁有超度的功德與教主宣揚救世的法門。如能得到內心滿足,信徒就容易對教主所創辦的宗教集體獻身、共同護法與自我成就。(鄭志明,1999:176-189)

這是從「菁英」(elite)的角度思考本土新興宗教的出現,新興宗教教主以「天縱英才」之姿,創造「神蹟」,幫助信徒修

---

[16] 此名詞為鄭志明所創,從其涵義中,可理解吳寧遠及顧忠華說法與其接近,故將三位學者劃為同一類。

練及神、人溝通，展現新興宗教的儀式、教義、實踐的「靈驗」特質，促使信徒擁護及供養教主。不少新興宗教教主的宗教能力滿足個人需求時，新興宗教得以生存並發展，也縮小傳統宗教的領域，新興宗教為個人身心發展提供滋養，即宗教成為私人的宗教，只對個人才具有真實性。

　　然而這理論如同社會變遷理論，只是研究者的主觀觀察與想像，缺少客觀的田野及社會調查資料來檢驗，故筆者以為這理論否適合台灣社會所有的新興宗教，並不得而知。像「慈惠堂」、「行天宮」系統，沒有教主，香火依然鼎盛，則可為反證。但是筆者同意，用宗教「菁英」來解讀新興宗教的起源，可能是非常具解釋力的假設。

（四）宗教世俗化理論（religion secularization）

　　宗教世俗化理論的主張在既有的宗教無法滿足現代化激烈的社會變遷底下，而人對宗教信仰有新的需求時，非傳統性的宗教教派就有可能出現。新興宗教的出現展現出人們對既有宗教的不滿意，代表舊有宗教衰退過程，及在近、現代社會人們不重視宗教。（Wilson, 1976：96；董芳苑，1983；吳寧遠，1996：259-265）世俗化問題的確困擾著西方正統宗教，因為教會權威下降，成員流失，基督宗教的「世界圖像」不斷喪失在宗教以外的影響力，當然無法維持它高高在上、指導一切的地位。（顧忠華，1997：89）

　　科學昌明，民族國家興起；取代傳統宗教的角色。醫學取代部分宗教醫療，民族國家取代宗教，扮演教育及福利的功能，宗教乃逐漸蕭條。

當既有宗教無法滿足現代人們的需求時,西方基督宗教乃走上衰退的道路,而新興宗教乃有出頭的機會;不只在西方如此,在任何宗教自由程度高的國家地區,也有雷同的現象,台灣地區新興宗教也是在傳統宗教衰退的過程中出現。然而,在1985-2000 年,台灣地區傳統宗教如基督教、天主教及佛教,並未出現宗教世俗化理論所預見的現象,基督教、天主教信徒沒有衰退,佛教慈濟功德會、法鼓山及佛光山信徒反而逆勢成長,在此之際,新興宗教仍大量出現,顛覆了宗教世俗化理論的解釋。

(五)宗教市場論

「宗教市場論」是指將不同宗教競爭,猶如市場競爭,宗教團體像自由經濟市場的商品,宗教乃待價而沽,爭取信徒信仰消費。民眾的社會生活中,逐漸出現不同的宗教信仰模式與現象,帶動出符合「小眾」需求的新興宗教運動。這種「宗教形同商品」的宗教活動,離不開現實社會的市場需求,宗教團體勢必因應民眾的要求,形成激烈的宗教自由市場競爭。然而新興宗教團體面對此競爭,處理人在世間的活動,分成「拒斥現世」、「肯定現世」與「適應現世」等三種態度(林本炫,1996:31)。其中部分新興宗教為了擴張其「宗教市場」,乃採用「嵌入社會」(inserted in society)的方式,積極地滲入社會文化結構之中,以其特殊的宗教服務,進行有效的行銷的與組織發展。(林本炫,1993:279)

也有部分新興宗教團體為了爭得宗教市場,當傳統宗教趨向「理性化」時,從「超自然」領域退卻時,它們填補了這塊

空白，宣揚該宗教的「超自然」力量，滿足民眾的市場需求。甚至它也是對「宗教世俗化理論」的反省，（林本炫，2003：57）本來科學發展，取代宗教功能，造成傳統宗教衰退。現在科學無法完全取代宗教時，新興宗教運動提供傳統宗教過去的「超自然」宗教服務，新興宗教團體乃因應而生。

這種將宗教當作商品，宣稱其商品「超自然」力量，並用行銷的方式，曾獲得部分年輕人的認同；在台灣具代表性的例子為山達基教會及妙天禪學社。其中，山達基教會在台灣從1989 年宣教以來，至今（2004）15 年的發展，已建立 10 個教會，一萬名左右的信徒，信徒平均年齡層有年輕化的特色。（張家麟，2004.3：36-56）然而，過度將宗教當作商品，銷售給信徒的方式，曾引起不同美、德等國家機關的關注，認為提供服務而收取費用就牽涉到買賣行為，而非宗教行為，只要是買賣行為，國家就得課稅，而宗教行為是免稅的。

不僅如此，台灣地區部分新興宗教不一定將宗教當商品販賣。像玄門真宗、真佛心宗，它們都從傳統鸞堂轉化成新興宗教，目前仍展現鸞堂高度的神聖性。在其傳統中，仙佛降鸞雖然有「超自然」現象，但是仙佛透過鸞筆教化信徒及宗主對信徒開示，信徒「飲用聖水」，求「平安符」活動，皆由信徒自由捐獻，從未以商品看待，維持宗教的神聖性。因此，這理論至今為止，對本地新興宗教並非完全具解釋力。

（六）「靈驗」、「悸動」的宣教效果論

新興宗教能在許多宗教信仰自由國家地區開展，和宗教的教義實踐與修行，得到信徒主觀的身心靈認同有密切關聯。以

台灣新興宗教為例，這些新興宗教教團大都強調信仰的「靈驗」性，雖然吸引信徒的方法稍有不同，有的偏向於禪修：如「禪坐養生學會」、「大乘禪功學會」與「現代禪教團」；有的偏向於解說及傳授法門，發展成一套特殊的修行體系：如「崑崙仙宗道功研究會」、「靈仙真佛宗」；有的偏重於神秘經驗的神蹟與功能，再加上一些修持方法：如「禪定學會」、「萬佛會」、「亥子道」；有的經由神秘經驗的學理探討：如「靈乩協會」、「靈學研究會」、「中國道家五術法術學會」、「占驗協會」。（鄭志明，1998：332）

新興宗教對這種再神聖化的現象頗為關心，稱之為「靈驗」與「悸動」性，雖然傳統宗教也有這種現象，可是新興宗教更為強調特殊的心理經驗，以及這種經驗相伴而生的靈驗與悸動性（瞿海源，1993：397）。

但是，也有學者對此加以批判，以為新興宗教團體在神聖領域的擴充上不夠健全，反而帶動了民眾原有的「巫術信仰」與「符咒心理」。（李亦園，1992：106）加重了民眾對巫師、巫技與巫法的依賴，只是想借助新興宗教的超常心理體驗，來取得生存的優勢效果，或幫助自己達到心理的平衡。當社會復活了這種神聖領域的巫術效用時，也正是世俗文化機能的衰敗，人們對正常的社會文化功能失去了信心，反而仰賴各種神秘的術數與神聖的靈力。（瞿海源，1990：42）

然而，有研究指出，信徒對新興宗教教義中展現出的修持方法，使他們內心感受到特殊的「神秘經驗」、「神蹟」與「功能」，乃促使信徒認同及加入該宗教，而這也是新興宗教出現及存在的主要因素。筆者對山達基教會、玄門真宗及真佛心宗的

調查，證實這些新興宗教團體中的信徒都相當滿意該宗教的儀式感受及教義實踐的「神秘經驗」。（張家麟，2003：215-258；張家麟，2004）

在上述這六項理論當中，展現出以下幾點意涵：

1. 多元論述

對於新興宗教的起源理論家討論頗多，呈現多個理論競存的局面，類似多元典範（plural paradigm）。像社會變遷論是從整體社會鉅視觀點分析新興宗教只有在社會劇烈變遷過程中，才有可能產生。社會需求論是從新興宗教本身的宗教活動出發，如果該宗教團體設計的活動能滿足社會需求，該團體就可能出現在社會當中。合緣共振論則從菁英的角度切入，唯有具卡理斯瑪領袖魅力的教主出現，新興宗教才會產生。宗教世俗化理論也解讀了傳統宗教的衰退，其所遺留的空間被新興宗教所填補。宗教市場理論則說明傳統宗教趨向理性化時，新興宗教強調「超自然」力量，來和傳統宗教競爭，在宗教自由市場吸引教徒。靈驗、悸動的宣教效果論則強調宗教儀式、修行的靈驗性質，透過宗教修行的神秘經驗吸引信徒家入新興宗教。這些理論各有其解讀新興宗教出現的能力及限度，沒有一個理論具有十足的解釋能力，只能在不同新興宗教出現時尋求合適的理論解讀。

2. 理論尚待充實

這六項理論當中幾乎都是理論家移植西方的理論，用來解讀台灣新興宗教的出現，它們缺乏本土新興宗教的資料與研究來證實這些理論，所以它們彷彿只是「理論假設」。當然也有例外，像「社會需求論」及「靈驗、悸動的宣教效果論」就運用

田野資料說明新興宗教團體的出現，就比較有理論的效果。

　　以社會變遷論提出最早，它和宗教世俗化理論及宗教市場理論都深受外國社會學家對新興宗教起源的論述所影響；而合緣共振論及靈驗、悸動的宣教效果論，比較具有本土理論的特色。

　　西方學術界在 1960 年代即著手研究新興宗教起源，其所建構的理論自然會影響台灣學術界，因此，有關新興宗教的起源仍然充滿西方理論的影子。如果要發展台灣本土理論，就得對西方有關新興宗教起源的論述當作理論假設，進行新興宗教團體的個案及比較研究，來證實、修正或推翻並從新建構新理論。

二、教派分裂與新興宗教發展

（一）教派分裂原因

　　對於新興宗教的出現，從宗教組織來看，也有部分新興宗教是從傳統宗教分裂出來的結果，這種「教派分裂」（schism）現象可能出現於原有教派中另立新教派，也可能從傳統民間信仰鬆散的宮廟團體中，獨立出來成立新教派。根據林本炫的論文指出，日本天理教派的分裂就是屬於第一種狀況。國外教派分裂的原因主要是：1. 對教義的不同詮釋 2. 宗教組織領導權威分裂 3. 信徒的宗教需求與宗教服務的分歧 4. 社會環境及法律規定有助於新宗教的出現。（林本炫，2003：56-57）

　　表面上，「教派分裂促成新興宗教的出現」；然而教派分裂的背後原因，才是關鍵。但是台灣的新興宗教教派分裂現象並不多見，反而大部分是從傳統民間信仰轉化出來成立新教派，

像中國儒教會、玄門真宗教會都是從鸞堂系統轉化而來，因此，學術界對教派分裂議題也不太重視，反而已注意到傳統民間信仰轉化而來的新興宗教。

不過，目前學界對於：傳統民間信仰宮廟為何它們要另立宗派的原因？及檢證西方教派分裂的原因是否能套用在台灣新興宗教團體的出現？皆鮮少論述。

根據真理大學舉辦「新宗教」申請案的調查與公聽會中，隱約可以理解，絕大多數的傳統民間信仰的宮廟團體要成立新宗教的申請，原因在於：

1. 國家採取「宗教自由主義」

過去其宗教活動未得中央政府內政部民政司宗教科公開認證，而現在政府內政部民政司宗教科採「宗教自由主義」的立場，對其公開認證為「新宗教」的可能性很高。

2. 成立新教派具宣教利益

許多鸞堂結盟後，得國家認證轉化為「中國儒教會」或「玄門真宗教會」，擁有「全國型宗教」的合法資格外，也取得「正名」，對它們宣教事業應有極大助益。[17]

（二）新興宗教發展

新興宗教發展的研究是「宗教發展研究」的一環，由於新興宗教在台發展的時間不長，因此研究並不多見，大部分集中

---

[17] 在 2004 年 4 月 12 日真理大學宗教學系主辦的玄門真宗、乾坤教及萬宗等三個宗教團體向內政部民政司登記為新宗教的公聽會上，其宗教領袖在公聽會上陳述，都非常希望成為全國型的新宗教；據側面瞭解，內政部同意其申請案，對其宗教發展有利。（真理大學，2004）

在 2000 年的論文。研究者延續新興宗教的出現，繼續探究部分新興宗教得以發展之因。

　　整體來看，台灣地區在 1989 年後至 2000 年，宗教性質的社會團體數目成長了 10.25 倍；前已分析這和國家體制轉型有密切關連。威權體制國家「強力管制宗教」，民主轉型國家「高度尊重宗教」，台灣變成多元宗教並存的地區，新興宗教也在此宗教自由市場與傳統宗教競爭。雖然新興宗教團體似乎大幅度成長，但是信徒不見得隨之增加，據 1999 年第三期第五次調查「台灣地區社會變遷基本調查」，84%受訪者參加新興宗教團體舉辦的活動，然而只有3%的受訪者自認為是新興宗教信徒。（趙星光，2003：26）大部分的新興宗教團體只擁有「小眾」的信徒，能有上萬名信徒的團體乃是常態。（姚玉霜，2003）儘管它與傳統「大型」宗教比較起來，它屬於「小」教派，不過它仍可在台灣宗教自由市場中占一席之地，除了政治制度的「外部」因素外，應尚可歸納以下幾項，來說明為何新興宗教團體得以發展：

1. 靈驗

　　當新興宗教團體的宗教活動，使信徒感受參與後「靈驗」心理越強，越有助於對新興宗教團體的「宗教捐獻」、「宗教教義的認同」及「宗教推廣」給親友。（張家麟，2003）

　　新興宗教團體的起源已有學者指出「靈驗」因素非常重要，而新興宗教是否能持續吸引信徒認同其教義、捐獻及推廣，也端視信徒參與宗教儀式及活動後，身、心、靈主觀的感動。部分新興宗教團體儀式及活動，特別突顯這項特質，像筆者調查本土新興宗教「鸞堂系統」中的「真佛心宗」、「玄門真宗」

及外來新興宗教「山達基教會」，皆證實這「命題」。如果再追蹤其他新興宗教如「法輪功」、「奧修」、「天帝教」等，檢證及充實這「命題」，或許可使它變成非常具解釋力的「通則」（generalization）

2. 宗教領袖

新興宗教團體的起源有待宗教「領袖魅力」，同樣的，宗教領袖也是促使新興宗教團體發展的重要因素。宗教天才或聖人型的宗教領袖（iconic religious leadership）不斷地整合提倡新的宗教產品，以回應社會變遷所產生的需求，新興宗教出現的頻率與種類將越來越快很多，許多新興宗教的信徒也有可能在不同的宗教團體之間流動，尋求滿足其個人需求的宗教產品。（趙星光，2003：26-27）

知名度頗高的新興宗教領袖，也懂得運用「大眾傳播資訊」，進行宣教，像玄門真宗扶鸞儀式已經「多媒體化」，[18]鸞文運用「多媒體」，立即打字輸入電腦，在大螢幕展現仙佛指示。在真理大學與玄門真宗合辦的「第一屆宗教儀式會議」中扶鸞儀式展演，被其他鸞堂觀摩後，都認為這是相當好的扶鸞儀式改革。宗教領袖能否提出滿足社會需求的教義，往往是該團體發展的主要關鍵因素。

3. 宗教儀式

宗教儀式創新與改革也是傳統宗教轉化為新興宗教後，吸引信徒的重要因素。傳統宗教的儀式相當著重「菁英」主導儀式進行，而新興宗教的儀式則著重於「普羅大眾」參與儀式。

---

[18]　現代的鸞堂中，只有玄門真宗扶鸞採用「多媒體」。

在參與儀式的過程中，滿足個別的即刻性需求，特別是以強調個人修行與體驗的團體。（趙星光，2003：27）如玄門真宗的扶鸞儀式，除了「鸞手」、「唱生」、「記錄生」外，幾乎所有門下生都分工參與，如儀式進行前的「施咒生」，翩翩起舞的「護法生」，接送神的「禮生」、「鐘鼓生」，及沒有任務的門下生則「靜坐」修練。（張家麟：2004）

　　現代「民主參與」已融入日常生活方式，在吸引年輕信徒參與新興宗教儀式及活動，如仍維持傳統宗教的方式，可能效果不佳。互動式的參與，提高信徒參與興趣，也讓信徒在宗教儀式過程中，感受仙佛帶來的「靈驗」，實踐了宗教教義，間接也促進新興宗教發展。

伍、科際整合的新興宗教研究

一、社會科學與新興宗教研究

　　傳統宗教研究以神學、哲學為主流，現代宗教研究受社會科學的影響，從各學科領域來解讀宗教，（楊鳳崗，2002：241-253）其中台灣的新興宗教研究也逐漸引入宗教人類學、宗教社會學、宗教歷史學、宗教政治學、宗教心理學及宗教法學等理論概念，豐富了新興宗教研究的成果。

　　1987年以前在新興宗教研究以宗教歷史學占大宗，共有5篇研究；其次為宗教人類學2篇研究；宗教社會學有1篇。1988年到1995年，以宗教社會學研究最多，有9篇；其次為宗教人類學，有7篇；傳統的宗教哲學研究有2篇；宗教歷史學1篇；

宗教政治學有 3 篇。1996 年到 2000 年的研究以宗教哲學最多，有 14 篇；其次為宗教人類學 13 篇；宗教社會學 13 篇；宗教歷史學 10 篇；宗教心理學 3 篇；宗教政治學 2 篇。2001 年到 2004 年的研究以宗教社會學最多，有 19 篇；其次為宗教哲學，有 12 篇；宗教政治學 5 篇；宗教人類學 4 篇；宗教歷史學 3 篇；宗教法學 1 篇。（表 2，附錄三）

表 2　50 年來不同階段各學門對新興宗教研究成果

年代 \ 類型 \ 學門		宗教哲學	宗教社會科學					
			宗教歷史學	宗教人類學	宗教社會學	宗教心理學	宗教政治學	宗教法學
1987 年以前	期刊論文	0	3	0	0	0	0	0
	博碩士論文	0	0	0	0	0	0	0
	書籍	0	2	2	1	0	0	0
	小計	0	5	2	1	0	0	0
1988-1995	期刊論文	2	0	4	2	0	0	0
	博碩士論文	0	0	0	3	0	0	0
	書籍	0	1	3	4	0	2	0
	小計	2	1	7	9	0	3	0
1996-2000	期刊論文	11	1	10	6	0	2	0
	博碩士論文	1	2	1	7	3	0	0
	書籍	2	7	2	0	0	0	0
	小計	14	10	13	13	3	2	0
2001-2004	期刊論文	6	0	2	6	0	2	1
	博碩士論文	0	3	0	7	0	1	0
	書籍	6	0	2	6	0	2	1
	小計	12	3	4	19	0	5	2
共計		28	19	26	42	3	10	2

在新興宗教研究的總比例來看，其研究成果的排序為：（圖2）

1. 宗教社會學 32.6%，
2. 宗教哲學 21.7%，
3. 宗教人類學 20.2%，
4. 宗教歷史學 14.7，
5. 宗教政治學 7.8%，
6. 宗教心理學 2.3%，
7. 宗教法學 0.8%。

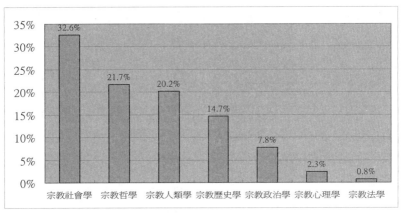

圖2　五十年來新興宗教研究各學科排行

　　台灣新興宗教研究仍然以宗教社會學為主流，且呈現大幅度成長的趨勢；由早期解嚴前占總研究的 0.8%，解嚴後 1988年到1995年成長為 7.0%，1996年到2000年再成長 10.1%，2001年到2004年大幅增加為 14.7%。宗教人類學也在新興宗教研究中累積不少成果，但是最近這 3 年較呈頹勢，由早期 1.6%，到1988年至1995年成長到 5.4%，1996年至2000年到達 10.1%

高峰，2001 年後則衰退為 3.1%。傳統宗教哲學研究新興宗教仍是台灣學術界的主流，1988 年至 1995 年占有 1.6%，1996 年至 2000 年到達 10.9%高峰，2001 年後仍維持 9.3%的研究量，不少學者堅持此傳統類型的研究。宗教歷史學研究在解嚴前占總研究的 3.9%，解嚴後 1988 年到 1995 年降為 0.8%，1996 年到 2000 年再成長 7.8%，2001 年到 2004 年再降為 2.3%。這兩領域的研究維持不少的比例，最主要的原因是哲學系、中文系及歷史系的研究人才輩出，轉作新興宗教不在少數。值得關注的是宗教政治學研究，解嚴後 1988 年到 1995 年為 2.3%，1996 年到 2000 年為 1.6%，2001 年到 2004 年再成長為 3.9%。宗教心理學及宗教法學研究新興宗教，則尚有許多發展空間。（圖 3）

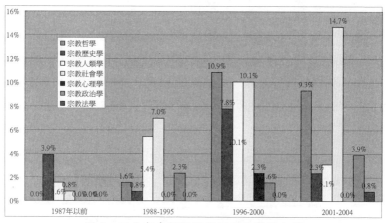

圖 3　五十年來新興宗教研究各學科比例

自從費爾巴哈（V. L.Feuerbach）、馬克斯（Karl Marx）、韋伯（Max Weber）、涂爾幹（Emile Durkheim）、馬凌洛斯基（B. Malinoski）、佛雷哲（J. Frazer）、史特勞斯（Claude

Levi-Strauss）、伯格（Peter Berger）等宗教社會學家及宗教人類學家投入宗教現象研究後，西方宗教研究乃從神學與哲學的「神聖」殿堂，走向「世俗」人間，也從宗教經典詮釋分出支流，開始從事實際宗教活動的觀察與解讀。從上述的統計資料間接得知，台灣地區新興宗教的研究深受此思潮的影響，宗教社會學及人類學在此領域和傳統宗教哲學鼎足而立，成為新興宗教研究的三個主要領域（field），也和一般宗教研究類似。至於其它社會科學學科如宗教心理學、宗教政治學及宗教法學研究此領域，仍處初步探索階段。未來是否會蔚為風潮，有待觀察，也期待更多不同學科領域的後起之秀積極投入。

二、新興宗教個案研究盛行

　　台灣地區新興宗教研究相當流行個案研究，在過去二十年的 26 篇博、碩士論文，全部以個案研究進行；占 109 篇資料 23.9%；期刊論文中，有 27 篇個案研究，占總比例 24.8%，兩者合計 48.7%高比例的論文作個案研究。（圖 4）

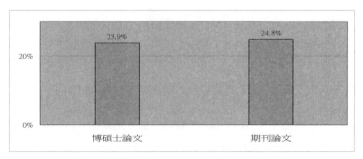

圖 4　新興宗教個案研究占總研究比例圖

　　個案研究在新興宗教的研究中，是最基礎的研究，因此，目前完稿的碩士論文，研究生幾乎百分之百選擇個案研究法，切入新興宗教中的某一個教派研究。

　　如將個案研究與宗教比較研究對照，作新興宗教比較研究少了許多，雖然宗教比較研究比個案研究更具意義，但是個案研究有 48.7%，宗教比較只有 5.5%的研究量。（圖 5）最主要的原因是 1988 年後至今有關新興宗教的的博、碩士論文，都以個案研究為主，研究生為了「深化」研究，作個案是便利的門道。而且，對研究生而言，宗教比較研究難度較高，不容易處理資料，尤其是進行多個個案（small-n case）的比較時，資料處理起來曠日廢時；但這也指出了未來本土新興宗教的研究者應該努力的方向。

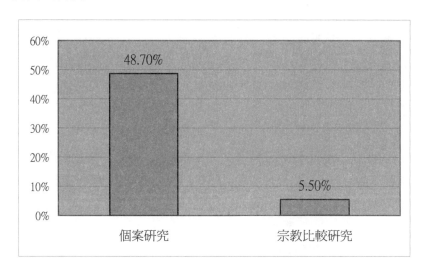

圖 5　新興宗教研究中個案研究與宗教比較研究占總研究比例圖

在個案研究的論文中，24 個新興宗教個案被研究，其中一貫道有 7 篇，巖仔、慈濟功德會、慈惠堂及天帝教各 3 篇，靈鷲山、齋堂、統一教、軒轅教、法輪功、世界真光明教團、創價學會、山達基及鸞堂各 2 篇，維鬘傳道協會、萬國道德會、奧修、清海無上師、泰國德教會、飛碟會、宋七力、日蓮、天德教及天理教各 1 篇。（附錄四）

由於一貫道在威權時代即被宗教研究者關切，被研究年代最早，再加上其教派也與學術界互動良好，願意接納學者對其研究，故累積了許多一貫道的研究成果。巖仔的研究是中研院研究員林美容長期的研究主題之一，也有一些成果。有人以為慈濟功德會是新興佛教教派，但有人認為她是「傳統佛教」，不應列入新興宗教。筆者在此將 3 篇慈濟功德會研究之列入討論，主要原因是這些論文與「傳統佛教」的轉化有密切關連。事實上，台灣新興佛教的教派中，「佛光山」、「慈濟山」、「法鼓山」皆已累積許多的研究成果，因與本文無關，暫且擱置。慈惠堂、天帝教、靈鷲山、齋堂、統一教、軒轅教、法輪功、世界真光明教團、創價學會、山達基及鸞堂等新興宗教，也逐漸研究者所關注。

然而，尚有不少新興宗教從未被研究，例如本土宗教中的理教、亥子道宗教、太易教、彌勒大道、中華聖教、宇宙彌勒皇教及黃中教派；外國傳入的巴哈伊教及摩門教。

三、新興宗教質化研究

由於宗教人類學家及宗教社會學家奠定非常好的宗教研

究「方法學」（methodology）基礎，所以過去台灣新興宗教研究中，運用田野調查與社會調查技術，蒐集「粗資料」（raw data）的比例非常高。在 109 份資料中，以田野調查法寫出的研究有 23 篇，占 21%；用社會調查法寫出的研究有 30 篇，占 27.5%。將近一半的著作，研究者願意投入「田野」，走入「社會」從事一手資料的收集，意味著新興宗教的質化研究已奠定不錯的基礎。

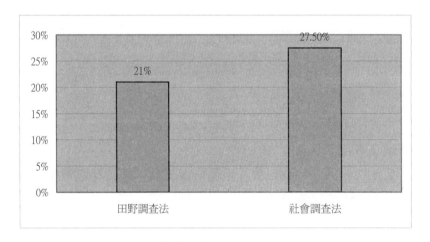

圖 6 新興宗教研究中田野調查與社社會調查占總研究比例圖

50 年來新興宗教質化研究不僅如此而已，許多國科會或政府部門的委託研究並未公開，加上這些未公開的研究，成果應更為豐碩。台灣在 1990 年後廣開宗教研究所的結果，也促使年輕研究生投入田野及社會作新興宗教研究，他們大部分有接受人類學或社會學的方法學訓練。

而這些研究生的新興宗教研究，大都仍以新興宗教「現象

描述」為主，其中像教徒的生命經驗、宗教教義實踐、宗教靈修經驗、宗教團體發展經驗、宗教志工、投入宗教團體的動機經驗、宗教組織、宗教信仰、宗教儀式等；也有少數作新興宗教「現象解釋」，如新興宗教的起源、宗教發展、政教關係、宗教和社會互動、社會動員、女性主義、教義實踐等。（附錄三）在這些「現象解釋」子題中，以新興宗教的起源及變遷發展較具「理論意涵」，也能和西方相關的理論銜接；然而，他們大部分只會套用西方理論，鮮少挑戰修正它們，建構對台灣本土新興宗教具有高度解釋力的理論。

陸、結論

從過去新興宗教研究來觀察的未來新興宗教研究趨勢，筆者以為有下列幾點：

一、台灣宗教政策的「宗教自由主義」間接促使新興宗教研究蓬勃發展

台灣政治民主化及自由化的趨勢，造就台灣「宗教自由」的奇蹟，世界各地的宗教都可能在台灣發展，本土宗教的「轉化」，也使新興宗教呈現百家齊放的現象，而「多元」新興宗教，正是最佳的研究素材。

二、從新興宗教描述到理論建構

過去對新興宗教現象描述較多，未來會在理論建構有較多著墨。除了新興宗教起源、教派分化理論外，應會探索新興宗教興衰之原因，其與傳統宗教分合的動機，新興宗教組織變遷及影響。其中，新興宗教興衰之因，應會扣緊在新興宗教靈驗、

教主魅力、儀式變革、教義實踐、社會福利、教徒滿足感及組織文化等變數，研究主題會愈趨多元。

三、科際整合仍為主流

新興宗教研究仍以社會學、人類學及哲學為主要研究範疇；最近各大學的宗教研究，不同領域的研究生作「新興宗教」研究比率愈來愈高，傳統宗教所、社會所、人類所、歷史所、哲學所外，心理所、族群關係所、鄉土文化所、藝術所、區域研究所的研究生，也投入此領域。意謂著新興宗教研究如同傳統宗教，維持人文藝術學科、神學及社會科學的範疇；而由於其神學發展較晚，宗教藝術有限，所以仍會以社會學、人類學及哲學等學科主流研究。

四、比較新興宗教研究的期待

目前為止的新興宗教仍以「個案研究」占大宗，期待未來能有較多新興宗教「比較研究」，除了可歸納台灣地區新興宗教興衰、變遷的「通則」（generalization）外，還可以和其他地區進行「理論對話」，建構解釋力較高的「理論」（theory）。

新興宗教研究者應如同台灣提供給新興宗教發展環境一樣寬容，既不輕易誣蔑新興宗教團體，也不隨便「護教」，站在持平的立場（value free），尊重新興宗教團體及其活動，作「主觀互證」（inter-subjectivity）式的觀察、解讀新興宗教團體行為模式與變遷法則。

參考書目

期刊論文

丁仁傑，1997，〈台灣新興宗教團體的世界觀與內在邏輯〉，《思與言》，36 卷 4 期。

丁仁傑，2001，〈當代台灣社會中的宗教浮現：以社會分化過程為焦點所做的初步考察〉，《台灣社會研究季刊》，41 期。

丁仁傑，2003，〈文化綜攝與個人救贖：由「清海無上師世界會」教團的發展觀察台灣當代宗教與文化變遷的性質與特色〉，《台灣社會研究季刊》，49 期。

中文書籍

中央研究院新興宗教綜合計劃組，2000，〈台灣新興宗教介紹（八）—世界真光文明教團〉，《台灣宗教學會通訊》，8 期。

王見川，1984，〈台灣齋教研究：先天道的源流－兼論其與一貫道的關係〉，《思與言》，32 卷：3 期。

王見川，1996，《台灣的齋教與鸞堂》，台北：南天。

王見川、李世偉，1998，〈戰後台灣新興宗教研究－－以軒轅教為考察對象〉，《台灣風物》，48 卷：3 期。

王順民，1999.1，〈宗教福利服務之初步考察：以『佛光山』、『法鼓山』與『慈濟』為例〉，《思與言》，32 卷 3 期。

巨克毅，1991，〈天帝教〉，內政部編《宗教簡介》，台北：內政部。

巨克毅，1999，〈中國新興宗教的生死觀—天帝教生死理論初探〉，《宗教哲學》，5 卷 3 期。

吳冠軍，2002，〈世俗社會的宗教神經—「九一一周年的反思」〉，《二十一世紀評論》，73 期。

吳寧遠，1996，〈後現代化社會與宗教現象〉，《東方宗教研究》，5 卷 7 期。

吳靜宜，1998，《一貫道「發一崇德」的制度化變遷》，台灣大學社會學研究所碩士論文。

呂理政，1995，〈宗教團體與社會回饋-以靈鳩山無生道場的博物館事業為例〉，行政院文化建設委員會編，《寺廟與民間文化研討會論文集》（下）。台北：行政院文化建設委員會。

宋光宇，1983，《天道勾沈》，台北：元祐。

宋光宇，1998，〈試論新興宗教的起源〉，《歷史月刊》，5 月號。

宋光宇，1999.1，〈試論民國以來的黃帝信仰與軒轅教〉，《宗教哲學》，5 卷 1 期。

李亦園，1984，〈宗教問題的再剖析〉，《台灣的社會問題》，台北：巨流圖書公司。

李亦園，1992，《文化的圖像上—文化發展的人類學探討》，台北：允晨文化公司。

李美足，2003，〈山達基--新興宗教運動〉《宗教論述專輯》，第五輯，內政部編印。

李雪萍，2000，《台灣的比丘尼僧團及其不同的生命經驗：一個社會學的個案研究》，東海大學社會學系碩士論文。

林本炫，1990，《台灣的政教衝突》，台北：稻鄉出版社。

林本炫，1996，〈宗教運動的社會基礎——以慈濟功德會為例〉，《台灣佛教學術研討會論文集》。

林本炫，1996，〈國家、宗教與社會控制—宗教壓迫論述的分析〉，《思與言》，34 卷 2 期。

林本炫，2000，〈震災中的新興宗教—以天帝教和創價學會為例〉，《台灣宗教學會通訊》，4 期。

林本炫，2003，〈社會學有關『新興宗教運動』定義的意涵〉《宗教論述專輯》，第五輯，內政部編印。

林本炫著，1990，〈一貫道與政府之關係—從查禁到合法化〉，《宗教與文化》，台北：學生書局出版。

林本炫編譯，1993，《宗教與社會變遷》，台北：巨流圖書公司。

林美容，1989，《人類學與台灣》，台北縣：稻鄉出版社。

林美容，1993，《台灣人的社會與信仰》，台北：自立晚報社文化出版部。

林美容，1994，〈台灣本土佛教的傳統與變遷：巖仔的調查研究〉，收錄於《第一屆台灣本土文化學術研討會論文集》。台北市：台灣師範大學文學院。

林美容，1995，〈從南部地區的「巖仔」來看台灣的民間佛教〉，《思與言》，33 卷 2 期。

林美容，1995，〈台灣齋堂總表〉，《台灣史料研究》，6 期。

林美容，1996，〈台灣的「巖仔」與觀音信仰〉，《台灣佛教學術研討會論文集》，台北市：財團法人佛教青年文教基金會。

林美容，1999，《台中縣新社鄉九莊媽信仰調查計劃報告書》，台中縣：台中縣立文化中心。

林美容，2000，〈發刊詞〉，《台灣宗教研究》，1 卷 1 期。

林美容、周益民、王見川合著，1997，《高雄縣教派宗教》，高雄縣：高雄縣政府。

林美容、張崑振，2000，〈台灣地區齋堂的調查與研究〉，《台灣文獻》，51 卷 3 期。

林原億，2000，《高雄文化院的扶鸞儀式研究》，輔仁大學宗教學系碩士論文。

林榮澤，1991，〈台灣民間宗教之研究：一貫道「發一靈隱」的個案分析〉，台灣大學三民主義研究所碩士論文。

林榮澤，1996，〈一貫道大專學生伙食團之研究——以發一崇德「台北學界」為例〉，《東方宗教研究》，5 期。

金思良，1997，《太虛大師近代中國佛教復興運動的理念與實踐

（1890-1947）》，中正大學歷史研究所碩士論文。

姚玉霜，2003，〈新興宗教--個人、社會秩序〉《宗教論述專輯》，第五輯，內政部編印。

胡潔芳，2001，＜慈惠堂的發展與信仰內涵之轉變＞，花蓮師範學院碩士論文。

夏明玉，2001，《民國新興宗教結社─萬國道德會之思維與變遷（1921-1949）》，東海大學歷史研究所碩士論文。

袁亦霆，2002，《新興宗教中知識份子參與靜坐修煉的宗教經驗─以天帝教為例》，政治大學社會學研究所碩士論文。

張全鋒，2003，〈從統一教會的發展省思政府對新興宗教應有的態度〉《宗教論述專輯》，第五輯，內政部編印。

張芝怡，2001，《新興宗教奧修在台灣的發展--以門徒之奧修經驗及消費特性為考察》，東海大學社會學系碩士論文。

張家麟，1999，〈國家對宗教的控制與鬆綁─論台灣的宗教自由〉，《人文、社會、跨世紀學術研討會論文集》，真理大學人文學院編印。

張家麟，2003，〈靈驗、悸動與宗教發展--新興宗教山達基個案研究〉，《宗教論述專輯》，第五輯，內政部編印。

張家麟，2004.7，〈宗教儀式感受與宗教教義實踐─以鸞堂之扶鸞儀式為焦點〉，發表於台灣宗教學會2004年年會，台北：政治大學。

張琳，2001，《日本新宗教在台灣發展之研究─以「世界真光文明教團」為例》輔仁大學宗教學研究所碩士論文。

張維安，1996，《人間佛教與生活實踐─慈濟現象的社會學解析》，清華大學社會人類所碩士論文。

梁淑芳，1997，《天帝教性命雙修道脈傳承之研究：論呂純陽祖師與涵靜老人之關係》，台北：帝教出版社。

許時珍，1997，〈台灣新興民間宗教形成的社會意義─宋七力的事件〉，《中山人文社會科學期刊》，5卷12期。

許雅婷，2002，《母娘與祂的兒女——慈惠石壁部堂宗教人的經驗世界》，東
　　華大學族群關係與文化研究所碩士論文。

陳杏枝，2002，〈新興宗教團體與社區研究〉，《二十一世紀雙月刊》，73 期。

陳信成，1999，《一貫道的末劫救贖觀初探》，輔仁大學宗教學系碩士論文。

陳淑娟，1994，《宗教與世界秩序：國際創價學會的全球化現象》，東吳大
　　學社會學系碩士論文。

陳淑娟，1996，〈宗教建構世界秩序的可能性——以「國際創價學會」為例〉，
　　《思與言》，34 卷 2 期。

陳淑湄，1992，《天理教在台灣之發展》，中國文化大學日本研究所碩士論
　　文。

陳儔美，2001，〈日本創價學會及其政黨關係之研析〉，《問題與研究》，37
　　卷 5 期。

陳穎川，2002，《威權政治對宗教型非營利組織影響之研究——以錫安山與法
　　輪功為例》，南華大學非營利事業管理研究所碩士論文。

博碩士論文

焦大衛（D.K. Jordan）、歐大年（D.L. Overmyer）著，周育民編譯，1995，
　　〈台灣慈惠堂的考察〉，《民間宗教》，1 期。

黃隆民，1997.6，〈從新興宗教的失序現象論我國學校實施宗教教育的必要
　　性及其可行方式〉，《台中師院學報》，11 期。

楊弘任，1997，《另類社會運動：一貫道的聖凡兼修渡人成全--以寶光建德
　　天一宮員義區與天祥聖宮學界區為例》清華大學社會人類學研究所碩
　　士論文。

楊惠南，2002.03，〈解嚴後台灣新興佛教現象及其特質——以人間佛教為中
　　心的一個考察〉，《新興宗教現象研討會論文集》，台北市：中央研究院
　　社會學研究所。

楊鳳崗，2002，〈基督宗教研究與社會科學的革命〉，羅秉祥、江丕盛編《大

學與基督宗教研究》，香港：浸會大學。

葉惠仁，2002，《天德教在台灣的發展（1926~2001）》，淡江大學歷史學系
　　碩士論文。

董芳苑，1983，《台灣民間信仰之認識》，台北：永望文化公司。

董芳苑，1984，《台灣民間宗教信仰》，台北：長青文化。

董芳苑，1996，《探討台灣民間信仰》，台北：常民文化出版。

董芳苑，2000.9，〈類似基督宗教在台灣〉──摩門教、耶和華見證人、統一
　　教會之探討〉，《台灣文獻》，51卷3期。

游謙，1999.11，〈飛碟會陳恆明與末劫明王──一個末啟修辭法的分析〉，《中
　　外文學》，28卷6期。

遊謙，2003，〈新興宗教與主流教派的關係：比較宗教學的觀點〉，《宗教論
　　述專輯》，第五輯，內政部編印。

趙星光，2003，〈世俗化與全球化過程中新興宗教團體的發展與傳佈〉，《宗
　　教論述專輯》，第五輯，內政部編印。

趙星光等著，林美珠編，2003，《宗教論述專輯第五輯──新興宗教篇》，台
　　北：內政部。

劉怡寧，2002，《當神聖和世俗相遇──宗教組織的形成與發展以靈鷲山佛教
　　教團為例》，台灣大學社會學研究所碩士論文。

劉阿榮，2000.12，〈宗教 V.S 科技──新世紀的辯證和想像〉，《社會文化學
　　報》，11期。

劉秋固，2000.3，〈從超個人心理學看天帝教與現代人類精神〉，《宗教哲學》，
　　6卷1期。

劉純仁，1989，《大戰後美國政府對宗教團體課稅之研究──兼論統一教在美
　　國之稅務糾紛》，淡江大學美國研究所碩士論文。

歐陽新宜，1999.1，〈大陸社會動員的理論探索與建構：『法輪功事件』為例〉，
　　《中國大陸研究》，42卷5期。

蔡中駿，1999，《一貫道禮儀實踐研究──以發一崇德組為例》，玄奘人文社

會學院宗教學研究所碩士論文。

蔡志華，2002，《彌陀慈惠堂乩示活動之研究》，台南師範學院鄉土文化研究所碩士論文。

蔡美蓉，2000，《志願工作者之組織社會化歷程及其關鍵影響因素：以一家宗教慈善組織為例》，台大心理學研究所碩士論文。

鄭志明，1995，〈台灣「新興宗教」的現象商議〉，《宗教哲學季刊》，1卷4期。

鄭志明，1998，《台灣新興宗教現象－扶乩鸞篇》，嘉義：南華管理學院。

鄭志明，1998，《台灣當代新興佛教—禪教篇》，嘉義：南華管理學院。

鄭志明，1999，〈台灣「新興宗教」的文化特色（下）〉，《宗教哲學》，5卷2期。

鄭志明，1999，〈台灣「新興宗教」的文化特色（上）〉，《宗教哲學》，5卷1期。

鄭志明，1999，《台灣新興宗教現象－傳統信仰篇》，嘉義：南華管理學院。

鄭志明，2000.9，〈台灣新興宗教的救劫運動〉，《宗教哲學季刊》，6卷3期。

鄭志明，2003，〈泰國德教會的發展〉，《宗教論述專輯》，第五輯，內政部編印。

鄭金德，1984，〈美國的新宗教〉，《菩提樹》，385期。

鄭金德，1995，〈台灣民間宗教的文化意識〉，《歷史月刊》，86期。

盧蕙馨，1999.1，〈現代佛教女性的身體語言與性別重建：以慈濟功德會為例〉，《中央研究院民族學研究所集刊》，88期。，

鍾秋玉，2000，《禪修型新興宗教之社會心理學研究：以印心禪學會為例》。國立政治大學心理學研究所博士論文。

瞿海源，1988〈探索新興宗教現象及相關問題〉，《氾濫與匱乏長篇》，台北：允晨文化公司。

瞿海源，1989，〈解析新興宗教現象〉，徐正光、宋文裏合編，《台灣新興社會運動》，台北，巨流圖書出版。

瞿海源，1990，〈台灣的民間信仰〉，《民國七十八年度中華民國文化發展之評估與展望》，台北：行政院文建會。

瞿海源，1993，〈台灣與中國大陸宗教變遷的比較研究〉，《宗教與社會變遷》，台北：巨流書圖公司。

藍吉富，2001，〈日本日蓮系與新興宗教〉，《當代》，59 期。

魏千峰，2003，〈新興宗教之法律規範—美、德、日、俄、台等國制度比較〉，《宗教論述專輯》，第五輯，內政部編印。

羅國銘，2001，《台灣當代在家佛教中的維鬘傳道協會：一個區域性新興教團個案的探討》，輔仁大學宗教學系碩士論文。

蘇全正，2000，《台灣民間佛教「巖仔」信仰之研究》國立中興大學歷史學系碩士論文。

顧忠華，1998，〈巫術、宗教與科學的世界圖像—一個宗教社會學的考察〉，《國立政治大學社會學報》，28 期。

顧忠華，1998，〈從宗教社會學觀點看台灣新興宗教現象〉，第一屆宗教學研習會《宗教研究：問題與方法》論文集。

襲立人，2001，〈新興宗教與宗教自由：法輪功個案〉，《輔仁宗教研究》，3期。

英文資料

Eister, Allan W. 1972. "An Outline of a Structural Theory of Cult." *Journal for the Scientific Study of Religion* 11： 319-334.

Glock, Charles and Robert Bellah. 1976. The New Religious Consciousness. Berkeley： California.

Wuthnow, Robert 1978c. "Religious Movements in the Transformation in World Order." In J. Needleman and G. Baker（eds.）*Understanding the New Religions.* New York： Seabury（Forthcoming）.

Eileen Barker,"New Religious Movements ： Their Incidence and Significance"p15-31 in Bryan Wilson and Jamie Cresswell（ed）.New

Religious Movements Challenge and Response（London and New York：
Routledge.1999）。

附錄一　目前國內向內政部民政司登記的廿五個宗教

一、佛教（有全國性社團法人「中國佛教會」等多個大型團體）

二、藏傳佛教（有全國性財團法人「財團法人達賴喇嘛西藏宗教基金會」等組織）

三、道教（有全國性社團法人「中華民國道教會」等多個大型團體）

四、基督教（教派眾多，國內並無特定領導組織）

五、天主教（領導組織為「財團法人天主教會台灣地區主教團」）

六、回教（領導組織為全國性社團法人「中國回教協會」）

七、理教（本土宗教，領導組織為全國性社團法人「中華理教總會」）

八、天理教（來自日本，領導組織為於台北市設立之「財團法人中國天理教總會」）

九、軒轅教（本土宗教，領導組織為全國性財團法人「財團法人軒轅教」）

十、巴哈伊教（源自伊朗，原名大同教，領導組織為於台北市設立之「財團法人巴哈伊教台灣總會」）

十一、天帝教（本土宗教，領導組織為全國性財團法人「財團法人天帝教」與全國性社團法人「中華天帝教總會」）

十二、一貫道（本土宗教，領導組織為全國性社團法人「中華民國一貫道總會」）

十三、天德教（本土宗教，領導組織為全國性社團法人「中華民國天德教總會」）

十四、耶穌基督後期聖徒教會（源自美國，俗稱摩門教，領導組織為位於台北市之「耶穌基督後期聖徒教會」）

十五、真光教團（來自日本，領導組織為全國性財團法人「財團法人真光教團台灣總會基金會」）

十六、世界基督教統一神靈協會（來自韓國，俗稱統一教，領導組織為位於台北市之「世界基督教統一神靈協會」）

十七、亥子道宗教（本土宗教，領導組織為全國性社團法人「中華民國天真亥子道總會」）

十八、儒教（本土宗教，領導組織為全國性社團法人「中國儒教會」）

十九、太易教（本土宗教，原名大易教，又名今儒教，領導組織為全國性社團法人「中華民國太易教會」）

二十、彌勒大道（本土宗教，領導組織為全國性財團法人「財團法人彌勒大道總會基金會」）

二十一、中華聖教（本土宗教，領導組織為全國性社團法人「中華聖教總會」）

二十二、宇宙彌勒皇教（本土宗教，領導組織為全國性社團法人「中華民國法雨普濟協會」）

二十三、先天救教（大陸時期已有之宗教團體，近年於台灣方成立全國性財團法人「財團法人世界紅卍字會台灣道慈事業發展基金會」）

二十四、黃中（本土宗教，目前僅有台南新營市慈德玉寶殿為該教唯一廟宇）

二十五、山達基教會（來自美國，近期方昇格為全國性財團法人「財團法人山達基教會」

附錄二 全國各學大學宗教學系及研究所教授人數表

校名	系、所	專任	兼任	成立時間	聯絡電話
真理大學 宗教學系暨研究所	研究	8人	4人	民國89年	（02）26212121 #5121
	大學	8人	5人	民國85年	
政治大學 宗教研究所	研究	2人	14人	民國89年	（02）29387730
華梵大學 東方人文思想研究所	研究	6人	3人		（02）26632102 #4991
慈濟大學 宗教與文化研究所	研究	3人	3人	民國89年	（03）8565301 #7257
南華大學 宗教學研究所	研究	6人	4人	民國90年	（05）2721001 #2921
東海大學 宗教研究所	研究	3人	12人	民國90年	（04）23507631
玄奘大學 宗教學系暨碩士班	研究	13人	7人	民國86年	（03）5302255 #4201
	大學			民國89年	
佛光人文學院 宗教學系所	研究	4人	10人		（03）9871000 #21501
	大學				
輔仁大學 宗教學系	研究	8人	13人	民國77年	（02）29031111 #2791
	大學	8人	4人		（02）29031111 #2603
中原大學 宗教研究所	研究	5人	2人	民國89年	（03）2656551

資料來源：2004.9.17電話訪問各大學宗教學系所辦公室

附錄三　新興宗教研究論文性質、研究方法及學科範疇

（一）書籍資料

發表年代	研究者	論文性質	研究方法	學科範疇
1987年以前	宋光宇	《天道勾沉——一貫道調查報告》	文獻法 田野調查法	宗教人類學 宗教社會學
	董芳苑	《台灣民間信仰之認識》	文獻法	宗教歷史學
	李亦園	〈宗教問題的再剖析〉《台灣的社會問題》	文獻法 田野調查法	宗教人類學
	董芳苑	《台灣民間宗教信仰》	文獻法	宗教歷史學
1988~1995	瞿海源	《氾濫與匱乏長篇》	文獻法 社會調查法	宗教社會學
	林美容	《人類學與台灣》	文獻法 田野調查法	宗教人類學
	瞿海源	〈解析新興宗教現象〉《台灣新興社會運動》	文獻法 社會調查法	宗教社會學
	林本炫	《台灣的政教衝突》	文獻法 社會調查法	宗教政治學
	林本炫	〈一貫道與政府之關係——從查禁到合法化〉《宗教與文化》	文獻法 社會調查法	宗教政治學
	巨克毅	〈天帝教〉內政部編《宗教簡介》	文獻法	宗教歷史學
	李亦園	《文化的圖像上——文化發展的人類學探討》	文獻法 田野調查法	宗教人類學
	林本炫編譯	《宗教與社會變遷》	文獻法	宗教社會學
	林美容	《台灣人的社會與信仰》	文獻法 田野調查法	宗教人類學
	瞿海源	〈台灣與中國大陸宗教變遷的比較研究〉《宗教與社會變遷》	文獻法 社會調查法	宗教社會學
1996~2000	王見川	《台灣的齋教與鸞堂》	文獻法 社會調查法	宗教歷史學

	董芳苑	《探討台灣民間信仰》	文獻法	宗教歷史學
	林美容、周益民、王見川	《高雄縣教派宗教》	文獻法田野調查法	宗教歷史學宗教人類學
	梁淑芳	《天帝教性命雙修道脈傳承之研究：論呂純陽祖師與涵靜老人之關係》	文獻法	宗教歷史學
	鄭志明	《台灣新興宗教現象——扶乩鸞篇》	文獻法	宗教歷史學宗教哲學
	鄭志明	《台灣當代新興佛教——禪教篇》	文獻法	宗教哲學宗教歷史學
	林美容	《台中縣新社鄉九庄媽信仰調查計劃報告書》	文獻法田野調查	宗教人類學
	鄭志明	《台灣新興宗教現象——傳統信仰篇》	文獻法田野調查法	宗教歷史學
2001~2003	趙星光等著	《台灣民間信仰之認識》	文獻法社會調查法	宗教社會學
	鄭志明等著	〈宗教問題的再剖析〉	文獻法	宗教歷史學宗教哲學

（二）期刊論文

發表年代	研究者	論文性質	研究方法	學科範疇
1987 年以前	1. 王見川	台灣齋教研究：先天道的源流——兼論其與一貫道的關係	文獻法社會調查法	宗教歷史學
	2. 鄭金德	美國的新宗教	文獻法	宗教歷史學
1988~1995	1. 瞿海源	台灣的民間信仰	文獻法社會調查法	宗教社會學
	2. 林美容	台灣本土佛教的傳統與變遷：巖仔的調查研究	文獻法田野調查法	宗教人類學
	3. 焦大衛（D.K. Jordan）、歐大年（D.L. Overmyer）著，周育民編譯	台灣慈惠堂的考察	文獻法田野調查法	宗教人類學
	4. 呂理政	宗教團體與社會回饋-以靈鷲山無生道場的博物館事業為例	文獻法	宗教社會學
	5. 林美容	從南部地區的「巖仔」來看台灣的民間佛教	文獻法田野調查法	宗教人類學
	6. 林美容	台灣齋堂總表	文獻法田野調查法	宗教人類學
	7. 鄭志明	台灣「新興宗教」的現象商議	文獻法	宗教哲學
	8. 鄭金德	台灣民間宗教的文化意識	文獻法	宗教哲學
1996~2000	1. 林榮澤	一貫道大專學生伙食團之研究——以發一崇德「台北學界」為例	文獻法田野調查法	宗教人類學
	2. 吳寧遠	後現代化社會與宗	文獻法	宗教哲學

發表年代	研究者	論文性質	研究方法	學科範疇
		教現象		
	3. 林本炫	宗教運動的社會基礎——以慈濟功德會為例	文獻法 社會調查法	宗教社會學
	4. 林本炫	國家、宗教與社會控制——宗教壓迫論述的分析	文獻法 社會調查法	宗教社會學
	5. 林美容	台灣的「巖仔」與觀音信仰	文獻法 田野調查法	宗教人類學
	6. 陳淑娟	宗教建構世界秩序的可能性——以「國際創價學會」為例	文獻法	宗教哲學
	7. 丁仁傑	台灣新興宗教團體的世界觀與內在邏輯	文獻法 田野調查法	宗教人類學
	8. 許時珍	台灣新興民間宗教形成的社會意義——宋七力的事件	文獻法	宗教哲學
	9. 黃隆民	從新興宗教的失序現象論我國學校實施宗教教育的必要性及其可行方式	文獻法	宗教哲學
	10. 王見川、李世偉	戰後台灣新興宗教研究——以軒轅教為考察對象	文獻法 田野調查法	宗教歷史學
	11. 宋光宇	試論新興宗教的起源	文獻法 田野調查法	宗教人類學
	12. 顧忠華	巫術、宗教與科學的世界圖像——一個宗教社會學的考察	文獻法 社會調查法	宗教社會學
	13. 顧忠華	從宗教社會學觀點看台灣新興宗教現象	文獻法	宗教社會學
	14. 巨克毅	中國新興宗教的生死觀——天帝教生死	文獻法	宗教哲學

發表年代	研究者	論文性質	研究方法	學科範疇
		理論初探		
	15. 張家麟	國家對宗教的控制與鬆綁——論台灣的宗教自由	文獻法	宗教政治學
	16. 鄭志明	台灣「新興宗教」的文化特色（上）	文獻法	宗教哲學
	17. 鄭志明	台灣「新興宗教」的文化特色（下）	文獻法	宗教哲學
	18. 王順民	宗教福利服務之初步考察：以「佛光山」、「法鼓山」與「慈濟」為例	文獻法	宗教社會學
	19. 宋光宇	試論民國以來的黃帝信仰與軒轅教	文獻法	宗教人類學
	20. 歐陽新宜	大陸社會動員的理論探索與建構：「法輪功事件」為例	文獻法	宗教政治學
	21. 盧蕙馨	現代佛教女性的身體語言與性別重建：以慈濟功德會為例	文獻法 田野調查法	宗教人類學
	22. 游謙	飛碟會陳恆明與末劫明王——一個末啟修辭法的分析	文獻法	宗教人類學
	23. 中央研究院新興宗教綜合計劃組	台灣新興宗教介紹（八）——世界真光文明教團	文獻法 田野調查法	宗教人類學
	24. 林本炫	震災中的新興宗教——以天帝教和創價學會為例	文獻法 社會調查法	宗教社會學
	25. 林美容	台灣宗教研究發刊詞	文獻法	宗教人類學
	26. 林美容、張崑振	台灣地區齋堂的調查與研究	文獻法 田野調查法	宗教人類學

發表年代	研究者	論文性質	研究方法	學科範疇
	27.劉阿榮	宗教 V.S 科技——新世紀的辯證和想像	文獻法	宗教哲學
	28.劉秋固	從超個人心理學看天帝教與現代人類精神	文獻法	宗教哲學
	29.董芳苑	類似基督宗教在台灣	文獻法	宗教哲學
	30.鄭志明	台灣新興宗教的救劫運動	文獻法	宗教哲學
	31.丁仁傑	當代台灣社會中的宗教浮現:以社會分化過程為焦點所做的初步考察	文獻法 田野調查法	宗教人類學
	32.陳儔美	日本創價學會及其政黨關係之研析	文獻法	宗教政治學
	33.藍吉富	日本日蓮系與新興宗教	文獻法	宗教哲學
	34.襲立人	新興宗教與宗教自由:法輪功個案	文獻法	宗教政治學
	35.吳冠軍	世俗社會的宗教神經——「九一一周年的反思」	文獻法	宗教哲學
	36.陳杏枝	新興宗教團體與社區研究	文獻法	宗教社會學
	37.楊惠南	解嚴後台灣新興佛教現象及其特質——以人間佛教為中心的一個考察	文獻法	宗教哲學
2001~2004	丁仁傑	文化綜攝與個人救贖:由「清海無上師世界會」教團的發展觀察台灣當代宗教與文化變遷的性質與特色	文獻法 田野調查法	宗教人類學
	李美足	山達基——新興宗教	文獻法	宗教哲學

發表年代	研究者	論文性質	研究方法	學科範疇
		運動		
	林本炫	社會學有關「新興宗教運動」定義的意涵	文獻法	宗教社會學
	姚玉霜	新興宗教──個人、社會秩序	文獻法	宗教社會學
	張全鋒	從統一教會的發展省思政府對新興宗教應有的態度	文獻法	宗教哲學
	張家麟	靈驗、悸動與宗教發展──新興宗教山達基個案研究	文獻法 社會調查法	宗教社會學
	游謙	新興宗教與主流教派的關係：比較宗教學的觀點	文獻法	宗教社會學
	趙星光	世俗化與全球化過程中新興宗教團體的發展與傳佈	文獻法	宗教社會學
	鄭志明	泰國德教會的發展	文獻法	宗教哲學
	魏千峰	新興宗教之法律規範──美、德、日、俄、台等國制度比較	文獻法	宗教法學
	張家麟	宗教儀式感受與宗教教義實踐──以鸞堂之扶鸞儀式為焦點	文獻法 社會調查法	宗教社會學

（三）博碩士論文資料

發表年代	研究者	論文性質	研究方法	研究所別	學科範疇
1987年以前					
1988~1995	1.劉純仁	1.個案研究 2.政教關係	文獻法	淡大美國研究所	宗教政治學
	2.林榮澤	個案研究	文獻法	台大三民所	宗教社會學
	3.陳淑湄	1.個案研究 2.新興宗教發展	文獻法	文化日研所	宗教社會學
	4.陳淑娟	1.個案研究 2.新興宗教發展	文獻法	東吳社會學系	宗教社會學
1996~2000	1.張維安	1.個案研究 2.新興宗教教義實踐	文獻法 社會調查	清大社會人類所	宗教社會學
	2.金思良	1.個案研究 2.宗教理念與實踐	文獻法	中正歷史研究所	宗教歷史學
	3.楊弘任	1.個案研究 2.宗教理念與實踐	文獻法 田野調查	清大社會人類所	宗教人類學
	4.吳靜宜	1.個案研究 2.宗教制度變遷	文獻法 社會調查	台大社會研所	宗教社會學
	5.陳信成	1.個案研究 2.宗教制度變遷	文獻法	輔大宗研所	宗教哲學
	6.蔡中駿	1.個案研究 2.宗教儀式	文獻法 社會調查	玄奘宗研所	宗教社會學
	7.李雪萍	1.個案研究 2.宗教心路歷程	文獻法 社會調查	東海社會學系	宗教社會學 宗教心理學
	8.林原億	1.個案研究	文獻法	輔大宗研所	宗教社會學

發表年代	研究者	論文性質	研究方法	研究所別	學科範疇
		2. 宗教儀式	社會調查		
	9. 蔡美蓉	1. 個案研究 2. 宗教組織	文獻法 社會調查	台大心理學研所	宗教社會學 宗教心理學
	10. 鍾秋玉	1. 個案研究 2. 宗教社會 　心理	文獻法 社會調查	政大心理學研所	宗教社會學 宗教心理學
	11. 蘇全正	1. 個案研究 2. 宗教信仰	文獻法	中興歷史學系	宗教歷史學
2001~2003	1. 胡潔芳	1. 個案研究 2. 宗教信仰	文獻法	花蓮師範學院	宗教歷史學
	2. 夏明玉	1. 個案研究 2. 宗教信仰	文獻法	東海歷史研所	宗教歷史學
	3. 張芝怡	1. 個案研究 2. 宗教發展	文獻法 社會調查	東海大學社會學系	宗教社會學
	4. 張琳	1. 個案研究 2. 宗教發展	文獻法 社會調查	輔大宗研所	宗教社會學
	5. 羅國銘	1. 個案研究 2. 宗教發展	文獻法 社會調查	輔大宗研所	宗教社會學
	6. 袁亦霆	1. 個案研究 2. 宗教經驗	文獻法 社會調查	政大社會學研所	宗教社會學
	7. 許雅婷	1. 個案研究 2. 宗教經驗	文獻法 社會調查	東華族群關係與文化研所	宗教社會學
	8. 陳穎川	1. 個案研究 2. 宗教與政治	文獻法 社會調查	南華非營利事業管研所	宗教政治學
	9. 葉惠仁	1. 個案研究 2. 宗教發展	文獻法	淡大歷史系	宗教歷史學
	10. 劉怡寧	1. 個案研究 2. 宗教組織 　與發展	文獻法 社會調查	台大社會學研所	宗教社會學
	11. 蔡志華	1. 個案研究 2. 宗教儀式	文獻法 社會調查	南師鄉土文化研所	宗教社會學

附錄四 目前國內新興宗教個案研究的教派

個案名稱		相關論文篇數
一貫道		7 篇
巖仔		3 篇
慈濟功德會		3 篇
慈惠堂		3 篇
天帝教		3 篇
靈鷲山		2 篇
齋堂		2 篇
統一教		2 篇
軒轅教		2 篇
法輪功		2 篇
世界真光明教團		2 篇
創價學會		2 篇
山達基		2 篇
鸞堂		2 篇
維鬘傳道協會		1 篇
萬國道德會		1 篇
奧修		1 篇
清海無上師		1 篇
泰國德教會		1 篇
飛碟會		1 篇
日蓮		1 篇
天德教		1 篇
天理教		1 篇
合計	24 個案	47 篇

第二章 論宗教商品化與宗教發展
——山達基教會個案研究

壹、前言

一、研究緣起

　　宗教活動本是神聖的事物，傳統宗教團體在對社會或信徒進行宗教活動及服務時，很少將其視為「商品」（commodity），向信徒收費。相反地，如果將宗教活動及服務視為「商品」，可能被當作宗教的墮落現象，或是視為宗教禁忌。例如中古歐洲基督舊教神職人員販賣「贖罪券」，就曾經引起馬丁路德（Luther, Martin 1483-1546）及喀爾文（Calvin, John 1509-1564）的宗教改革運動；小乘佛教就禁止將佛像販售，因為佛像是無價的。

　　然而，宗教團體所進行的宗教活動及服務，得有經濟基礎

才得已發展，而宗教團體的財源主要來自於信徒的捐贈，而非「販售」宗教服務。因此，大部份傳統宗教團體的神職人員對信徒所從事的各項宗教活動及服務，都希望得到信徒「自動捐獻」，而非將此視為可以販售的商品。

　　儘管如此，仍有許多宗教團體的神職人員，對信徒提供宗教活動和服務時，以「公開」或「半公開」的方式，要求信徒用金錢交換。例如，信徒到民間宗教團體寺廟點「光明燈」時，得付廟方規定的費用；求神問卜之後的「解籤」，有些廟方要求香客付費；參觀宗教團體博物館，得買票入場；祈求宗教團體的神職人員「消災解厄」，有一定的行情；部分禪修宗教團體銷售「佛像金幣」。這種一方提供服務，另一方用金錢換取，幾乎形同「買賣」的行為，宗教服務變成商品。雖然這些宗教活動，宗教團體的神職人員，很少人敢明白宣示宗教是一種商品；但是，「宗教商品化」（religion commodification）的事實未嘗因此稍減。

　　換言之，「宗教商品化」的現象在資本主義社會未形成之前，即可能已經存在。資本主義社會出現後，「商品化」為其重要特徵之一，宗教團體為求生存與發展，可能將宗教服務化為商品，引吸信徒消費，宗教團體與信徒的關係，形同買賣雙方，信徒是否因此而進一步認同宗教團體，並促進宗教團體實質的發展，乃是筆者研究的重要旨趣。

二、商品化與宗教商品化

　　宗教團體本來提供給社會大眾的宗教與非宗教的服務，前

者給人的心靈帶來慰藉，後者則可能給人實質的生理滿足，造成人對宗教團體的認同與信仰。把宗教團體的宗教服務視同「商品」，在「宗教市場」中自由競爭，頗接近資本主義社會的經濟活動。以下將對「資本主義」、「商品化」、「去商品化」及「宗教商品化」四個概念的相關文獻做歸納整理，分別說明如下：

（一）資本主義與商品化

　　資本主義著重以和平方式進行無限制的資本積累，資本脫離物質的財富形式，並只能通過不斷循環和再投資來增長；脫離物質形式給資本帶來一種抽象的特點，並由此造成連續的積累。資本主義單位經常受競爭對手威脅，這是為資本家帶來擔憂，並使他們懷有一種旨在通過不斷積累以自我保存的動機。職工不具有或很少具有資本，他們的報酬來自出賣勞力而不是勞動成果。這些人不具有生產工具，因此受制於僱傭其進行勞動的人。（布爾當斯基，2001：11）。

　　資本主義是以市場為導向的特殊生產形式，也就是說，在資本主義下，大部份的貨物和服務是被生產來作為「商品」之用，即它們是生產來送到市場上賣的。一個工廠工人，或即便是一個農人的產品並不是由直接的生產者來消費，它是用來販賣、交換成金錢、再用金錢來購買其他貨物或服務。（Ian Gough, 1995：32-33；古允文，1996：24）

　　資本主義就是私產經濟、市場經濟，它是一種經濟秩序。這種經濟秩序，是以私有財產為基礎；生產與分配則由市場運作，透過價格體系來決定；政府的經濟功能，只限於提供某些必要的法制架構，使市場能自由順暢地運作而不加干擾。所以

我們也把資本主義叫做市場經濟。市場經濟不是什麼偉大人物的精心設計，它是芸芸眾生個別行為的互動中慢慢自然形成的；高明的社會哲學家只是發現它，瞭解它的優越性、並進而發展一套自由經濟的理論體系。（吳惠林，1999：97）

　　資本主義為經濟結構內不斷產生革命，導致新商品、新技術、新市場出現的組織。造成資本主義發動的基本動力，在於消費者的新商品、新的生產與運輸技術、新的市場資本營業的工具組織的新形式，這些發展不斷地使經濟結構內在的產生革命，也就是汰舊換新，這種創造性的破壞（creative destruction）過程，乃是資本主義本質上的事實。（洪鎌德，2000：445；古允文，1996：24；Schumpeter, 1942：18）

　　一方面，人類主體所造成的資本主義生產方式運用自然力的程度達到巔峰，創造了前所未有的物質財富；另一方面，人類由此構成的社會關係卻反過頭來支配人的生活活動，造成異化與物化（reification）。資本主義生產方式的矛盾是在三方面表現出來的。第一，人的勞動不但不是控制勞動工具，而是被它們，尤其是被機器所支配。第二，工作場所的生產中關係（relations in production）並不是勞工自由意志的組合，而是掌控勞工的支配性關係，而以集中化控制為特質。第三，社會關係徹底的「商品化」，商品化的結構動力則被商品拜物教（the fetishism of commodity）掩蓋，更使社會成員將物之間的關係等同於人之間的關係。資本的累積與從事生產的工人增加，已經預示生產關係有商品化的趨勢。也就是說，商品已經成為所有生產過程的普遍形態。在這種體制之下，不僅工人的勞動力已變成商品，資本家為求用商品實現剩餘價值，增富資本，不

得不為累積而累積，為生產而生產，從而造成商品化的擴張。（王佳煌，1996/12：107）

　　簡言之，資本主義的價值與制度運作下，資本累積與從事生產的工人增加，已經預示生產關係有商品化的趨勢。也就是說，商品已經成為所有生產過程的普遍表現形態，就資本家與消費者關係，變成一方提供商品到「自由市場」，另一方到市場消費購買。資本家為了累積資本，得開源節流，降低生產成本，刺激消費者的購買慾望。生產者提供的各種「貨物」及「服務」，在資本家的包裝，都可能變成具有市場性格的「商品」。

（二）「商品化」與「去商品化」研究

　　目前有關「商品化」的研究，發展頗為迅速，在資本主義發動的基本動力下，涵蓋面非常廣；但是，也有出現「去商品化」的研究，現說明這兩類研究如下：

1.「商品化」相關研究

　　商品化的研究，幾乎都是站在資本主義的預設立場，強調資產階級的資本累積效果。目前台灣對此現象研究以「資訊」、「研究發展」、「運動休閒」、「BOT」及「民主政治」等商品化為主。

　　「資訊商品化」即認為資本主義的電腦化不僅擴大、延伸工業資本主義的商品拜物教，強化資本累積的循環（由貨幣資本、生產資本、商品資本、商業資本等構成），更促成資訊的商品化，造就眾多的資訊商品，並藉由網際網路等軟硬體及資訊業者的商業活動，形成新的資本累積循環。工業資本主義時代的商品拜物教是意識與物質的共構體，學者與論者的系統化闡

述構成支配性的意識型態，將資本累積的結構與現象合理化；
電腦化資本主義的資訊拜物教也不脫離這個模式。（王佳煌，
1998：69-119）資訊是種會被生產和需求的有價值商品，在後
工業社會資訊是種智慧財產，是一種可以製造、並在市場買賣
的商品。而且，在工業社會裡資本和勞力是影響社會的主要因
素，但在後工業時代，資訊和知識才是主要的影響變數。（葉乃
靜，1998：30）

　　另外如「研究發展商品化」，它以顧客為中心的商品化過
程之觀念及內容，並指出商品化過程中研究發展的定位。期望
能在產、官、學、研中建立共識，而能在工業昇級中緊密地配
合，以避免在激烈的國際競爭中造成遺憾。一項優異的產品必
需是在研究發展、生產製造及後勤支授三者合一的整體配合下
產生。商品化三位一體的整體性是開發成功產品的保證。（吳英
秦，1991：54）

　　資本主義商品化也擴展到「職業運動」、「運動休閒產業」；
以「運動商品化」為例，它就以近年來台灣運動活動透過媒體
轉播、報導與包裝，增加運動活動的發行量與廣告收入為研究
焦點；運動組織則仰賴門票、贊助商、轉播權利金等收入來源，
擴大本身的利基。（劉昌德，1998/12：216；高俊雄，1998/12：
79）

　　不止私人活動「商品化」，連公部門的政府改造活動，也
接受以「利潤」導向的改造原則。其中「BOT商品化」之內涵，
就是「公用事業或設施的趨向商品化或市場化」。所謂商品化或
市場化可以分為兩個層次加以探討，首先，就如同公營事業民
營化一樣，其主要牽涉的是「經營目標」的轉移，這個問題在

分析或評估民營化相關問題或績效時，往往被忽視。因為，即使是一般被容許追求盈餘的公營事業，往往肩負多重目標；當其民營之後，其經營策略，自然的以追求利潤為「唯一」或最高的目標，同時，盈餘的多寡也自然的成為績效評估的則準；故一般所謂的根據「市場法則」，其實不僅已經隱含了這種「目標單一化」的經營策略，而且亦成為卸除「社會責任」的合理口實。（黃世鑫，2000/03：58）

　　「商品化」的概念，如水銀瀉地般，擴張到資訊、經濟、運動、政府部門改造等領域。而「民主政治」的發展，也造成「政治商品化」的現象。

　　它是指政治人物乃是在為謀求地位而相互競爭選票，官僚乃是在為謀求職位而相角逐關愛（appointment），政黨的目的也是在從事競爭以獲取主導權，民主只不過是一種方法與程式，是藉由競取人民的票選而獲得決策權力的一種制度安排，這些政治人物的實質利益與一般公民心目中的公益是截然不同的，選民並不能決定議題，也無法支配政治精英的意向，兩者的關係猶如生產者與消費者的關係，生產者是經濟活動的規則制定者，消費者則被教導來適應並購買新產品，這是現代社會專業化的必然現象。（李培元，1997：49）

　　商品化成為流行的現象，應是拜「資本主義」、「自由經濟」及「民主政治」的思想，為現代普世價值所賜。但是，也有研究指出，有些領域不適合商品化，或有「去商品化」的「理想」。

2.去商品化相關研究

　　在「去商品化」的研究中，學者指出部分的「服務」及「物品」，不能當作「商品」處理，否則將妨害社會發展。

　　例如「資訊」變成「商品化」時，可能不利「學術資訊」
的流傳。當我們處在資本主義的社會制度，資訊往往被視為是
一種商品；雖然資訊有價的觀念越來越被人所接受，但由於自
由流動的資訊確有其必要，因此，學術資訊逐漸朝向商品化的
過程中，所造成的現象、爭議及如何因應等問題是值得注意的。
（謝宜芳，2002：54；王俊程，2002：1）

　　「資訊商品化」的理論出現後，部份人士紛紛建議圖書館
服務要收費，但若圖量館的服務收費的話，犧牲者將是無法支
付費用者。這與過去公共圖書館希望藉由免費服務的提供，讓
人民透過閱讀來提升自己，改善文盲的教育目標，完全違反了，
更何況是自由、民主和平等理念的實施。而且，資訊的價值是
無法以金錢來衡量的，也不能單視為有價格的商品。政府具有
提供完整資訊的責任，而人民有取用資訊的權利。政府這種功
能的發揮，是要藉由公共圖書館的建立來完成。（葉乃靜，1998：
29-43）

　　又如「教育商品化」是指教育事業結合行銷理念之後，有
可能刺激消費者對產品的要求，可能提高商品的競爭力。但是，
教育如果一味地以「顧客」或「消費者」為導向，將迫使教育
走向商品化的事業，在一切講究績效的情況下，教師似乎只要
按表操課，製造成品。師生之間亦僅存「主──顧」的關係，以
「交易」為前提，以「目標」為導向，對學生人格陶冶及道德
習慣的養成，有不利影響。

　　學校如成為市場，學生或家長成為顧客的話，則課程成為
一種商品包裝，教學變成一項交易。（施承宏，2000/01：25）

　　此外，「教科書商品化」也可能傷害教育的品質，因此建

議：在短期內仍維持國立編譯館版本；政府設法提昇民間書商編輯的能力；設置有公信力的常設性質的教科用書審查機構；鼓勵師範校培育教科用書的編輯人才及插畫人才。（黃建一，1996/10：4-6）

左派的社會福利理論，尤其重視社會福利「去商品化」的價值；以社會民主理論為代表，認為國家制定的社會福利政策應該具有去商品化的功能，進行社會財富重分配，進而穩定社會。它提出，資本主義的市場經濟具有將一切事物轉化成商品形式的力量，這包括勞動力在內；但是，從社會民主的觀點而言，社會福利的目的在改變市場經濟的結果，其中一項很重要的任務便是勞動力的去商品化。（傅立葉，1993：40）

從上述的論述得知，「商品化」與「去商品化」的研究中，是資本主義與反資本主義思維及其活動的拉扯，造成社會中各層面的有些存在「商品化」現象，有些則存在「去商品化」現象。其中，「商品化」的現象似乎擴張頗為迅速，在「資訊」、「運動」、「研究發展」、「BOT」及「民主政治」商品化，隨時可見。至於宗教活動是否具有「商品化」的現象，則有待釐清。

（三）宗教商品化論

宗教服務是否否具有「商品化」的現象，目前在國外部分的研究，已經關注此問題，除了「憲法學」的論辯外，宗教社會學者更視其為新興宗教團體發展的重要因素。

從資本主義經濟市場自由競爭的法則角度切入，認為各種宗教在社會中的競爭就像各項商品在自由市場的競爭一樣，持這種觀點的學者就認為，沒有任何一個宗教可以壟斷整個社

會，宗教的價值觀念與社會規範不是單一的最高原則，宗教反而成為現代社會的一種產品，任人挑三揀四，迎合消費者的口味與市場機制，因應市場上消費者的分歧需要，宗教已很難像過去的獨佔與壟斷，必須依照市場的操作與供需法則，導向於多元發展生存情境（Rodney Stark, 1992：410）。

「宗教商品化」的現象猶如自由經濟市場的社會，形成了社會生活中人們擁有各自不同的宗教信仰新模式與新現象，帶動出符合各種民眾需求的新興宗教團體運動。這種「宗教商品化」的宗教活動，離不開現實社會的市場需求，宗教勢必因應民眾的要求，面對激烈的宗教社會自由市場競爭，然而新興宗教團體面對此競爭的現世態度分成「拒斥現世」、「肯定現世」與「適應現世」等三種態度（林本炫，1996：31）。其中部分新興宗教團體為了擴張其「宗教市場」，乃採用「嵌入社會」（inserted in society）的方式（林本炫，1993：279），積極地滲入社會文化結構之中，以其特殊的宗教服務，進行有效的行銷的與組織發展。

宗教已變為一種消費項目，與個人風格的裝飾品。精神信仰的「購買者」，從各式各樣包裝的信仰「產品」中，選擇適合自己品味；但個人的這種消費選擇，「對於其他社會制度、政治權力結構、科技對人的壓抑與控制，沒有半點實際的影響。」近代世界孕育了一個「信仰的超級市場，其產品包括有傳統型的、土產生的、新潮型的、復古型、進口的以及神秘主義型。但它們之所以能夠相安無事地共存，因為社會已經太世俗化了，也因為它們只是不重要的消費項目而已」（Wilson, 1975b：80）。特魯茲（Truzzi）對於淪為膚淺之大眾娛樂的占星術與巫

術所做的分析，指出它們乃是反映了近代理性化社會中，超出個人而逐漸喪失其嚴肅性（Truzzi, 1970）。古典瑜伽的主題實際上已經被轉化成迎合少年信徒的情感性需求，其方式則是同時反映信徒對世俗物質文化的執著與其基督徒的背景（Parsons, 974；1976）。

　　這種將宗教加以行銷的方式，引起不同國家機關的關注，認為提供服務而收取費用就牽涉到買賣行為，而非宗教行為，只要是買賣行為，國家就得課稅，而宗教行為是免稅的。

　　在上述「資本主義商品化」、「商品化研究」、「去商品化研究」及「宗教商品化」四項概念及理論中，足以理解資本主義對社會非經濟活動產生「商品化」的重大影響。然而，宗教團體「商品化」現象是否如同馬克思主義者所述，在於宗教團體「資本積累」的營利目的？或是信徒與宗教團體間產生「疏離」效果？亦或是宗教團體「商品化」本質異於其他類型的「資本主義商品化」，反而可以促進「宗教團體發展」？這些都是非常有意義的問題。

　　在本研究中，對新興宗教團體「山塔基教會」作調查，試圖從「山塔基教會」信徒對「宗教商品化」的主觀經驗進行理解，並演繹「宗教商品化理論」，勾連它與「宗教團體發展」的關連，建構合適的「理論假想」（theoretical hypothesis），嘗試發展「宗教商品化」的理論「模型」（model），從中解讀其對宗教團體發展的影響。

三、研究問題

　　本研究篩選新興宗教團體山達基教會為研究對象，因為這個團體具有明顯的「宗教商品化」現象，在美國曾經引起爭議，經過該團體力爭之後，終於被聯邦政府最高法院判決為合法宗教團體。山達基教會可以自由販售該教主所創造的「經典」，這些經典轉化為眾多的書籍、錄影帶、光碟片等，要成為該教會信徒，使自己身、心、靈得到解放，必須經過長時間的購買經典與課程學習，才能達到該教會建構的理想境界──「通往完全自由之橋」。

　　筆者不想對山達基教會宗教商品的合法性作法學的論辯，倒是對山達基教會願意公開販售其宗教服務這種行為，從事「事實」的調查和「理論」的詮釋，所以，本研究下列兩個問題為討論焦點：

　　（一）山達基教會的宗教商品化現象，在信徒內心的接受
　　　　　程度為何？

　　（二）山達基教會的宗教商品化現象，對該教會的發展產
　　　　　生那些影響？

貳、研究假設、架構與研究法

一、深度訪談與效度建立

　　筆者為理解上述兩個問題，建構三個研究概念，分別為：「宗教商品化」、「宗教教義認同」及「宗教推廣」。這三個研究

概念是筆者在從事深度訪談「關鍵人物」（key person）後所建構，真理大學研究生陳道容長期參與觀察山達基教會，故於 2003 年 6 月 25 日在淡水訪談她後，筆者修改原有的「深度訪談問題」及「問卷問題」，以確保問卷問題的「效度」。為進一步充分理解山達基教會的相關活動，筆者分別在 7 月 6 日及 7 月 10 日於高雄和台北從事兩場「深度訪談」（deep interview），訪問山達基高雄執行長薛智元、山達基董事長李美足、山達基聽析員姚宜佐與山達基海洋機構成員蘇信璁等四人。（表 1）

表 1　本研究成功深度訪談對象、時間及地點

姓名	職稱	時間及地點
陳道容	真理大學宗教所研究生	2003/06/25pm1400-1600 真理大學225研究室
薛智元	山達基高雄執行長	2003/07/06am1000-pm1600 高雄山達基教會
李美足	山達基董事長	2003/07/06am1000-pm1600 高雄山達基教會
李美足	山達基董事長	2003/07/10pm1400-1700 台北山達基教會
姚宜佐	山達基聽析員	2003/07/10pm1400-1700 台北山達基教會
蘇信璁	山達基海洋機構成員	2003/07/10pm1400-1700 台北山達基教會

資料來源：本研究整理

二、研究概念及操作化

在本研究中，「宗教商品化」是指山達基教會將它的宗教教義印製成出版品，經由要接觸該教會的「信徒」或「準信徒」消費購買，教會提供該創辦人羅恩・賀伯特先生發明的各項「戴尼提」和「援助法」的技術，信徒或準信徒得付費購買課程來學習該教義。

「宗教商品化」具體操作化為：1. 定期捐錢給山達基教

會；2. 經常會購買山達基出版的書籍；3. 只要經濟許可，我會持續學習戴尼提相關技術；4. 如果經濟不許可，我會想辦法學習戴尼提相關技術；5. 每個月捐獻給教會約多少金額；6. 至今為止，您購買山達基出版的書籍費用約多少金額。

「宗教推廣」是指進入到山達基教會的信徒，願意將自己對教會給他的戴尼提和援助法的技術，介紹給親朋好友。不但如此，他也願意繼續往上學習比較高階段的戴尼提課程；或是擔任山達基教會的志工。「宗教推廣」具體操作化為：1. 鼓勵親友來山達基教會參加戴尼提活動；2. 山達基的戴尼提宣教可以吸引新的信徒入會；3. 經過初級聽析的課程後，願意上進階的聽析課程；4. 參加過山達基活動後，而願意擔任志工；5. 願意推廣戴尼提相關技術在非山達基人員身上；6. 鼓勵親友加入山達基海洋機構；7. 願意推廣戴尼提相關技術的書籍給親友；8. 向親友推廣山達基的宗教教義。

「宗教教義認同」是指進入到山達基教會的信徒對該教會的主要教義心理的認同，例如，山達基教義容許信徒擁有不同的宗教信仰，並且不會跟自己原有的宗教信仰產生衝突；同意教會用戴尼提技術當作信徒間的宗教禮拜儀式，也相信戴尼提技術可以來拯救個人的靈魂。「宗教教義認同」具體操作化為：1. 山達基教義容許您保留原有的信仰；2. 認同「山達基教會的教條」；3. 認同「山達基人守則」；4. 認同「山達基人遵守榮譽守則」；5. 加入山達基後，並不會產生宗教信仰衝突；6. 認同山達基中的戴尼提溝通方式，當作宗教禮拜儀式；7. 認同山達基聽析與訓練的目的在於拯救靈魂；8. 認同山達基用戴尼提來宣教。

三、研究假設與架構

　　經由 SPSS「信度分析」後，上述三個概念各自操作化的「量表」（scale）問題，都具有相當可信的程度。宗教商品化的信度值為 0.8194，宗教教義認同信度值為 0.8211，宗教推廣信度值為 0.8350，總信度為 0.8329，皆在 0.8 以上；（表 2）表現出問卷問題對受試者具有相當可相信的程度。

表 2　山達基教會「宗教商品化」及「宗教發展」問卷各項目量表信度分析表

構面	項目	Cronbach α 係數	
		分量表	總量表
宗教商品化	1. 定期捐錢給山達基教會	.8221	.8194
	2. 經常購買山達基出版書籍	.8201	
	3. 只要經濟許可，會花錢持續學習戴尼提技術	.8184	
	4. 如果經濟不許可，也會想辦法學習戴尼提技術	.8170	
宗教教義認同	1. 山達基教義容許保留原有的信仰	.8237	.8211
	2. 認同「山達基教會的教條」	.8182	
	3. 認同「山達基人守則」	.8190	
	4. 認同「山達基人遵守榮譽守則」	.8199	
	5. 加入山達基後，並不會產生宗教信仰衝突	.8234	
	6. 認同山達基中的戴尼提溝通方式，當作宗教禮拜儀式	.8250	
	7. 認同山達基聽析與訓練的目的在於拯救靈魂	.8206	
	8. 認同山達基用戴尼提來宣教	.8190	
宗教推廣	1. 鼓勵親友來山達基教會參加戴尼提活動	.8175	.8350
	2. 山達基的戴尼提宣教可以吸引新信徒入會	.8204	

構面	項目	Cronbach α 係數	
		分量表	總量表
	3. 經初級聽析課程後,願意上進階的聽析課程	.8236	
	4. 參加山達基的活動之後,而願意擔任志工	.8103	
	5. 願意推廣戴尼提相關技術在非教友身上	.8172	
	6. 鼓勵親友加入山達基海洋機構	.8243	
	7. 願意推廣戴尼提相關技術的書籍給親友	.8206	
	8. 向親友推廣山達基的宗教教義	.9458	
整體項目		.8329	

資料來源:本研究整理

本研究的問卷在具有效度與信度的前提下,筆者乃嘗試調查山達基教會在上述問題的具體狀況,並試圖勾連「宗教商品化」和「宗教推廣」與「宗教教義認同」的關連。具體而言,筆者的假想是山達基教會的信徒接受宗教商品化程度越高,對山達基教會整體發展越有利。在此想法下,本研究欲證實以下兩項假設:

（一）山達基教會信徒接受宗教商品化程度越高,信徒越願意推廣該宗教。

（二）山達基教會信徒接受宗教商品化程度越高,信徒對該教會宗教教義的認同越強。

根據這兩項假設,筆者建構本研究範圍與研究概念間的關係,劃研究架構圖如下:（圖1）在此圖中,宗教商品化為「解釋變項」,宗教教義認同與宗教推廣為「被解釋變項」。嘗試理解山達基教會信徒在購買山達基戴尼提技術越多的情形下,該教會信徒是否對該教會的發展投入也越多,兩者是否呈現正相

關？如果宗教商品化可以解釋後面兩個概念，也呈現正相關時，它的解釋力有多少？為理解與證實這些陳述，運用「平均數分析」及「線性迴歸分析」，看看是否能夠建立宗教商品化與宗教團體發展的「線性模型」。

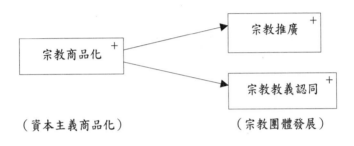

圖 1　本研究架構圖

四、母體與抽樣

在台灣的山達基教會遍佈在幾個主要城市，包括台北、台中、嘉義、台南、高雄、屏東、桃園、豐原 8 個地方約 11 個教會。其中以台北及高雄兩個城市的教會較具規模，因此本研究的「立意抽樣」，就篩選台北與高雄兩個教會，當作抽樣調查的主體，於 2003 年 7 月 6 日及 7 月 10 日兩天，分別在高雄與台北教會對當天來教會的信徒從事「全查」，各自回收有效問卷分別是：高雄回收 59 份，台北回收 42 份，總共回收 101 份問卷。

表 2　問卷回收統計表

共　　　　份　　　　類別 　計　　　　　　　　數	高雄	台北
101	59	42

資料來源：本研究訪談後整理

叁、宗教商品化與宗教推廣

一、宗教商品化與宗教推廣平均數分析

（一）山達基信徒接受宗教商品化

　　新興宗教團體的發展得具備經濟基礎，傳統宗教的經濟基礎經常來自於信徒的捐贈，在台灣地區非營利事業所得的大部分，經常就是信徒對該宗教團體的捐贈，此是台灣宗教團體蓬勃發展的主要因素，尤其當台灣經濟起飛，國民所得提升時，宗教團體獲得的捐贈隨之水漲船高。新興宗教團體的發展也不例外，如果沒有得到信徒的認同之後的捐贈，或其他「服務性」的收入，他們勢必很難發展。

　　山達基教會的經濟收入，主要來自信徒捐贈與上通往「自由之橋」[1]課程時的相關出版品販售兩項，（訪談編碼 002）根

---

[1]　「自由之橋」分訓練與聽析兩類，其中訓練總共分十二級，「訓練」是指培養各等級「聽析員」的課程，獲得資格者，可幫助他人改善自己；「聽析程式」是指個人加入教會之後，經過上課自我成長的過程，使自己成為「清新者」，「清新者」自己可化解人生困難中的「印痕」。透過這兩類課程學習，信徒就可走上通往完全「自由之橋」，到達山達基教會讓最高自由境界。（山達基教會，2003，通往完全自由之橋宣傳圖表）

據調查發現，山達基教會信徒定期捐錢給教會的分數在平均數 3 分以上得到 3.63 分，此意味信徒捐款給教會持中立偏正面的看法。換言之，信徒捐款給教會的意願並非很高；倒是信徒對教會「戴尼提」技術的認同較高，他們都願意透過學習「戴尼提」通往「自由之橋」所需的課程購買相關書籍，經常購買書籍得分為 4.35；經濟許可學習「戴尼提」的花費得分為 4.71 接近滿分；即使經濟不許可，信徒也會想辦法付費學習「戴尼提」技術，得到 4.42 分，信徒對山達基教會捐獻、學習及購買「戴尼提」出版品平均數總平均為 4.28 分。

　　由此可見，山達基教會的信徒對教會的捐獻，寧可花錢學習「戴尼提」，較少直接捐錢給教會。這意味信徒接受山達基創辦人所發明的「戴尼提」技術，並以此技術改善個人內心的負面「印痕」，使自己在社會中的發展更為順暢，到達「自由之橋」的最高境界。

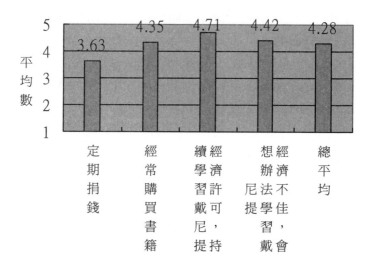

圖2　信徒對山達基教會捐獻及購買、學習「戴尼提」技術平均數圖

　　山達基教會信徒約四成從未捐錢給教會，六成捐錢給教會的信徒中，約三成八的信徒屬於小額捐款，每個月捐錢的數額在二千元以內，其他的信徒捐錢在二千到四千元間占 8%，四千到六千元占 6.9%，捐六千元以上的信徒占 8%。

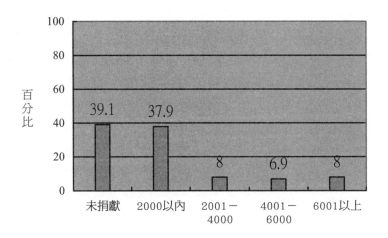

圖3 信徒對山達基教會每月捐錢平均數圖

　　傳統宗教的經典在信徒的心目中可能是「無價」，也是「非賣品」，例如：佛教的各種經典，道教的道懺，民間宗教的善書，伊斯蘭教的古蘭經及基督教與天主教的新、舊約聖經，幾乎都是由宗教團體向社會大眾募款之後，供社會大眾「免費」取閱。山達基教會與傳統宗教很大的分野在於它形同「聖經」的戴尼提技術[2]出版品，都是向信徒收費。這迥異於傳統宗教的做法，將宗教出版品及宗教服務當作「商品」，販售給信徒，可能無法為傳統宗教及社會大眾接受，因為它背離宗教服務為「神聖」

---

[2] 筆者在深度訪談時，提問山達基創教教主創立的戴尼提技術，是否形同教會的聖經？受訪者回答：「是。他寫的東西內容廣泛，甚至團體如何經營、組織、管理，各個部門如何規範，現在我們就按照他的方式在做，只是，教材的設計、編排都是後來改的。」（訪談編碼002）

的無價概念。

因此，山達基宗教在宣教初期可能招致社會「主流價值」的排斥，一般人認為宗教服務豈可定價，而山達基教會卻將信徒要學習的各項戴尼提技術精準的訂定價格。定了價格之後的戴尼提技術，是否造成信徒接受戴尼提宗教教義的困難，在深度訪談過程中，受訪者表示戴尼提技術「不能」用微薄的金錢來衡量，重要的是戴尼提技術是否對信徒產生正面影響，當戴尼提技術有效時，信徒花一點點錢是非常值得的[3]。

宗教團體對信徒提供的各種宗教服務或社會服務，在傳統的觀念是吸引信徒認同宗教的主要方法，但是這些服務很多都是免費的，像長老教會馬偕博士來到台灣宣教，他幫台灣人民從事拔牙的醫療服務，設「牛津學堂大理院」（真理大學前身）免費教育台灣人；星雲大師到宜蘭傳教，免費教導宜蘭地區的

---

[3]　筆者詢問：「在台灣社會，山達基採用戴尼提這套技術宣傳，讓大家接受，是要付費的，會產生宣教上的困難？」

訪談編005回答：教會提供戴尼提技術，信徒花錢購買是「採取交換的方式，（信徒）付費給我們，我們提供（戴尼提）技術改善他（的困境），這是等值的交換，（所以）這些課程都蠻便宜。」

筆者詢問：「有沒有人聽到要付費所以較怯步？」

訪談編碼005回答：「聽說有。」

筆者詢問：「您的個案裡沒有？」

訪談編碼005回答：「對，那是我之前的步驟。到我這邊是有意願要做，無此問題。」

訪談編碼004回答：「當你恢復一個人的能力，是無法用錢來衡量的，這只是一個代表性，我們有分教會系統與非教會系統，基本上給他們執照去做這些事。大部份接受完聽析後，感覺到這無法用錢衡量，真正到達那種覺察力時，錢絕非問題。」

信徒寫作文；證嚴法師及信徒做加工，賺取微薄的金錢，再來幫助窮苦人家；這些宗教家宣教都是採用傳統的方法，即宗教家要給社會和信徒「好處」，信徒在感受到好處之後，滿心歡喜地對宗教家和他的宗教「奉獻」。換言之，宗教家提供的宗教與非宗教的服務，不拿信徒一分半釐，信徒得到感動之後；相對地，出錢出力回饋宗教團體。

　　山達基教會提供的宗教服務，完全不同於傳統宗教，將宗教形同商品在「宗教自由市場」[4]中，是否具有競爭力？這是非常值得研究的新的課題。在本研究的資料說明山達基教會戴尼提商品化過程，得到大部份信徒的肯定。然而，這種現象是否在未來變成其他宗教團體所仿效，一轉過去宗教「非商品化」的主流價值，也值得宗教社會學家關注。

（二）山達基信徒樂於從事「宗教推廣」

　　教徒在進入宗教團體之後，如果他得到自己宗教的啟發，或是根據宗教教義修練的過程得到許多「神秘經驗」，他就可能是新興宗教團體及傳統宗教推廣最好的見證人。以台灣法輪功的推廣來看，不少大學教授修煉法輪功法，改善自己的身心靈狀況，就站出來為法輪功現身說法。基督教更生團契在監獄的宣教推廣活動，也是以受刑人感受到宗教的神秘經驗，用親

---

[4]　新興宗教團體團體像「奧修」與「妙天禪學」，都有向信徒收費，在教導信徒宗教儀式和活動；過去傳統宗教對信徒從事免費的非宗教活動，如醫療、教育、養老、育兒托嬰等，現在社會也逐漸接受使用者付費的原則。因此，許多宗教團體乃從事非宗教的「商品化」活動，宗教團體的「非營利組織」是市民社會團體非常重要的一個環節。

身經歷說明上帝感召下戒毒成功的過程，來吸引受刑人接受基督宗教。

　　山達基教會信徒接受戴尼提技術，經過不斷的「訓練」與「聽析程式」，信徒可能內心產生許多變化，尤其個人在身體力行後，和過去的言行比較起來具明顯的改善。當他身、心、靈提升時，就容易自己不斷學習，並向周遭的親朋好友說明推薦戴尼提技術及山達基教會。

　　教徒在接受戴尼提技術，得按部就班去購買戴尼提課程，每一個課程對教徒而言，既是實踐和學習山達基教義，他要達到山達基教會給信徒最高追求的境界——「通往完全自由之橋」，就得持續花錢購買戴尼提精進的課程和出版品。如果信徒學習效果不彰，就不會持續購買課程，更不可能將他的經驗推廣到週遭的親朋好友。相反的，信徒學習戴尼提技術感覺效果不錯，容易從自己身邊最親近的人介紹戴尼提，當親人接受戴尼提時，也就形同消費了山達基教會提供的宗教服務[5]，推

---

[5]　筆者詢問：「宣教時經常從周圍的人開始，不知您經驗如何？」

　　訪談編碼 005 回答：「我也是。當周圍親友有問題時，就來請我幫忙，我教他們如何做，他們也很願意。」

　　筆者詢問：「您接觸過的親友，做過這些課程後，有沒有變成山達基虔誠的教徒？」

　　訪談編碼 005 回答：「有。」

　　訪談編碼 005 回答：「我提供一些親身經歷。有天我在家看到哥哥和大嫂幾乎以敵對的方式溝通，那時大嫂懷有六、七月身孕，她很生氣的要騎機車出去，哥哥在她身邊講一些話又打她一下，我制止、拉開他們，將大嫂帶進家裡，應用關於婚姻的援助法幫助她，做完後她較能釋懷，之後用類似的方式處理哥哥，隔天他們和好了。另外我將援助法用在爸爸身上。那時他腎結石開完刀，痛到無法睡著，醫生給他藥物還是無法控制，後來幫他做觸摸援助

廣了山達基宗教。

　　根據研究顯現出來，山達基教會信徒購買戴尼提課程之後，相當滿意戴尼提提供解除個人過去負面心理烙痕的技術；由此推論，信徒乃有可能進一步推廣山達基宗教及戴尼提技術。山達基信徒在「鼓勵親友來山達基教會參加戴尼提活動」得分為 4.57；「山達基的戴尼提宣教可以吸引新的信徒入會」得分為 4.47；「經過初級聽析的課程後，願意上進階的聽析課程」得分為 4.59；「參加過山達基活動後，而願意擔任志工」得分為 4.35；「願意推廣戴尼提相關技術在非山達基人員身上」得分為 4.55；鼓勵親友加入山達基海洋機構」得分為 3.98；「願意推廣戴尼提相關技術的書籍給親友」得分為 4.6；「向親友推廣山達基的宗教教義」得分為 4.73；向親友「宗教推廣」山達基的總平均為 4.48 分。

法，剛開始 20 分鐘還是非常難受，約過十分鐘後，他的痛苦不見睡著了，睡醒後就好了，這讓我覺得非常神奇。只要正確應用它，即可看到效果。」

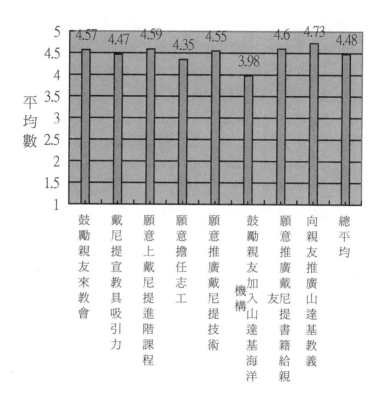

圖4　信徒接受山達基及戴尼提後對「宗教推廣」平均數圖

除了鼓勵親友加入山達基「海洋機構」[6]的得分 3.98 分相

---

[6]　「海洋機構」是山達基教會的管理者、監督者、實踐者、保護者的角色，全
　　世界各地都設立山達基海洋機構，機構成員生活在一起，共同接受海洋機構
　　歸約，生活嚴謹，各國家地區海洋機構獨立運作，但與其他國家海洋機構聯
　　繫。它淵源於賀伯特先生的想法，他想理解每一個人是否可記憶到前輩子的
　　生活細節，乃籌組一支探險隊，沿著歐洲海岸線航行，想找出他過去的記憶

對於其他宗教推廣各項，這分數偏低，其他各項的得分都在 4.35
分以上。這是因為加入山達基海洋機構猶如一般宗教團體加入
神學院，規範約束較多，不一定適合一般教徒，它的分數較低
可屬理解。其他各項意味著教徒對山達基教會接受的程度很
高，他們才會非常樂於對親朋好友推薦教會、戴尼提技術，及
自己不斷修煉戴尼提。從宗教團體的發展來看，戴尼提技術是
山達基教會最重要的手段，也是「宗教推廣」非常有效的方法。

二、宗教商品化頗能解釋宗教推廣

　　宗教團體得以成長的主要原因可能如下：1. 宗教的教義對
信徒具有吸引力，信徒乃會入教甚至推薦給周遭的親朋好友；
2. 教主本身具有特殊的領袖魅力（charisma），對信眾產生吸引
力；3. 宗教的神秘經驗，吸引了社會大眾；4. 宗教建構的教義、
儀式及相關的社會服務，滿足社會的需求；5. 宗教透過適當的
包裝，經過大眾媒體與小眾傳播，建立的良好形象為社會所接
受；6. 宗教團體組織完善，志工在宗教教主的影響下，樂於從
事宗教服務及募款工作；7.「宗教商品化」後為宗教市場所接
受等。（張家麟，2003）

　　在上述的理論中，「宗教商品化」是宗教團體發展其中一
主要變因；因此，本研究在此理論基礎，企圖理解這兩者之間

是否正確。當初跟他一起探險的人成立海洋機構組織，追求共同的目標，運
用人的能力結成團體共同改善社會。（訪談編碼 002）根據筆者理解賀伯特先
生思想淵源之一是東方佛教「因果輪迴」的神學觀，他相信人有前世，我們
現世的許多「印痕」，可能種因於前世。賀伯特許多潛在的記憶，靠旅行去
追溯與證實前世的「印痕」。

的關連，從邏輯上來看，山達基教會的信徒，購買戴尼提課程越多，表示接受該宗教團體的可能性越高；進一步觀察，信徒「宗教商品化」程度越高，對「宗教推廣」和「宗教教義認同」的可能性也越高。

在本節的討論集中在「宗教商品化」和「宗教推廣」的關連，運用統計學的變異數分析，企圖用宗教商品化來解讀宗教推廣；具體而言，要證實「山達基教會信徒接受宗教商品化程度越高，信徒對該教會宗教推廣越強」這項命題。

在表 3 中，經過 SPSS 分析後，F 值為 51.394，顯著值為 0.000，遠低於 0.005 的標準。用 B1234 代表「山達基教會信徒接受宗教商品化」，D1TO8 代表「信徒對該教會的宗教推廣」，兩者呈現極為顯著的關聯；即以 B1234 來解釋 D1TO8，頗具解釋力。換言之，可以用「山達基教會信徒接受宗教商品化」，來解釋「信徒對該教會的宗教推廣」。（表 3）

表 3　宗教商品化和宗教推廣變異數 F 值及顯著值表

ANOVA[b]

Model		Sum of Squares	df	Mean Square	F	Sig.
1	Regression	23.394	1	23.394	51.394	.000[a]
	Residual	44.608	98	.455		
	Total	68.002	99			

a. Predictors: (Constant), B1234

b. Dependent Variable: D1TO8

資料來源：本研究整理

在表 4 中顯現出信徒接受宗教商品化之後，將樂於推廣山達基教會，其中常數值為 1.583，B 值為 0.672，可以用下列線性方程式表示兩者的關連。

$$Y_1（宗教推廣）=1.583+0.672X_1（宗教商品化）$$

其涵義為每增加一個 X_1，就增加 0.672 個 Y_1；意即每增加一個單位宗教商品化，就增加宗教推廣 0.672 個單位。這兩者的線性關連程度相當顯著，如果再深入理解宗教商品化對宗教推廣具有多少解釋力，從表 5 可以得知，前者對後者的 R^2 數值為 0.33，這意味著宗教商品化對宗教推廣有 33%的解釋力。其中，77%的原因為何，尚待我們進一步探究。

表 4　宗教商品化和宗教推廣線性關連及顯著值表

Coefficients [a]

Model		Unstandardized Coefficients		Standardized Coefficients		
		B	Std. Error	Beta	t	Sig.
1	(Constant)	1.583	.401		3.948	.000
	B1234	.672	.094	.587	7.169	.000

a. Dependent Variable: D1TO8

資料來源：本研究整理

相較於上述宗教團體的發展因素，宗教商品化似乎為一項新的變數，但是筆者認為，山達基信徒的宗教商品化現象越深，意味著信徒接受「戴尼提」技術的越多，而戴尼提對該團體信眾身、心、靈改變的可能性也越高。因此，宗教商品化越高者，順理成章容易將他們的經驗推廣給親朋好友，這是合理的解讀。

表 5　宗教商品化和宗教推廣 R 及 R^2 數值表

Model Summary

Model	R	R Square	Adjusted R Square	Std. Error of the Estimate
1	.574[a]	.330	.323	6.9726

a. Predictors: (Constant), B1234

資料來源：本研究整理

肆、宗教商品化與宗教教義認同

一、山達基教徒宗教教義認同程度頗高

　　宗教團體所從事的宗教與非宗教的活動，在過去傳統宗教遺留的傳統大部份不用金錢來衡量，新興宗教團體是否巔覆這個價值，山達基教會的經驗值得探究。人類在資本主義社會發展之後，社會關係出現「商品化」的現象，（王佳煌，1996：79）這種現象是否擴張到宗教團體與信徒的關係，宗教團體提供的非宗教服務，社會大眾目前可以接受是一種「商品化」關係，像宗教團體辦的學校、醫院、養老院及育幼院等，皆可以向信徒或一般大眾收費；但是，如果宗教團體提供宗教服務給一般大眾，是否可以比照前者，在目前仍屬「異類」。

　　山達基教會對信徒收取宗教活動的費用，在歐美引起的爭議頗大，然而進入台灣之後，是否也會引起類似的爭議，有待社會大眾對其宗教的接受程度而定。本研究對宗教商品化在社會的接納程度，暫且擱置不論，在前節的討論中，已經證實山

達基教會的信徒頗能接受宗教商品化這項事實。在本節的討論，進一步理解山達基教會信徒接受宗教商品化之後，是否也對該宗教的教義認同。

在圖 5 中可以看出「宗教教義認同」這項概念總平均得分為 4.65 分，幾乎接近總分 5 分的高度認同。其中各項細項分別依序為：

1. 認同「山達基人遵守榮譽守則」為 4.75 分；
2. 認同「山達基聽析與訓練的目的在於拯救靈魂」為 4.75 分；
3. 認同「山達基教義容許您保留原有的信仰」為 4.73 分；
4. 認同「山達基人守則」為 4.73 分；
5. 認同「山達基教會的教條」為 4.69 分；
6. 認同「加入山達基後，並不會產生宗教信仰衝突」為 4.69 分
7. 認同「山達基用戴尼提來宣教」為 4.62 分；
8. 認同「山達基中的戴尼提溝通方式，當作宗教禮拜儀式」為 4.21 分。

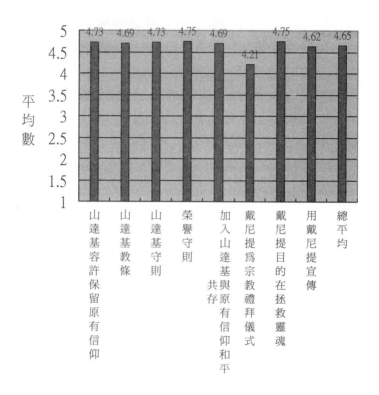

圖 5　信徒對「宗教教義認同」平均數圖

　　由於這八項得分都在相當認同的四分以上，因此，可以說這八項之間差異不大；展現出山達基教會信徒都相當同意山達基宗教給他們的規範。

　　為何信徒對教義認同程度偏高，筆者假想是由於信徒接受了戴尼提技術，當信徒不斷購買戴尼提技術，他可能越深入山達基的教義。例如，在深度訪談時，受訪者指出山達基宗教容

許信徒保留原有的宗教[7]；這在其他宗教來看，形同「荒唐」，因為宗教信仰的「排他性」頗強，信徒只能在諸多宗教中擇一信仰，不是信仰伊斯蘭教，就是信仰基督教，這兩個宗教彼此很難融和。相較於伊斯蘭教和基督教，中國人對宗教包容性較大，從文獻資料顯現，台灣地區中國人可以同時擁有道教、佛教及民間宗教，他們通稱「拿香」的信仰，此稱為「游宗」。從中國人對宗教的包容度來看，或許山達基宗教在台灣發展的可能性遠比其他地區還高，但是這也得進一步深入觀察與調查才能得知。

二、宗教商品化頗能解釋宗教教義認同

在本節的討論集中在「宗教商品化」和「宗教教義認同」的關連，從統計學的變異數分析得知，宗教商品化頗能解讀宗教教義認同；具體而言，已經證實「山達基教會信徒接受宗教商品化程度越高，信徒對該教會宗教教義認同越強」這項命題。

經過 SPSS 分析後，表 6 顯示出宗教商品化和宗教教義認同的 F 值頗高，為 45.753，顯著值為 0.000，遠低於 0.005 的標準，代表兩者間的關連具有重大顯著效果，換言之，「山達基教會信徒接受宗教商品化」對「信徒對該教會的宗教教義認同」具有解釋力。（表 6）

---

[7]　筆者詢問：「山達基同意教友保留原有宗教，會造成教友內心的宗教衝突嗎？」
　　訪談編碼 004 回答：「不會。宗教本身都是勸善的，目標都一樣，只是信仰方式不同。」

表 6　宗教商品化和宗教教義認同變異數 F 值及顯著值表

ANOVA[b]

Model		Sum of Squares	df	Mean Square	F	Sig.
1	Regression	2224.364	1	2224.364	45.753	.000[a]
	Residual	4521.363	93	48.617		
	Total	6745.726	94			

a. Predictors: (Constant), B1234

b. Dependent Variable: E1TO13

　　在表 7 中顯現出信徒接受宗教商品化之後，將樂於推廣山達基教會，其中常數值為 5.669，B 值為 0.6597，可以用下列線性方程式表示兩者的關連。

　　Y_2（宗教教義認同）$=5.669+0.6597X_1$（宗教商品化）

　　其涵義為每增加一個 X_1，就增加 0.6597 個 Y_2；意即每增加一個單位宗教商品化，就增加宗教教義認同 0.6597 個單位。這兩者的線性關連程度相當顯著，如果再深入理解宗教商品化對宗教教義認同具有多少解釋力，從表 8 可以得知，前者對後者的 R^2 數值為 0.344，這意味著宗教商品化對宗教推廣有 34.4% 的解釋力。其中，76% 的原因為何，尚待我們進一步探究。

表 7　宗教商品化和宗教教義認同線性關連及顯著值表

Coefficients [a]

Model		Unstandardized Coefficients		Standardized Coefficients		
		B	Std. Error	Beta	t	Sig.
1	(Constant)	5.669	4.179		1.357	.178
	B1234	6.597	.975	.574	6.764	.000

a. Dependent Variable: E1TO13

表8　宗教商品化和宗教教義認同 R 及 R^2 數值表

Model Summary

Model	R	R Square	Adjusted R Square	Std. Error of the Estimate
1	.587a	.344	.337	.6747

a. Predictors: (Constant), B1234

從上面的分析可以得知，宗教商品化具有促進宗教教義認同的效果，山達基教徒接受戴尼提技術越多，將可能越喜歡他們的宗教規範，兩者呈現高度的正相關。

綜合前面兩節的討論，「宗教商品化」是解讀「宗教推廣」和「宗教教義認同」的良好變數；換言之，以山達基教會的經驗來看，宗教團體提供給信徒「付費式」的宗教服務，不但不會阻撓宗教團體發展；只要這種宗教服務對信徒產生身、心、靈提昇的良好效果，反而有助於該宗教團體的發展。

山達基教會的特殊個案（deviance case）是否會影響未來其他宗教團體效法，值得宗教社會學者關心，從山達基經驗來看，她似乎巔覆傳統「免費式」的宗教服務，對信徒公開索價，得具有相當的信心，相信自己的宗教團體提供的宗教服務在眾多「免費式」的宗教服務具競爭力，這也得靠山達基教會能帶給信徒高度的滿足，否則教會信徒可能「改宗」。然而根據受訪的信徒指出，他們對自己的宗教服務頗具信心[8]，如果戴尼提

---

[8]　訪談編碼 004 回答：「他（羅恩‧賀伯特）在生前已調整過，他確定百分之百才離開。他說有些應用上仍有發展空間，但技術上他都已仔細寫下來。」
筆者詢問：「除了演講、反毒，您認為山達基可能做其他有助於山達基的宣教策略嗎？」
訪談編碼 004 回答：「最近有很大的運動，就是建立一個更好的世界，就是

的技術在宗教自由競爭的市場中，其他宗教不用付費，而山達基宗教卻要付費，這種不平等的宗教競爭，山達基教會得付出比其他宗教更多的心理從事宣教，不然，他將在台灣社會被其他宗教所淘汰。

伍、結論

一、研究發現

（一）信徒高度認同山達基教會

　　本研究對山達基教會信徒調查發現，該教會信徒頗能接受教會提供的「宗教商品」，在總級分為五分的狀況下，得分 4.28

利用山達基手冊，十九本小冊子，有十九個主題，如學習技術，生存範例等，針對生物上，生活上，一般人會碰到不同的主題，它是全世界的運動。我們已訓練幾萬個志願牧師，他們深入社區。例如：921 在大理國中，有人因逃難時天花板掉下來，他總是畏縮著，找醫師檢查不出毛病，但他背很痛，當時就使用援助法，約一個小時就不會痛了。當時山達基在很多地方設站如大成國中、埔里等。災民知道援助法有效，都很踴躍，有興趣的人，我們當場教他們，讓他們可以繼續。例如：有個人九天睡不著，當卡車一過就覺得地震，我們幫她做援助法，十分鐘她就說她可以睡了，效果很快。」

筆者詢問：「有沒有幫助過災民後，成為教友的？」

訪談編碼 004 回答：「那時未宣教，純幫忙，後來發宣單時很多人馬上接受，我們沒有追蹤有多少人進來，我們有保留名單，上面有幾千人，接受我們幫助的人，那些也是種籽。

例：在美國 911，山達基也幫助，後來救難組織也是山達基主導，最後只剩山達基和紅十字會留下。現在紐約有一個去毒中心，當時進去的救難人員開始進去做淨化，已有幾百個已淨化完成。」

分,已經接近相當滿意的程度。信徒對於「宗教推廣」也持高度肯定,得分為 4.48 分,也接近相當認同的程度。此外,信徒在接受戴尼提技術後,也頗能接受「宗教教義」,得分為 4.65 分,接近滿分五分。整體而言,山達基教會信徒就這三項概念得分皆超過四分,意指信徒對教會販售商品、介紹教會給親朋好友及自己本身實踐教義,都持高度滿意與認同。

(二)證實原有兩項假設

研究初起,筆者建立兩項假設,分別為:

1. 山達基教會信徒接受宗教商品化程度越高,信徒越願意推廣該宗教。

2. 山達基教會信徒接受宗教商品化程度越高,信徒對該教會宗教教義的認同越強。

經過線性迴歸分析,證實這兩項假設呈現高度正相關,用「宗教商品化」可以解讀「宗教推廣」及「宗教教義認同」,其中,「宗教商品化」對「宗教推廣」約有三成三的解釋力;而對「宗教教義認同」約有三成四的解釋力。(圖6)至於其他影響變數可能和「神秘經驗」、「教主魅力」、「社會失序」、「社會需求」和「志工組織」等變數有關,這得通盤逐一研究,才能證實。

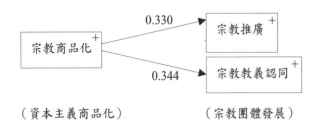

（資本主義商品化）　　　　　（宗教團體發展）

圖6　宗教商品化與宗教推廣、宗教教義認同R2值及線性關連圖

二、研究限制

　　本研究雖然證實了山達基教會信徒頗能接受該教會對信徒提供的宗教服務，得以使用「商品化」的資本主義交換現象，但是山達基教會的經驗，是否對其他宗教團體產生示範性的效果，則值得對其他宗教團體進一步觀察與研究。山達基宗教商品化經驗是否為一「異例」，或是新的「常態個案」，端看社會大眾對宗教團體提供的「付費式」宗教服務，接受的程度而定。

　　未來台灣地區的其他宗教團體，為了自己團體的生存發展，在「付費式」非宗教服務之外，是否也學習山達基的「付費式」宗教服務，頗令人關注。

　　除此之外，本研究雖已證實宗教商品化對宗教推廣，及宗教商品化對宗教教義認同兩項命題（proposition），但是這兩項命題只是對山達基教會個案有效，不一定對其他宗教團體也具有同樣的解釋力。就理論的深度來看，宗教商品化程度越深，該宗教團體的發展可能性越大，僅只是「通則」（generalization）；未來這項通則是否可以解釋「奧修」（Osho）、

「清海教團」(Suma Ching Hai)、「印心禪學社」與「太極門」
等新興宗教團體，則仍待檢證。

參考書目

王佳煌，1996，〈馬克思理論與資本主義生產方式電腦化——當代生產方式
　　電腦化的解析〉，《思與言》，34 卷 4 期：69-119。

王佳煌，1998，〈商品拜物教與資訊拜物教——資本主義電腦化與「資訊社
　　會」意識型態之批判〉，《思與言》，36 卷 3 期：203-259。

王俊程，2002，〈資訊之商品化：新定義與新思維〉，《資訊管理學報》，9
　　卷：1-17。

古允文，1996，〈新加坡的福利資本主義體制——商品化觀點的探討〉，《東
　　南亞季刊》，1 卷 2 期：23-37。

布爾當斯基 Luc Boltanski，2001，〈資本主義精神及其批判的變化〉，《二十
　　一世紀評論》，66 期：11-17。

吳英泰，1991，〈研究發展與商品化過程〉，《能源、資源與環境》，4 期 3
　　號：54-58。

吳惠林，1999，〈資本主義的明天為何？〉，《經濟前瞻》，61 期：94-99。

李培元，1997，《政治商品化理論》，揚智文化事業有限公司，8 卷 1 期：
　　149-188。

林本炫編譯，1993，《宗教與社會變遷》，台北：巨流圖書公司。

施承宏，2000，〈教育事業商品化？傷品化？〉，《師友》，391 期：23-25。

洪鎌德，1999，〈從市場與資本的桎梏中解放出來——馬克思的自由觀及其
　　批判〉，輔仁大學哲學論集》，32 期：33-56。

洪鎌德，2000，〈熊彼得論資本主義、社會主義與民主政治〉，《哲學與文化》，
　　27 卷 5 期：445-449。

高俊雄，1998，〈運動商品化之探討〉，《國體育季刊》，27 卷 4 期：79-83。

張家麟，2003，〈靈驗、悸動與宗教發展——新興宗教山達基個案研究〉，《宗
　　教論述專輯》，台北：內政部。

傅立葉，1993，〈台灣社會保險制度的社會控制本質〉，《台灣社會研究季

刊》，15 期。

黃世鑫，2000，〈BOT 之解析與釋疑：公用事業之商品化〉，《華信金融季刊》，
　　9 期：51-71。

黃建一，1996，〈國民小學教科用書商品化〉，《國教世紀》，172 期：4-6。

葉乃靜，1998，〈資訊商品化：公共圖書館面臨的新挑戰〉，《圖書館學與資
　　訊科學》，24 卷 2 期：29-43。

劉昌德，1998，〈媒體在運動商品化過程中的角色〉，《台灣社會研究季刊》，
　　32 期：215-247。

謝宜芳，2002，〈學術資訊商品化〉，《圖書館學刊》，31 期：54-65。

Ian Gough 著，古允文譯，《福利國家的政治經濟學》，台北，巨流，1995，
　　頁 32-33。

Parsons, Arthur 1974. "Yoga in a Western Setting：Youth in Search of Religious
　　Prophecy." *Soundings* 57, 2：222-235.

Stark ,Rodney 1992，Sociology.Belmont：Wadswprth, Inc。

Schumpeter, Joseph1942, Capitalism, Socialism and Democracy, Ist ed., New
　　York：Harper and Brothers .

Truzzi, Marcello 1970. "The Occult Revival as Popular Culture：Some Random
　　Observations on the Old and Nouveau Witch," *Sociological Quarterly*
　　13：16-36.

Wilson, Bryan 1969. Religion in a Secular Society. Baltimore：Penguin.

附錄

附錄一　本研究問卷

一、請問您對山達基的「宗教商品化」，是否同意以下敘述？

<table>
<tr><td></td><td>非常同意</td><td>同意</td><td>沒意見</td><td>不同意</td><td>非常不同意</td></tr>
<tr><td>1. 定期捐錢給山達基教會。</td><td>□</td><td>□</td><td>□</td><td>□</td><td>□</td></tr>
<tr><td>2. 經常會購買山達基出版的書籍。</td><td>□</td><td>□</td><td>□</td><td>□</td><td>□</td></tr>
<tr><td>3. 只要經濟許可，我會持續學習戴尼提相關技術。</td><td>□</td><td>□</td><td>□</td><td>□</td><td>□</td></tr>
<tr><td>4. 如果經濟不許可，我會想辦法學習戴尼提相關技術。</td><td>□</td><td>□</td><td>□</td><td>□</td><td>□</td></tr>
</table>

5. 每個月捐獻給教會，金額約：

　　□未捐獻　□2000元以內　□2001-4000元　□4001-6000元　□6001元以上

6. 至今為止，您購買山達基出版的書籍費用約：

　　□未購買　□2000元以內　□2001-4000元　□4001-6000元　□6001元以上

二、請問您對山達基宗教的推廣，同意以下敘述嗎？

<table>
<tr><td>1. 鼓勵親友來山達基教會參加戴尼提活動。</td><td>□</td><td>□</td><td>□</td><td>□</td><td>□</td></tr>
<tr><td>2. 山達基的戴尼提宣教可以吸引新的信徒入會。</td><td>□</td><td>□</td><td>□</td><td>□</td><td>□</td></tr>
<tr><td>3. 經過初級聽析的課程後，願意上進階的聽析課程。</td><td>□</td><td>□</td><td>□</td><td>□</td><td>□</td></tr>
<tr><td>4. 參加過山達基活動後，而願意擔任志工。</td><td>□</td><td>□</td><td>□</td><td>□</td><td>□</td></tr>
<tr><td>5. 願意推廣戴尼提相關技術在非山達基人員身上。</td><td>□</td><td>□</td><td>□</td><td>□</td><td>□</td></tr>
<tr><td>6. 鼓勵親友加入山達基海洋機構。</td><td>□</td><td>□</td><td>□</td><td>□</td><td>□</td></tr>
<tr><td>7. 願意推廣戴尼提相關技術的書籍給親友。</td><td>□</td><td>□</td><td>□</td><td>□</td><td>□</td></tr>
<tr><td>8. 向親友推廣山達基的宗教教義。</td><td>□</td><td>□</td><td>□</td><td>□</td><td>□</td></tr>
</table>

三、請問您對山達基宗教教義認同的情形？

	非常認同	認同	沒意見	不認同	完全不認同
1.山達基教義容許您保留原有的信仰。	□	□	□	□	□
2.認同「山達基教會的教條」。	□	□	□	□	□
3.認同「山達基人守則」。	□	□	□	□	□
4.認同「山達基人遵守榮譽守則」。	□	□	□	□	□
5.加入山達基後，並不會產生宗教信仰衝突。	□	□	□	□	□
6.認同山達基中的戴尼提溝通方式，當作宗教禮拜儀式。	□	□	□	□	□
7.認同山達基聽析與訓練的目的在於拯救靈魂。	□	□	□	□	□
8.認同山達基用戴尼提來宣教。	□	□	□	□	□

附錄二　深度訪談逐字稿

筆者到高雄山塔基教會訪談 2003/07/06　am0900-1200

筆者：您來教會十年了，從您的經驗理解，山達基教會，教主採用戴尼提方式來宣教的最早構想做解讀？

訪談編碼 002：戴尼提這項技術，在 1950 年時，他研究的最早階段。純粹從心理角度來看，把它當成一門科學，當初叫作現代心靈健康科學，他未構思到此屬於宗教成份，也不牽涉到靈魂層次。當時在美國受到歡迎，大家不斷想要以此，改善自己個人心理上的問題。其文獻提到，雖然山達基有很多靈性的概念，但對現在一般社會層次的大眾，他們能理解接觸的層次，仍在戴尼提這層次，他交代所有教會，不要用高深的東西做為宣傳，應從大眾可接受，能理解的角度，即我們偏重在戴尼提的原因，也是他們現在較需要的技術。

筆者：您在台灣教會待蠻久，台灣社會那些問題，見證過使用戴尼提後，

效果不錯？

訪談編碼 002：特別是情緒方面，焦慮、緊張、無自信，很多因情緒引起的身體毛病，經常發生像頭痛、胃痛、慢性、長期性的疾病，在戴尼提的理論裡，這是過去的傷害，導致現在身心上的疾病，這些問題，戴尼提特別容易解決。

筆者：山達基是在美國開創的，發展到世界各地，其優勢在美國用美語很容易，到台灣此優勢還存在嗎？或那些是比較困難？

訪談編碼 002：最主要是翻譯的問題。怎麼把詞翻譯出來，後來發現，這些詞在美國也是新的名詞，像戴尼提在國外就是 Dialetic，對他們來講，從未聽過，要花很多時間，去解釋這是什麼？難度在於，學員對此有興趣後，想進一步，發現全都是英文，此為真正困難之處。我們發現，在東方，台灣比國外更易解釋此概念。山達基相信，人是一個靈魂個體，但西方，蠻困難的，在東方很容易為人接受，這是山達基在台灣的優點。

筆者：中國人相信有靈魂，因為這樣對戴尼提或山達基的宣教有幫助？

訪談編碼 002：對。創始人在早期著作提到，他需要借重西方文明來構架整個理論，但仍要回到東方，進入這個世界，重點在亞洲。另外他提到，山達基跟佛教其實是表兄弟有關聯。山達基有很多概念跟佛教類似，他認為佛教的工作未完成，先人做了一部份的工作，我們再回來把未完成的工作完成，所以山達基的經典裡，常看到賀伯特先生提到，佛教跟山達基關聯的地方。

筆者：山達基的教義裡或是戴尼提的概念裡，那些跟佛教很緊密，或有相似？

訪談編碼 002：第一個即林肯的觀念，山達基認為，人是一個靈魂個體，山達基並不認為有某個神的存在，每個人自己就是那個靈魂個體，就是那個神，你可藉由某些方式，讓自己提升到很高的狀態，此跟佛教本身是同樣的概念，每一個人，人人都可有佛心，都會成佛，無所謂另一個人在那裡。另外，羅恩先生認為他不是神或偉大的人，他認為我是你的朋友，我是老

師，來教導你一些生命的智慧，所以跟釋迦摩尼很接近的概念。

我們相信有前世，有好幾世，人是一直累世不斷地來，只是換不同的身體，這些東西是聽析，跟戴尼提是不用想要講，要說服，它是用實際用聽析的方式，你可回溯到前世的經驗，此跟佛教類似，我們認為這輩子，你現在生活中遇到的問題，那個因是之前種下來的，這又是因果的概念，只是我們多了怎麼解決這個方法。同時相信人有八個動力，追求個人、家庭、團體、人類、生物界、物質宇宙界、靈魂界還有整個神界，跟佛教也是類似的提升範圍，還有自由之橋，一階一階的上去，跟佛教講的幾層天堂的概念也類似，這是較粗淺的比較。

筆者：人人成佛或是因果巡迴，甚至有前生今世，有未來的天堂，山達基也幾乎同意這些想法？

訪談編碼 002：不完全同意。有些佛教理論我們認為不存在，比如他認為無地獄存在，亦無天堂。你要找地獄，這裡即也獄，地球即地獄，車禍等可怕的事，即地獄；天堂，這裡即天堂，一旦你把造成可怕的事拿掉，一樣會在此活的很快樂，亦無所謂天使跟牛鬼蛇神，但有靈魂即鬼的存在。他提到，他認為現在的佛教精神還在，但技術層次已不見。

筆者：對西方的基督教或是天主教有沒有借用或是擷取之處？

訪談編碼 002：較少。

筆者：創辦人較接受東方佛教的一些想法？

訪談編碼 002：應該說他發現東方的宗教是對的。當初純粹從研究的角度來看，研究戴尼提他也蠻驚訝，很多研究報告顯示可看到前世，但他認為這不可能存在，太多報告讓他重新思考整理這些東西，因此概念，本來只有戴尼提，到 1952 年後，他開始改做山達基，山達基即進入靈魂層次領域，此即山達基的由來。西方人難接受靈魂這個事實。

筆者：佛教常談頓悟，戴尼提有類似的想法？

訪談編碼 002：戴尼提可回溯到最早狀況，幫助清除，此類似頓悟，瞭解已存在他身上的東西，怎麼看到且解決。

筆者：山達基的教義裡有無禁忌，如什麼樣的人可做與不可做戴尼提？

訪談編碼 002：有。服用藥物，如吃止痛藥（阿斯匹靈、普拿疼等），約一星期的時間，無法做戴尼提，因為會防礙回溯的能力，喝酒要過 24 小時後才能做，或個人有心智上的問題，都有特定的規範。

筆者：戴尼提和援助法是不一樣的？

訪談編碼 002：不一樣。援助法是戴尼提後發展出來。戴尼提是幫助較低層的人，較簡單的方法，幫助人的身心靈得到解放，效果層次較低。

筆者：山達基裡要通往自由之路，一般人可用戴尼提，較低層的人或心智有障礙的人用採助法是不是可作這樣的解讀？

訪談編碼 002：若有身體病痛的人，無法靜下來做戴尼提，就先做援助法，讓他能舒適些，再做戴尼提。

筆者：做戴尼提或做援助法會不會產生溝通上的障礙？具體說，彼此有不信任，那麼要如何化解？

訪談編碼 002：首先，接受自己有願意來的。再來，不管相不相信它，只要按照步驟做，自然會得到結果，此為山達基的特點。創始人特別交代，山達基不需要去信仰，它需要去做，做了自己知道結果怎麼樣，自己再判斷要不要去相信它。

筆者：戴尼提或援助法傳來台灣多久了？

訪談編碼 002：它是 1989 年開始至今，但真正發展是最近幾年。

筆者：高雄這個點的志願牧師有十二位？

訪談編碼 002：對。這些志願牧師是指非職員的。他們是自願性的做服務。

筆者：高雄這個點是從零開始成長？現在大約有多少職工或是志願牧師或信徒？

訪談編碼 002：對。職工大概將近七十人左右。即真正在此有工作的。真正產生活動的教友約一千個人左右。有定期聯絡將近六千人，在高雄這個區域。

筆者：1989 年到現在？

訪談編碼 002：這邊是 1996 年開始，六、七年左右。真正開始運作約六年的時間。

筆者：您從第一年就來此了？

訪談編碼 002：剛好來此工作，那時只有我，無任何山達基的人，空閒時跟人家聊這個東西，對很多人做戴尼提，他們覺得有效，志同道合而開始。

筆者：高雄本土味蠻濃的，接受外來的東西，困難會不會很大？

訪談編碼 002：看什麼角度切入。我們偏重在實踐的角度，不要求人一定要信仰它，而是你有什麼困難我們先幫你，提供方法與技術，覺得有效自然有興趣瞭解，幾乎全世界山達基的方式都是如此。

筆者：教友年齡層會不會比較輕？

訪談編碼 002：會。在 20-30 歲的年齡層比較能接受新的東西，這跟宣教的人的年齡層有關。但在台中比較不一樣，當初創立時朱先生已 40 幾歲了，進來的人都是 40 幾歲那個年齡層。所以很難說。就文宣的反應，年輕人的反應較好，情緒度較高，狀況較好。

筆者：創教的羅恩先生設計一連串的技術，這些技術都未調整過嗎？

訪談編碼 002：本身不做調整。會調整的是比較末節的東西，比如宣傳的方式，教材重新整理編排，使其更易宣傳，不過文字內容不得更改，這是他當初所指示的，他不想重蹈佛教的覆轍，交代不可重新更改。

筆者：他寫的東西形同教會很更要指引的教材、書，也可說是教會的聖經？

訪談編碼 002：是。他寫的東西內容廣泛，甚至團體如何經營、組織、管理，各個部門如何規範，現在我們就按照他的方式在做，只是，教材的設計、編排都是後來改的。

筆者：您如何看待創辦人創立山達基，您如何給他的宣教、戴尼提、援助法做評價？

訪談編碼 002：我們唯一的評價就是有效。這也是當初我會進來的原因。山達基在宣教也是強調此點，有效的實踐，實踐後對身心靈產生有效的改變。

筆者：羅恩先生設計很多組織的圖，以高雄為例，較具體的，負責宣教的

部門是那一個部門？

訪談編碼 002：主要分成七大部門，它是其中的第六部門，所謂的大眾處，專門負責對外的宣教工作，比如傳單。而主教友亦是由大眾處處理，比如播放影片、介紹等等，他們有一定的程式在做，包括販賣書籍亦是。

書籍因為限於台灣法律，另外設立一個公司，要繳稅來販賣書籍，在美國是免稅的，宗教團體可以賣這些東西。

筆者：高雄教會負責宣教有多少人？

訪談編碼 002：沒有實際算過。

筆者：教友在什麼條件下可加入海洋機構？

訪談編碼 002：基本上，任何人都可成為海洋機構。海洋機構在 1966-1967 年時，它研究較高深的層次，發現此技術需要很有紀律，戒律，品格的人來保守此東西。它必須將它交給能信賴的人，所以成立海洋組織，海洋機構。想進去的人，可以先簽約，等準備好再進。

加入海洋機構要簽立合約，象徵性的十億年的合約，代表願意奉獻在此，這群人有特定的規律，非海洋機構的人規定沒有那麼嚴。他們跟著羅恩先生執行重大決定，像海洋機構，台北有一個負責管理台灣教會，負責協助管理建設，確保無差錯，完全照羅恩先生的知識在做。

筆者：海洋機構對宣教有無幫助效果？

訪談編碼 002：有。像宣傳這一類的製作，影片製作都是他們做的，他們在山達基裡屬於監督和管理者的角色。

筆者：台灣有多少海洋機構的成員？

訪談編碼 002：這要問董事長。

筆者：宣教的財源如何來募款？

訪談編碼 002：來自教友的捐贈。當他們參與我們的活動時，要有一定程度的捐贈，因為我們不同於其他宗教，無一定的儀式或形式的名義要求捐贈。此外，我們不要求額外的捐贈，不需要定期或收入要百分之十給我們。創辦人認為這也是說我們要努力，如果沒有人來進來接受我們的東西，我們

就要關門了。

筆者：每年度對外的宣教工作有那些？

李執行長：演講，像高雄慈濟邀請我去演講，我們訓練他們的志工，我們兩邊很相同，就是他們缺乏方法，另外就是發宣傳單的活動，及志願牧師會跟他們的親朋好友或外面去做一些實際的實踐，幫助他們工作，此外我們還有戒毒活動，及教育團體，和使企業界成長。

筆者：一年的活動排下是每個月都有？

訪談編碼002：幾乎是每天都有，看情況，有時在外面有時在裡面，像宣傳單是每天都必需發的。

筆者：像演講是只有您嗎？還是有其他人？

訪談編碼002：有其他人。看情況，最近我比較忙就較少在外面演講。

筆者：像戒毒是到那裡做反毒的宣傳？

訪談編碼002：基本上就是在各個學校。你們做過幾個學校？

徐小姐：好幾個，像師範大學、三民家商、義守大學或是樹德科技大學。

訪談編碼002：接觸好幾個學校，比如校長或是教務筆者之類的去安排。

筆者、李美足董事長與李執行長的問答：

筆者：常態性的宣教，執行長是站在高雄的角度，董事長是否能站在整個台灣的角度，讓我們理解山達在台灣的宣教，最主要以什麼方式？動員多少人力資源，做宣教的工作？

訪談編碼004：以此來說，我們是多元性的。基本上有機構，它把宣傳品送出去，像在網站上有戴尼提的資料，上面有最新的課程，叫戴尼提自修課程，可上網去上課，它有課本。還有機構有介紹性的演講，找新人進來，使其瞭解山達基可提供那些服務，事實上，山達基提供的是針對一個人心靈的成長，對小孩、婚姻、甚至自己的心靈問題、人際關係你怎麼處理，機構演講就會有這些資料。

還有看書，山達基有出版社，羅恩先生的書現在中文出了二、三十本，他

的書總共約有幾百本，三千多個錄影帶。現在以中文而言，陸續把書翻譯出來，在台灣出版，經過教會的線，經過書籍的通道，比如新學友、金石堂、誠品很多書店都可買到，上網也有。羅恩先生利用書的將他的思想與民眾溝通，書是很重要的管道。

筆者：您將來如何將它快速整理成中文？

訪談編碼 004：我們有翻譯社。全職的人不是很多，但有很多對山達基感興趣的人，他們幫忙，目前約有一百多個人幫忙。目前翻譯的書不止這些，還要經過很多步驟才能出版，出版的動作都在準備當中。現在不止台灣，山達基非地方性的機構，它是全世界的機構，翻譯的書籍要送到美國，在丹麥印刷，有些在台灣印刷，就台灣出版，只是速度快慢和品質的問題。我們的審核嚴密，翻譯，校對和編輯，要看翻譯正確與否，通通排完版，才印刷，步驟比外面強，動作多，為確定忠於原著，尤其是技術上，羅恩先生的技術是很精確的，所以很仔細審核它是正確的。

筆者：羅恩先生的技術未來可不可能有所調整？

訪談編碼 004：他在生已調整過，他確定百分之百才離開。他說有些應用上仍有發展空間，但技術上他都已仔細寫下來。

筆者：除了演講、反毒，您認為山達基可能做其他有助於山達基的宣教策略嗎？

訪談編碼 004：最近有很大的運動，就是建立一個更好的世界，就是利用山達基手冊，

十九本小冊子，有十九個主題，如學習技術，生存範例等，針對生物上，生活上，一般人會碰到不同的主題，它是全世界的運動。我們已訓練幾萬個志願牧師，他們深入社區。

例：921 在大理國中，有人因逃難時天花板掉下來，他總是畏縮著，找醫師檢查不出毛病，但他背很痛，當時就使用援助法，約一個小時就不會痛了。當時山達基在很多地方設站如大成國中、埔裏等。災民知道援助法有效，都很踴躍，有興趣的人，我們當場教他們，讓他們可以繼

續。

例：有個人九天睡不著，當卡車一過就覺得地震，我們幫她做援助法，十分鐘她就說她可以睡了，效果很快。

筆者：有沒有幫助過災民後，成為教友的？

訪談編碼004：那時未宣教，純幫忙，後來發宣單時很多人馬上接受，我們沒有追綜有多少人進來，我們有保留名單，上面有幾千人，接受我們幫助的人，那些也是種籽。

例：在美國911，山達基也幫助，後來救難組織也是山達基主導，最後只剩山達基和紅十字會留下。現在紐約有一個去毒中心，當時進去的救難人員開始進去做淨化，已有幾百個已淨化完成。例：連近來大陸的唐山大地震，我們透過台灣人進去純幫忙，大陸目前未有山達基。

筆者到高雄山塔基教會訪談 2003/07/06　pm1220-1400

筆者：台灣有多少教友進入海洋機構？

訪談編碼004：近七、八十個都是台灣人，包括台灣、雪梨、美國。

筆者：他們的生活是很特殊的？

訪談編碼004：比較嚴謹。工作是從早上到晚上。

筆者：像您是不是？

訪談編碼004：是。是最早加入海洋機構的台灣人。1986接觸山達基，1988在美國加入。

筆者：您有結婚嗎？

訪談編碼004：現在沒有。

筆者：海洋機構的人生孩子要離開機構？

訪談編碼004：小孩十歲以上才可加入。因為生活忙碌，從早上八點到晚上12點上班。星期六自己的時間。剛開始海洋機構可以有小孩。

筆者：海洋機構在整個山達基是管理者、監督者的角度？

訪談編碼004：對，都有。也是實踐者、保護者。

筆者：全世界海洋機構大約有多少個？

訪談編碼 004：約有七千人。分佈在九大洲。

筆者：各個機構都是獨立運作？

訪談編碼 004：是。

筆者：海洋機構在各個地區也是獨立運作？

訪談編碼 004：基本上獨立運作。需要幫忙時，上司會指示大家分工合作。

筆者：海洋機構成員有生活一起嗎？

訪談編碼 004：生活一起。在民生東路。辦公室可去，住所不能。

筆者：台灣地區大約有多少個志願牧師？

訪談編碼 004：有十個，二個目前仍在建設。志願牧師一定要上完課，有些是自己唸完書即可。未真正統計，但若動員可有幾百個。

筆者：志願牧師要上多少課才能擔任？

訪談編碼 004：基本上可自己買書唸，並通過考試，已有題庫，都是活用的應用題。

筆者：您如何看待山達基和佛教或其他東方宗教？

訪談編碼 004：以前大學時期是佛學社，但卻不知如何應用與生活連結。真正對山達基感興趣是，得到許多生活上問題的解答，完全能應用在生活上，將周遭環境處理得很好。山達基和佛法的目標一樣，只是佛未告訴你怎麼走，山達基則有方法。

筆者：羅恩先生將所有問題記錄下，並給予解答，所以您的所有問題，書上都可察到？

李董：沒錯。這是我剛進來覺得最神奇的一點。

筆者：您在台灣宣教過程，最困難在那裡？

訪談編碼 004：目前來說，有時文宣或演講的人未捉到台灣人的真實性，給大眾的文宣與人手仍不夠，及翻譯英文的困難，我們必須更為活躍。

筆者：台灣這樣的教堂有幾個？

訪談編碼 004：高雄是第一個要成立的，下一個是台北、台中。

筆者：您剛說的有十個這種中心，都還未有教堂？

訪談編碼 004：它是教堂，它可傳授的訓練的等級比較低。

訪談編碼 002：它可訓練出五級的聽析員。可以製造清新者。

訪談編碼 004：我們把它翻成是中心，它是可讓學員們上基礎的知識，但無法訓練五級聽析員。

筆者：高雄的所做所為，整個台灣區都很肯定才會跑第一個？

訪談編碼 004：對。跑得最快，因為它有一些條件。

筆者：條件是什麼？

訪談編碼 004：五級以內的材料都變成中文。

筆者：辦公室牆壁上有個五級的表，從下面一直往上做？

訪談編碼 004：讓大眾知道，我們努力到什麼程度。你知道為什麼叫海洋機構？

筆者：不知道。因為翻譯問題嗎？取象徵意涵嗎？

訪談編碼 004：沒有。它有歷史背景。在 1967 年，賀伯先生重視一個人真的可以記憶到一輩子，且可以細節的記憶。那時他組織一個探險團隊，這是被美國探險俱樂部撥旗的，正統的探險隊。探險時，必需沿著歐洲海岸線航行，他訓練一群人跟他工作，他告訴山達基人，現在要入（　　會），短時間內，他訓練這些人會開船，之後，沿著海洋線走。他主要想找出，他的記憶是不是正確的？他在歐洲留下來的足跡，傳給世人，他記得在那個地方有那些東西。他記得的每一個人都找到了，證實，一個有能力的人，是否在任何地方能過得很好，做他想做的事。在南非，他找一個安全、寧靜的地方住下來，幾個禮拜的時間，就升到跟當地總理同坐同出的地位，他提出人人平等，黑人與白人有同樣權力的案子，觸犯既得利益者，這些人想盡辦法將他趕出，後來他簽證到期，就出來。出來後，他思考，意識到一個人培養能力，在沒有其他有能力主導下，他無法成就他想成就的事情。他思考怎麼成立一個團體？每人有同樣目標，有能力跟他一起改善社會，他就把跟他一起探險的人成立一個組織，幾乎所有人都留下來。

筆者：這幫人就成為海洋機構的人？

訪談編碼 004：對。這是這樣開始的。它是 8 月 12 日，今年 36 週年，我們每年都會慶祝，全世界的，當地有當地的慶祝。在海洋機構是很重大的節慶。海洋機構有很重要的目標，即維持技術的標準。

筆者：1967 年他就理解南非黑白不平等的困難，也證實他的理解有化解掉，到 1998-97 年。

筆者到高雄山塔基教會訪談 2003/07/06　Pm1400-1700

訪談編碼 002：他是第一個跟南非黑人握手的白人。

筆者：創辦人深感團體的重要性。

訪談編碼 002：對。他提過的法案，後來通過，現在在非洲。

訪談編碼 004：1967 年提出來的。

筆者：山達基的榮譽守則、教條，跟世界聯合國的宣言，認為人生在世界上，有 44 項自由，它差不多都有。所以它不只宣教自由，實踐人在世界上有很多不可被剝奪的。

訪談編碼 002：雖然我們強調有很多自由權力。羅恩先生也講，這必須建立在品格上。

筆者：戴尼提把人解放出來，人被超脫出來。尊重他人。

訪談編碼 004：對。事實上，他有一個簡單易懂的標準，把人生存的推動人，分為八部分。小冊子中就有一個生存的動力。第一動力，自我，第二，家庭，第三，團體社會，第四，人類，第五，動植物，第六，物質宇宙，第七，靈魂，第八，神的動力，他們是同心圓。山達基以此八項做為決定的判準。

筆者：山達基同意教友保留原有宗教，會造成教友內心的宗教衝突嗎？

訪談編碼 004：不會。宗教本身都是勸善的，目標都一樣，只是信仰方式不同。

筆者：從您的修養，與海洋機構的修行是不太一樣的。

訪談編碼 004：這就是為什麼我們肯入世的原因。我們有很多不同社會改革的活動，比如犯人再教育，戒毒，反毒，推行教育改革等。

筆者：您有加入更生教會嗎？

訪談編碼 004：沒有。但我們跟不同的更生保護會有合作，我們進去好幾個監獄，比如桃園監獄、少輔院、彰化少觀所等。

筆者：有記錄嗎？

訪談編碼 004：有。有照片、有些記錄。

筆者：常態性還是偶爾去？

訪談編碼 004：看地方。

筆者：進去監獄是用山達基名義或個人？

訪談編碼 004：當時跟　　法師一起，跟佛教一起，但都是我們山達基的人員。

筆者：以宗教團體名義進去政府才會接受？

訪談編碼 002：對。當時法務部長廖正豪配合這個活動，他蠻支持山達基。

訪談編碼 004：在墨西哥的一個重犯監獄，他們都是殺人犯、毒梟等，整個環境是那裡第二爛的監獄，他們的警衛都帶機關槍。在 1997 年山達基一位教友向典獄長提出欲幫犯人做戒毒，他們挑了約三十人，山達基的人挑戰他們，他們分出一個區域，讓山達基的人三、四人在裡面，一開始警衛都帶機關槍保護山達基的人，約一兩星期之內，犯人變緩和，幾個月之內，機關槍不需要了。現在約有一千個犯人排隊，他們要學習技術、去毒、排毒、到溝通。目前整個墨西哥將此監獄當成模範監獄，他們訓練監獄裡的人到其他監獄做這些事情。

訪談編碼 004：我們將這群人恢復成正常人就是恢復他們的自尊。

筆者：有時自尊的重建是蠻重要的工作，戴尼提或山達基的技術能幫助這些犯人。

訪談編碼 004：對。

筆者：執行長從醫學角度來證實，創辦人的一些想法是最好的，因為他本

身就是最好的見證者。

訪談編碼004：沒錯。

筆者：令人好奇的是，在墨西哥監獄到底用什麼方法讓毒梟改過向善？

訪談編碼004：有九門課。先面對溝通再做去毒、排毒程式，之後上學習技術、方法，恢復學習，培養他的讀寫能力，再做不同的課程，在九門課程中，他絕對會找到他的自尊。看到成果最成功的地方就是墨西哥。

筆者：在台灣與　法師的效果有無像墨西哥那麼好？

訪談編碼004：目前效果不錯，只有二個回籠。目前也有在做戒毒，只是規模很小，現在是　法師的地方，現在那個地方要整個拆掉建廟，廟裡有一層要放戒毒程式。

筆者：宗教的發展與宣傳絕對有關。

訪談編碼004：對，絕對有關。山達基內部也有市場行銷，整個方法與技術的課程。

基本上，賀伯特先生把不同的社會改革功能分成不同的基金會。

筆者：監獄裡的三溫暖就做在監獄裡嗎？

訪談編碼004：對。就在裡面。這是廖正豪答應的，他沒答應不可以。

筆者：做這個對社會有幫助，因為他們出來不要吸毒，這個投資是值得的。

訪談編碼004：像墨西哥是全面的。訓練監獄的人，出來就由他們自己管理，這是最省錢的方式，完全用賀伯特先生這套管理的，他們整套都有。我們在以色列已經把猶人與巴基斯坦人一起做戴尼提，他們最大的領悟是作戰是反應心靈不是人。

筆者：人人成佛，人人達到佛的境界，山達基最高得境界就是自由。

訪談編碼002：創始人在研究這個時，一直往上研究外，也向下修正，所以發展出戒毒的方法。

訪談編碼004：山達基方面還有兒童方面的書籍，例如家長怎麼引導兒童等等，以較開放式的教法，讓他們有自治能力不會失控。

訪談編碼004：兒童生病時，偶爾是因為前一天晚上聽到父母吵架，這互相

是有關聯的，因為兒童用不同方式表現悲傷。

訪談編碼 004：賀伯特先生還有一種大麥配方，讓兒童吃了會比較平靜，充滿營養。

訪談編碼 002：一個小孩的個性會有關到他的營養，小孩子在吃了糖後，約過半小時就比較焦躁，這是創始人經過許多實驗後發展出的。

筆者：海洋機構中人員是否把自己奉獻的方式給教主？

訪談編碼 004：是幫助大眾達到一種境界，非信仰教主，是尊敬他，創始人也有把佛教的戒律寫出來。

筆者：最早的佛教是戴法修行的，但傳到印度以外的地方就剃髮，以不同法派出現，會本土化。

訪談編碼 004：在尼泊爾方面也有發展出戴尼提的技術，創始人也希望佛教徒能接受戴尼提的技術。

筆者：在佛教的故事事有分兩類，神蹟與道德，道德方面鼓勵你善有善報，種善陰得善果，是道德的實踐，佛教方面較缺少的是山達基方面的內心自我反省。

筆者到台北山塔基教會訪談 2003/07/10 Pm1400-1700

筆者：您入教多久？

訪談編碼 005：1998 年 1 月至今。

筆者：您已是聽析員，清新者程度到達了嗎？

訪談編碼 005：沒有。我是四級聽析員，已在通往清新者的階段。

筆者：您的理解山達基宣教採用戴尼提或援助法，優勢在那？

訪談編碼 005：主要將人當作精神個體，提升自己的察覺能力，由此過程，領悟如何改善，都是照自己意願去做。

筆者：山達基教會本身還有那些優勢？

訪談編碼 005：我們有標準的知識和技術讓我們學習，避免失真或誤解。

訪談編碼 004：援助法很大的優勢是，短時間內此人馬上知道技術有效，意

識到他是靈魂個體，對山達基產生很大的真實性，戴尼提也是，短時間內他可去除過去不好的經驗，之後他就會提升。

筆者：您對羅恩先生發展出來的這些東西，信仰程度如何？

訪談編碼 005：我們沒有做什麼特別的信仰，而是學習過程中，學到技術後應用於生活。

我有個案例，有個人開車過程中，不小心撞到機車，之後他每天開車都很害怕，當時我用戴尼提幫助他，做了一次聽析，他知道害怕的原因後就不再害怕。

筆者：信仰戴尼提或援助法是相信那些技術？那些技術是您內心裡較接近真理？

訪談編碼 005：對。剛開始我們不會完全相信這些東西，後來把它應用也看到效果，我們就百分之百相信。

筆者：在台灣社會，山達基才在發展中，除了教會內部翻譯的困難外，若採用戴尼提這套技術宣傳，讓大家接受，是要付費的，會產生宣教上的困難？

訪談編碼 005：採取交換的方式，付費，我們提供技術改善他，這是等值的交換，這些課程都蠻便宜。

筆者：有沒有人聽到要付費所以較怯步？

訪談編碼 005：聽說有。

筆者：您的個案裡沒有？

訪談編碼 005：對，那是我之前的步驟。到我這邊是有意願要做，無此問題。

訪談編碼 004：當你恢復一個人的能力，是無法用錢來衡量的，這只是一個代表性，我們有分教會系統與非教會系統，基本上給他們執照去做這些事。大部份接受完聽析後，感覺到這無法用錢衡量，真正到達那種覺察力時，錢絕非問題。

筆者：訂價的方式會不會阻擋剛入教的信徒，宣教的困難點？

訪談編碼 004：山達基有個山達基免費中心，當有些人覺得他無法做這些捐

獻，但他想瞭解技術，還是能得到免費服務。等到覺得有效，想做捐獻時，能再進一步。像我們在災區也是免費服務，純粹對社會做回饋。各種層次都有，讓不同的人接受不同服務，最重要的是山達基的整個過程是要讓人們得到自由。

筆者：您對賀伯特先生創造戴尼提跟援助法，個人的詮釋或評斷？

訪談編碼005：我提供一些親身經歷。有天我在家看到哥哥和大嫂幾乎以敵對的方式溝通，那時大嫂懷有六、七月身孕，她很生氣的要騎機車出去，哥哥在她身邊講一些話又打她一下，我制止、拉開他們，將大嫂帶進家裡，應用關於婚姻的援助法幫助她，做完後她較能釋懷，之後用類似的方式處理哥哥，隔天他們和好了。

另外我將援助法用在爸爸身上。那時他腎結石開完刀，痛到無法睡著，醫生給他藥物還是無法控制，後來幫他做觸摸援助法，剛開始20分鐘還是非常難受，約過十分鐘後，他的痛苦不見睡著了，睡醒後就好了，這讓我覺得非常神奇。只要正確應用它，即可看到效果。

筆者：您接受過什麼樣的學習，到何種階段敢幫人做這種分析或援助？

訪談編碼005：我從1998年到雪梨去學習，約三年半的時間，每天從早上九點到晚上十點，全都是英文教材，星期天休息半天。

筆者：是教會送您過去，還是自己過去？

訪談編碼005：自費過去的。完成一整套四級聽析員的課程，最後階段是實習，每天不斷幫人家聽析，我們提供錄影帶給上面的人知道，能完全百分之百完成任務，無任何失誤，就結業。

筆者：三年半都在雪梨，拍攝過程也在雪梨？

訪談編碼005：對。

筆者：台灣有做這樣copy的訓練嗎？

訪談編碼004：高雄。成立即可。

筆者：現在高雄發展最好。

訪談編碼004：這裡也要成立機構，只是準備過程晚些。

訪談編碼005：只要中文教材出來，很快就能完成。

筆者：像訪談編碼005這樣的聽析員，全中華民國境內有多少人？

訪談編碼004：真正像他這樣程度的有五人，其他都還在訓練中，因為訓練很嚴謹，要求精確。

筆者：您對教主創教的教義理解對佛教的見解，有何看法？

訪談編碼005：佛教和山達基的基本的理念有些雷同，山達基將這些基本原理重新組合，他會創造山達基是因為愛吧！他愛所有這些人。

筆者：您在雪梨受訓時，有無讀過有關羅恩先生對宗教看法的書，或只學習技術？

訪談編碼005：都學習技術。

訪談編碼004：他的演講帶裡都多少有談到宗教。

訪談編碼005：他的錄音帶談到推崇一些偉大的宗教家，像達摩法師或釋迦摩尼佛等，他說若無這些人存在，山達基無法成立。

訪談編碼004：他的很多書都會感謝這些人存在，像西方佛洛德、亞裏斯多德等人，融合這些人的精華與西方的科學，將它變成真正有效可行的技術。

筆者：山達基尊重不同宗教存在，有無發現教友在聽析過程中，自己的宗教信仰與山達基的想法產生衝突？若有如何化解？

訪談編碼005：目前為止，佛教方面會冥想、靜坐等，在做山達基服務時，無法同時聽析，又做冥想、靜坐，兩種方式混合，暫時請他停掉這些，專心做聽析，他們很願意配合，做完聽析後，若再從事那些活動是可以的。像基督教的教友是不會有衝突的。

筆者：佛教的冥想較有可能有衝突？

訪談編碼004：像靜坐。

筆者：您怎麼看待山達基接受同時兩種宗教存在山達基的看法？

訪談編碼005：這是很好的想法。在山達基裡只是研究山達基一些資料，將技術應用在生活中，宗教就是在啟發人，基本理念是一樣的。

筆者：山達基與佛教、基督教的差異在那？

訪談編碼 005：我們很實際的應用，可看到效果，學習更多東西。其他的宗教可能以祈禱、拜拜、做法會的方式解決生活問題，有無效果看個人。

筆者：山達基與一般宗教最大差異是，所有宗教都有很多儀式，山達基很少。

訪談編碼 004：對。

筆者：沒有儀式，山達基的朋友怎麼對山達基產生認同？

訪談編碼 004：主要是在你身上有效，儀式只是外在的東西。山達基最重要一點是，你可以看到真理，真理不是只有一個儀式能取代的。

筆者：你們對教主的認同程度如何？

訪談編碼 004：山達基和其他宗教不同，我們不是傳人，不用口傳，完全不更改原傳資料，錄音帶都是原音，書都是原版。

筆者：宣教過程，會不會有人產生排斥、不信任，是不是因此就不理會他，還是有機會就把他拉進來？

訪談編碼 005：我們選擇第二種方法。

訪談編碼 004：看情形而定。有些是真的有問題想得到解答，我們就會儘量幫忙，若是來作對的話就另當別談。

筆者：宣教時經常從周圍的人開始，不知您經驗如何？

訪談編碼 005：我也是。當周圍親友有問題時，就來請我幫忙，我教他們如何做，他們也很願意。

筆者：目前為止您有做過一般的公眾非親朋好友，請他們加入山達基聽課？

訪談編碼 005：比較少，我是技術人員，做技術方面的事，那部分是宣傳部門做的。

筆者：我們有分專門聽析、專門宣教的？

訪談編碼 004：有。組織圖中就有分別，像第六處就是跟大眾接觸的，我們是各司其職。

筆者：您接觸過的親友，做過這些課程後，有沒有變成山達基虔誠的教徒？

訪談編碼 005：有。

筆者：有沒有變成聽析員的？

訪談編碼 005：目前沒有，因翻譯未完成，還要到國外受訓，難度蠻高。

筆者：有無考慮請翻譯社處理？

訪談編碼 004：之前有，但他們做的不是我們要的東西。

筆者：翻譯社要有什麼背景才行？

訪談編碼 004：要有學習技術。

筆者：做這麼久山達基的技術，您的生活方面有那些改變？

訪談編碼 005：未做前，大部分活在較負面的過去，狀況非常不好，後來知道山達基，上了些課程並懂得控制情緒，三年半的時間，之前我需要人家的幫助，後來我是聽析員後，轉變成可以幫助自己也能幫助別人。那時我才 23 歲，27 歲左右回來。

筆者：您家人同意您去？

訪談編碼 005：對。

筆者：您有無獎學金？

訪談編碼 005：有提供給我。那時我找到真正存在的意義是什麼，去幫助別人，使人可以主導自己的生活，提升能力。

筆者：培養聽析員過程約要多久？

訪談編碼 004：依中文來說，四級約半年到一年，五級約多一個月左右。

筆者：像高雄訪談編碼 002 他是五級嗎？

訪談編碼 004：他不是，他較像右邊的橋，受管理訓練。

筆者：您講的五級是指聽析員。

訪談編碼 004：聽析員跟可提供的技術。

筆者：志願牧師，他是橋的右邊或左邊？

訪談編碼 004：是教會的工義活動。現在講的是一個人，他本能要上去的橋。教會有很多附設的東西，你看不到。自由之橋給你的是你自己能得到自由的橋，其他人不在橋上，是以組織結構做這些事情。

看照片

訪談編碼 004：我們在災區做很多事，我們帶志工並訓練他們，有些做訪問，有些做援助法。那時有些志工做完後，對山達基也有興趣。

筆者：總會這裡對志工組織有專門人在做嗎？或是任務型的編組？

訪談編碼 004：在台中、台北、高雄組一個志願牧師分會。他們全是志工。高雄那十二位是帶頭的。所有山達基的人都學會基本的技術，必要時可全體總動員。

筆者：有無想法獻身於山達基，像加入海洋機構？

訪談編碼 005：短期規劃中沒有。目前工作性質類似海洋機構全心在山達基。

筆者：星期一到星期六？

訪談編碼 005：對，星期天有時休息有時工作。

筆者：什麼狀況下加入海洋機構？

訪談編碼 006：

筆者：簽十億年的合約內心有無任何想法？

訪談編碼 006：現在回想，有種如釋重負的感覺，感到是自己必須的責任。

筆者：加入後對自己的言行行為更嚴謹些，更符合山達基的教條、守責？

訪談編碼 006：可以這麼說，因為生活規律，知道自己該做什麼。

筆者：剛才您說，加入前有些不嚴謹的行為，舉個具體例子，後來有調整過來嗎？

訪談編碼 006：比如貪玩、覺眠時間亂等。

筆者：跟海洋機構的同事，友誼情形如何？

訪談編碼 006：蠻好，有共同目標，彼此配合很好。

筆者：住一起嗎？吃呢？

訪談編碼 006：有宿舍。吃一起。

筆者：家裡有給你任何看法或壓力嗎？

訪談編碼 006：對他們而言是較大的衝擊。他們都還可接受。

訪談編碼004：進海洋機構後每個人與家人會較親和，關係更好。

筆者：海洋機構同事們年齡層約幾歲？

訪談編碼004：台灣的話，最年輕15歲進來的也有。

筆者：男生或女生多？

訪談編碼006：女生多。

筆者：比例約多少？

訪談編碼006：約2比1。

訪談編碼001：輔導員是如何形成，約是聽析第幾級？

訪談編碼004：和聽析無關。但要受專門訓練，輔導員又分好幾種等級，也分很多不同課程。

第三章　靈驗、悸動與宗教發展
——新興宗教山達基個案研究

壹、研究緣起與理論發展

一、研究緣起

　　新興宗教在全球的宗教研究中是相當重要且新的議題，新興宗教是全球自由化的架構下，才得以盛行及自由發展。主要原因在於既有宗教發展過程與傳承，未能滿足急遽的社會變遷與人心需求的前提下，當社會有此需求及政治環境容許宗教自由傳播，他們就有生存發展的空間。

　　中國過去的歷史，儘管政治未能自由化，也出現過「白蓮教」、「一貫道」及「鸞筆會」等新興宗教；而當台灣政治自由化、民主化之際，國家對宗教逐漸鬆綁，（張家麟，1999）新興

宗教的活動空間更趨寬廣，呈現宗教「多元主義」（pluralism）的自由現象，國家機器從寬承認各種新興宗教合法地位，新興宗教像雨後春筍般的出現在台灣地區。許多新興宗教在過去威權時代不被政府承認，只能在非法的地下活動，現在都已解禁，成為公開活動的合法宗教團體。

　　從美國發跡，傳至台灣的「山達基教會」，於西元1950年代創立的，在全球宗教自由化的潮流，得以在歐、美發展後，並於1989年傳入台灣，現也已得到台灣政府合法的承認。（訪談編碼002）

　　「山達基教會」一如其他新興宗教，強調「修煉」之後的「神秘經驗」，而得到社會大眾的認同，其宣教內容中的「戴尼提」[1]技術及「援助法」[2]技術，對信徒產生的身、心、靈變化的效果，經常是信徒間津津樂道的主觀經驗。基於對新興宗教「神秘經驗」的探索，學術界已建構不少「理論」及「假設」，

---

[1]　山達基教會創辦人羅恩・賀伯特發明一套化解個人面臨困難的技術，這套技術在教會中奉為圭臬，似乎把這套技術當作教會的「聖經」。（訪談編碼002）根據筆者理解，這整套技術的內容包含幾個面向，如個人在家庭親密關係的提升，個人在職場中與同事的良好互動，個人如何扮演好優質的主管角色，生命動力的理解，心靈潛能的開發，自我分析中建立信與減壓，改善人際關係，增進溝通能力，幫助自己的小孩成長、學習快樂與建立自信，思考人類、宇宙及生命的本質等問題。總之，這整套技術稱為「戴尼提」，它的目標在於當個人身心靈受創時，去除我們內心的印痕、痛苦情緒印痕及印痕鎖的有害影響。（羅恩・賀伯特，2000：77）

[2]　「援助法」是援助法是戴尼提後發展出來。援助法是較簡單的方法，幫助人的身心靈得到解放，效果層次較低。若有身體病痛的人，無法靜下來做戴尼提，就先做援助法，讓他能舒適些，再做戴尼提。在本研究暫且擱置不論此法的內容效果，留待下篇論文再探討。（訪談編碼002）

但卻甚少對「山達基教會」作個案研究。本研究即想補此缺憾，想在新興宗教的宣教「神秘經驗」做「概念」及「理論」建構，嘗試將此「神秘經驗」是否對「宗教團體發展」產生影響，做因果關聯的討論，以豐富現有的研究成果，及對新興宗教作較深刻解讀。

二、理論發展

對於新興宗教在台灣及全球其他地區的出現與發展，始終是宗教社會學學術界關注的焦點，至於新興宗教是否肇因於社會、政治與經濟的變遷，或其他因素造成新興宗教的出現，學者從不同角度的累積不少理論。可以歸納為以下幾個重要的論述：

（一）宗教世俗化論（religion secularization ）

在既有的宗教無法滿足現代化激烈的社會變遷底下，而人對宗教信仰有新的需求時，非傳統性的宗教教派那有可能出現。

威爾森（Bryan Wilson）認為各種新興宗派（sects）即是反應對既有宗教世俗化之後，彌補人心的需求。（Wilson, 1969：207）不但如此，新興宗教的出現展現出人們對既有宗教的不滿意，代表舊有宗教世俗化過程在近現代社會不受人們重視的確認。（Wilson，1976：96；董芳苑，1983；吳寧遠，1996：259-265）

伊文斯（Evans, 1973）指出，科學與分析哲學未能提供規範性的指引，加上傳統宗教的式微，創造了「一個前所未有的環境，讓各種填補心靈空虛的思想體系、披著科學外衣哲學、

擬似技術性的崇拜以及新的彌賽亞得以出現」（Evans, 1973：10）。世俗化問題的確困擾著西方正統宗教，因為教會的權威下降，成員流失，基督宗教的「世界圖像」不斷喪失在宗教以外的影響力，當然無法維持它高高在上、指導一切的地位。（顧忠華，1997：89）

這種既有宗教無法滿足現代人們的需求時，在西方基督宗教世俗化的現象不可避免，新興宗派乃有出頭的機會；不只在西方如此，在任何宗教自由程度高的國家地區，也會有雷同的現象，台灣地區新興宗派的出現，也展現出台灣地區人民不一定滿足既有的傳統宗教。

（二）社會失序論

「偏差性」與「創新性」新興宗教運動的出現，導因於舊有規範的瓦解及既有價值的欠缺共識有關，這是有涂爾幹的社會失序理論（society anomy theory）的影子。

格拉克（Glock, 1976）的說法就證實此項論點，他認為六〇年代此起彼落的社會與文化抗議和實驗，反映了新興宗教運動出現的意義與正當性。此外，艾斯特（Eister, 1972, 1974）也認為新興宗教運動的興盛，和「隨著先進社會在溝通制度與個人調適制度的錯亂而來的「文化危機」有關，這一錯亂給予了宗教運動興盛的會」（Eister, 1974：612）。另外，也有學者從全球的社會價值變遷角度來解讀新興宗教的出現，具代表性的學者就是 Wuthnow（1978：59-60），他曾指出，在現代世界次序形成過程中，有三個時期容易引起宗教的激烈變遷：1. 世界體系中的核心勢力迅速擴充時；2. 核心與邊陲區域間極化衝突

期，3. 新的世界次序趨向於穩定之重建期。

　　李亦園（1984）也接受類似的看法來分析台灣的新興宗教的出現，他曾就台灣宗教的功利主義趨勢和虔信教派作瞭解，指出信仰系統和道德倫理系統的分離在急遽的社會變遷過程中是新興宗教興起的原因。功利主義的民俗宗教，是道德與宗教無形分離的例證，而虔信教派則循相反的方向試圖彌補中國宗教系統與道德系統分離的趨勢。

　　原有價值體系已被「現代化」社會衝擊，變成無法滿足既有社會的需求，而新的價值體系未建立之際，新興宗教的教主及其意識型態，就擁有生存與發展空間。社會失序論詮釋了「新」、「舊」社會價值體系變化的間隙，新興宗教乃在此空隙興起。

（三）合緣共振論

　　合緣共振論主張新興宗教出現的原因在於教主、信徒及社會三者互動。其中教主具有卡理斯瑪（charisma）的領袖魅力，經常是新興宗教得以發展的最大因素，由教主立「法」，再由「法」設「教」這種過程，是一般新興宗教發展的路徑。部分新興宗教取決於教主的領導，及信徒對教主的期盼，期待教主具有治病的神能、教主擁有超度的功德與教主宣揚救世的法門。如能得到內心滿足，信徒就容易對教主所創辦的宗教集體獻身、共同護法與自我成就。（鄭志明，1999：176-189）

　　除了教主與信徒間互動之外，尚得依靠社會的情境當作新興宗教發展的基本條件，這些情境就是「宗教反世俗化」與「宗教私人化」。

　　學者對宗教世俗化的反省，不相信 60 年代以來現代化的社會中，宗教領域縮小了，宗教功能被其他制度所取代，進而造成宗教走向消亡之路。相反地，在 80 年代，學者提出新的理論，認為教會衰亡是種不合理的假定，因為傳統宗教世俗化之後，其他新興宗教反而會適應新的社會後，出現長足的發展，呈現生機勃勃的新氣象。新興宗教具有「神聖性的再生」或「宗教的覺醒」等特徵，認為世俗化如果是現代化社會中的意識型態的指標，則反世俗化是後工業與後現代社會中的特殊面貌。這種宗教的「復甦」，並不是回到傳統的前現代形式，而是前現代與現代形式之間的一種合形式（吳寧遠，1996：259-265）。

　　認為傳統宗教失去了對其他領域的控制，使宗教對世界解釋失去了獨佔的合理性，宗教原有的集體權威性格沒落了，人們為了應付日常生活諸多領域的社會角色行為，必須建構自己的世界觀，將宗教私人化，偏重於個人現實生活的需要。（顧忠華，1998：3）

　　不少新興宗教即滿足社會與個人的需求，當傳統宗教的領域不斷地被縮小，新興宗教成為個人的私事，為個人身心發展提供滋養，即宗教成為私人的宗教，只對個人才具有真實性。這種「宗教反世俗化」與「宗教私人化」理論是否適合台灣社會，則有待學術界在現代社會裡，尋求新興宗教的客觀材料，來檢驗這理論。

（四）天啟末劫論的反省

　　宋光宇在「試論新興宗教的起源」一文中，不同意天啟末劫論是新興宗教出現的原因，天啟末劫論是中外學者對基督教

與天師道出現的解讀，認為這兩個東西方世界中的大型宗教，都是在社會動盪不安的狀況之下，人心「憎惡現世，等待救主」之後出現的新興宗教。（宋光宇，1998：68-70）

　　從新興宗教中的「人神真接溝通」、「醫療行為」、「社會救濟」、「宣講」、「靜坐」和「經懺」這六項宗教內容發現，這些宗教內容吸引了新的教徒，產生對新興宗教的認同。從新興宗教內容與社會需求的角度來看，是因為有此社會需求才產生新興宗教，其中新興宗教的宗教內容滿足了一般社會的需求。（宋光宇，1998：68-70）

　　宋的論述固然符合幾個傳統宗教轉化而來的新興宗教，但是並沒有完全解讀所有的新興宗教，如「一貫道」、「飛碟會」等宗教團體皆以「天啟末劫論」的神學宣教，此觀念也在宗教團體信徒內心引起迴響，轉而認同宗教。因此，「天啟末劫論」有它的理論限度，但也不能完全拋棄。

（五）宗教市場論

　　新興宗教出現的另外一個解讀，是從經濟世場自由競爭的法則角度切入，認為各種宗教在社會中的競爭就像各項商品在自由市場的競爭一樣，持這種觀點的學者就認為，沒有任何一個宗教可以壟斷整個社會，宗教的價值觀念與社會規範不是單一的最高原則，宗教反而成為現代社會的一種產品，任人挑三揀四，迎合消費者的口味與市場機制，因應市場上消費者的分歧需要，宗教已很難像過去的獨佔與壟斷，必須依照市場的操作與供需法則，導向於多元發展生存情境（Rodney Stark, 1992：410）。

　　「宗教商品化」的現象猶如自由經濟市場的社會，形成了社會生活中人們擁有各自不同的宗教信仰新模式與新現象，帶動出符合各種民眾需求的新興宗教運動。這種「宗教商品化」的宗教活動，離不開現實社會的市場需求，宗教勢必因應民眾的要求，而對激烈的宗教社會自由市場競爭，然而新興宗教面對此競爭的現世態度分成「拒斥現世」、「肯定現世」與「適應現世」等三種態度（林本炫，1996：31）。其中部分新興宗教為了擴張其「宗教市場」，乃採用「嵌入社會」（inserted in society）的方式（林本炫，1993：279），積極地滲入社會文化結構之中，以其特殊的宗教服務，進行有效的行銷的與組織發展。

　　宗教已淪為一種外在的消費項目，與個人風格的裝飾品。精神信仰的「購買者」，從各式各樣包裝的信仰「產品」中，選擇適合自己品味；但個人的這種消費選擇，「對於其他社會制度、政治權力結構、科技對人的壓抑與控制，沒有半點實際的影響。」近代世界孕育了一個「信仰的超級市場，其產品包括有傳統型的、土產生的、新潮型的、復古型、進口的以及神秘主義型。但它們之所以能夠相安無事地共存，因為社會已經太世俗化了，也因為它們只是不重要的消費項目而已（Wilson, 1975b：80）。特魯茲（Truzzi）對於淪為膚淺之大眾娛樂的占星術與巫術所做的分析，指出它們乃是反映了近代理性化社會中，超個然關表逐漸喪失其嚴肅性（Truzzi, 1970）。古典瑜伽的主題實際上已經被轉化成迎合悄年信徒的情感性需求，其方式則是同時反映信徒對世俗物質文化的執著與其基督徒的背景（Parsons, 974；1976）。

　　這種將宗教加以行銷的方式，引起不同國家機關的關注，

認為提供服務而收取費用就牽涉到買賣行為，而非宗教行為，只要是買賣行為，國家就得課稅，而宗教行為是免稅的。對這個問題，本研究擬在下篇論文以「宗教商品化」為題再做討論，在此暫且擱置不論。

（六）「靈驗」、「悸動」的宣教效果論

　　新興宗教能在許多宗教信仰自由國家地區開展，和宗教的教義實踐與修行得到信徒主觀的身心靈認同有密切關聯，不少研究顯現出，信徒對新興宗教教義中展現出的修持方法，使他們內心感受到特殊的「神秘經驗」、「神蹟」與「功能」，乃是信徒認同及接受該宗教的主要因素。

　　以台灣為例，這些新興宗教教團大都強調信仰的「靈驗」性，雖然吸引信徒的方法稍有不同，有的偏向於禪修：如「禪坐養生學會」、「大乘禪功學會」與「現代禪教團」（鄭志明，1998：332）；有的偏向於解說及傳授法門，發展成一套特殊的修行體系：如「崑崙仙宗道功研究會」、「靈仙真佛宗」；有的偏重於神秘經驗的神蹟與功能，再加上一些修持方法：如「禪定學會」、「萬佛會」、「亥子道」；有的經由神秘經驗的學理探討：如「靈乩協會」、「靈學研究會」、「中國道家五術法術學會」、「占驗協會」。

　　瞿海源對新興宗教這種再神聖化的現象頗為關心，稱之為「靈驗」與「悸動」性，雖然傳統宗教也有這種現象，可是新興宗教更為強調特殊的心理經驗，以及這種經驗相伴而生的靈驗與悸動性（瞿海源，1993：397）。

　　而李亦園則認為，這些新興宗教團體在神聖領域的擴充上

不夠健全，反而帶動了民眾原有的「巫術信仰」與「符咒心理」。
（李亦園，1992：106）加重了民眾對巫師、巫技與巫法的依賴，
只是想借助新興宗教的超常心理體驗，來取得生存的優勢效
果，或幫助自己達到心理的平衡。當社會復活了這種神聖領域
的巫術效用時，也正是世俗文化機能的衰敗，人們對正常的社
會文化功能失去了信心，反而仰賴各種神秘的術數與神聖的靈
力。（瞿海源，1990：42）

　　西方學術界發現新興宗教團體的靈驗現象，是介於「宗教
學」、「心理學」與「科學」間，創造新興宗教團體新的「宗教
概念」與「修煉方法」，而此這類宗教團體對信徒產生的內心特
殊經驗主要來源。

　　柏格（P. Berger）指出，這些宗教試圖「自想像中的自我
深處尋求救贖」的心理治療意識形態所具有之「新神秘主義」
取向（Berger, 1970：89）。此外，東方神秘主義對於刺激心理
療之發展所具有的重要性，也被重視。（Back, 1972; D'Alessio,
1975; Stone, 1976; Cox, 1977; Tipton, 1977）。安東尼等人（1977）
認為，對於非精神病人的心理治療來說，神秘主義觀點，較傳
統的基督新教倫理，或者之而衍生出來的精神醫療模型，提到
了更有效的架構。其中，山達基教會（Scientology）的各種介
於宗教與心理、精神的治療活動，也引起學界諸多的關注。
（Whitehead, 1974; Tipton, 1977; Evans, 1973; Wallis,1977）。

　　在上述幾項新興宗教出現的理論當中，對新興宗教都具有
部分「詮釋」效果，如果要使這理論更具有解釋的意涵，應當
以各種新興宗教的活動及行為當作研究主體。這六項理論中，
新興宗教「神秘經驗」對信徒的影響，「神秘經驗」對新興宗教

發展是非常值得探究的主題，本研究以此為「理論假想」（theoretical hypothesis），對新興宗教「山塔基教會」作調查，企圖從實際真實世界中「山塔基教會」信徒的主觀經驗，歸納並了解信徒的「神秘經驗」，建構合適的「理論概念」（theory concept）及「模型」（model），來豐富新興宗教「靈驗」與「悸動」的理論內涵，並從中解讀其對新興宗教發展的影響。

貳、研究問題、假設與架構、方法

一、研究問題

　　新興宗教最大的特徵之一，就是神聖領域「靈驗」與「悸動」；用具體的宗教教義、儀式的操作與修行，強調精神與身體修煉的神奇效果，戰勝或克服社會帶給個人和個人遭受困頓的各種身、心、靈苦痛。一般言，新興宗教都容易具有誘導新信徒加入其教派的能力，信徒對新興宗教提供的服務，可能相當容易滿足其心理需求，新興宗教與現代社會相契合的結果，造成個人與社會對新興宗教的需求，也讓新興宗教有不錯的發展空間。

　　本研究以山達基教會為個案研究，企圖瞭解山達基教會的信徒其個人內心在修行之後的「靈驗」和「悸動」效果，並進一步探究這些效果的影響力。對於新興宗教帶給信徒內心與身體的「靈驗」與「悸動」，學者並沒有很好的定義[3]，

---

[3]　所謂「靈驗」就是精神感通或修煉後的具體效益，這種效益本來就是宗教的

頂多用「神秘經驗」來解釋這兩種概念，其中尚有論文，給予這種神秘經驗負面的價值判斷[4]，就學術研究的「主觀互證」（inter-subjectivity）角度來看，在尚未對客觀材料作分析前，立即給予新興宗教對信徒神秘經驗「汙名化」的價值判斷，並不合適。

我們應該在仔細探究各種新興宗教的宣教效果，理解其宣教的實際內涵；可惜的是至今並沒有深刻的研究與解讀。因此，筆者嘗試先從山達基教會的個案研究中探索，運用深度訪談與問卷調查的技術，理解山達基教會的教義實踐的情形，觀察並解讀山達基教會信徒內心的「靈驗」與「悸動」，並且想進一步探究這些信徒的「宗教心靈」帶給該教會多少影響。基於此，本研究欲將焦點放在以下幾個問題：

（一）新興宗教宣教的內容是否對信徒具有「靈驗」效果？
（二）新興宗教宣教的內容是否對信徒具有「悸動」效果？
（三）新興宗教宣教的內容使信徒擁有「神秘經驗」之後，
　　　對新興宗教團體的影響力？

二、研究假設

筆者在本研究中將信徒內心對修煉之後的「神秘經驗」，

基本功能，是吸引民眾信仰的主要力量。（鄭志明，1998：332）

[4]　我們看出各種神秘經驗之間仰賴著相互相推拱的方式而製造出成套的幻覺，並且為許多人不信科學證據反而相信荒誕無稽的說法而搖頭嘆息，當我們也有某些強烈的欲求，而在現實的作為無法滿足此一欲求的狀況下，我們是否也習慣於透過各種幻覺來尋滿足──這幻覺不必叫做宗教、不必叫做信仰，但多半相當神秘，可不是？（宋文禮，1996：260-261）

操作化為「靈驗」與「悸動」兩種主觀感受；將新興宗教團體的「宗教發展」操作化為「宗教捐獻」、及「宗教推廣」兩個概念。

　　並且進一步將「靈驗」操作化為以下三個敘述：1.滿足戴尼提對我在宗教上的心靈諮商效果。2.面臨人生困難時，會選擇用戴尼提技術來解決。3.相信戴尼提不會出現任何問題。

　　將「悸動」操作化為以下五個敘述：1.作過戴尼提後會讓我感覺生活快樂。2.面臨人生困難時，會選擇用戴尼提技術來解決。3.作過戴尼提後，與人互動變得比較成熟4.作過戴尼提後，深覺身體舒暢。5.作過戴尼提後，深覺靈魂解放。6.作過戴尼提後，內心相當平靜。

　　將「宗教捐獻」操作化為四個敘述：1.定期捐錢給山達基教會。2.經常會購買山達基出版的書籍。3.只要經濟許可，我會持續學習戴尼提相關技術。4.如果經濟不許可，我會想辦法學習戴尼提相關技術。

　　將「宗教推廣」操作化為八個敘述：1.鼓勵親友來山達基教會參加戴尼提活動。2.山達基的戴尼提宣教可以吸引新的信徒入會。3.經過初級聽析的課程後，願意上進階的聽析課程。4.參加過山達基活動後，而願意擔任志工。5.願意推廣戴尼提相關技術在非山達基人員身上。6.鼓勵親友加入山達基海洋機構。7.願意推廣戴尼提相關技術的書籍給親友。8.向親友推廣山達基的宗教教義。

　　經過操作化之後，本研究想證實以下幾個假設：

　　（一）新興宗教信徒的「靈驗」心理越強，越有助於對新興宗教團體的「宗教捐獻」。

（二）新興宗教信徒的「悸動」心理越強，越有助於對新
　　興宗教團體的「宗教捐獻」。

（三）新興宗教信徒的「靈驗」、「悸動」互動之後，越有
　　助於對新興宗教團體的「宗教捐獻」。

（四）新興宗教信徒的「靈驗」心理越強，越有助於對新
　　興宗教團體的「宗教推廣」。

（五）新興宗教信徒的「悸動」心理越強，越有助於對新
　　興宗教團體的「宗教推廣」。

（六）新興宗教信徒的「靈驗」、「悸動」互動之後，越有
　　助於對新興宗教團體的「宗教推廣」。

三、研究架構

　　根據上述研究假設，本研究畫研究架構圖如下：其中單向
箭頭代表影響，雙向箭頭代表互動，靈驗與悸動代表「獨變項」，
宗教捐獻與宗教推廣代表「依變項」。簡言之，本研究就是要闡
述新興宗教的信徒，「在信教之後的『神秘經驗』，及其對新興
宗教團體本身，是否促進了『宗教團體發展』」這項命題。

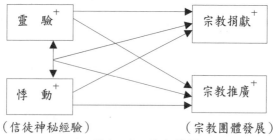

圖1　本研究架構圖

資料來源：本研究自訂

　　當然，筆者也深知，除了上述假想之外，尚可操作許多「理論假想」，例如，「新興宗教信徒的宗教捐獻愈多，也可能加深信徒的神秘經驗」；「宗教教義認同愈強，也可能加深信徒對該宗教推廣的信心」；「新興宗教信徒的宗教捐獻愈多，也可能加深信徒的宗教教義認同」；「新興宗教信徒的宗教捐獻愈多，也可能加深信徒對該宗教推廣的信心」；「新興宗教信徒的靈驗心理越強，越有助於信徒對新興宗教團體的宗教教義認同」；「新興宗教信徒的悸動心理越強，越有助於信徒對新興宗教團體的宗教教義認同」；「新興宗教信徒認同教主愈強，也可能加深信徒的神秘經驗」；「新興宗教信徒認同教主愈強，也可能加深信徒對該宗教推廣的信心」。這些命題皆頗具意義，但礙於篇幅，本研究暫不處理這些假設，留到未來有機會再逐一證實。

四、研究方法

（一）深度訪談法

　　本研究採取「專家效度法」設計問卷，分兩階段做深度訪談，在第一階段訪談，主要在確定使本研究的問卷具有「效度」，筆者在 2003 年 6 月 25 日對熟悉山達基教會的研究生先做深度訪談，根據深度訪談的內容及閱讀新興宗教相關文獻後設計問卷，建立本研究的幾個主要概念，分別為信徒信教後的「靈驗」與「悸動」神秘經驗；及此經驗可能對宗教發展的「宗教捐獻」與「宗教推廣」概念，共設計問卷四的「構面」，計 20 道量表的題目及 1 題類別資料題目，共計 21 道題。（附錄一）

第二階段訪談，主要在搜集並比對文獻資料，檢證問卷調查的假設，用這些原級資料詮釋山達基教會的信徒作完「戴尼提」技術後的神秘經驗，及對山達基教會發展的看法。

表 1　本研究成功深度訪談對象、時間及地點

姓名	職稱	時間及地點
陳道容	真理大學研究生	2003/06/25 pm1400-1600 真理大學 225 研究室
薛智元	山達基高雄執行長	2003/07/06 am1000-pm1600 高雄山達基教會
李美足	山達基董事長	2003/07/06 am1000-pm1600 高雄山達基教會
李美足	山達基董事長	2003/07/10 pm1400-1700 台北山達基教會
姚宜佐	山達基聽析員	2003/07/10 pm1400-1700 台北山達基教會
蘇信璁	山達基海洋機構成員	2003/07/10 pm1400-1700 台北山達基教會

資料來源：本研究整理

（二）母體與抽樣

在台灣的山達基教會遍佈在幾個主要城市，包括台北、台中、嘉義、台南、高雄、屏東、桃園、豐原 8 個地方約 11 個教會。其中以台北及高雄兩個城市的教會較具規模，因此本研究的「立意抽樣」，就篩選台北與高雄兩個教會，當作抽樣調查的主體，於 2003 年 7 月 6 日及 7 月 10 日兩天，分別在高雄與台北教會對當天來教會的信徒從事「全查」，各自回收有效問卷分別是：高雄回收 59 份，台北回收 42 份，總共回收 101 份問卷。

表 1-1　問卷回收統計表

共　份　　　　別 計　　數 類	高雄	台北
101	59	42

資料來源：本研究訪談後整理

（三）資料分析

1. 信度分析：本研究根據上述幾項概念，分別「操作化」為問卷共計 20 道「量表」題目。再對這 20 道題目以統計套裝軟體 SPSS 做信度分析，分析結果皆頗具信度，每題皆可保留，從事分析。（附錄二）

2. 平均數分析：本研究對 4 個構面的 20 道問題，做每一道題的平均數討論，和 4 個構面的總平均數分析。

3. 相關分析：本研究用相關分析解讀「神秘主義」與「宗教團體發展」的關聯，嘗試理解神秘主義中的「靈驗」與「悸動」是否對宗教發展的「宗教捐獻」與「宗教推廣」產生影響，故得用迴歸分析，建立「線性模型」，求取 R^2 值，以理解此影響在統計學上有幾成解釋力。

叁、神秘經驗與宗教捐獻

一、靈驗與宗教捐獻

（一）戴尼提對信徒具「靈驗」效果

　　新興宗教在現代社會吸引信徒的主要因素之一，在於宗教教主本身及其創造出來的教義，在信徒根據教義修行之後，具有「靈驗」的效果。此「靈驗」的效果是新興宗教興起，也是新興宗教發展的主因。許多在台灣發展的新興宗教：例如「飛碟會」、「基督教靈恩運動」（鄭志明，1999：180）、「法輪功」（襲立人，2001：187-207）、「印心禪學會」（鍾秋玉，2000）、

「天帝教」（袁亦霆，2002）、「奧修」（張芝怡，2002）、「世界真光文明教團」（張琳，2001；中央研究院新興宗教綜合計劃組，2000：120-121）、「慈惠堂」（許雅婷，2002）　與「超覺靜坐」（中央研究院新興宗教綜合計劃組，2000：140-141）皆有「靈驗」性，吸引信徒入教。在既有研究中對上述新興宗教團體的「靈驗」效果，大多著墨在信徒的修煉過程，和修煉之後所獲得的身心靈的變化。

　　其中，山達基宗教也有類似的「靈驗」效果，然而至今台灣學術界很少對它做研究。山達基教會在西方已發展約 30 年，約從 1996 年傳進台灣，已經在全台灣各地獲得至少約五千名信徒的認同（訪談編碼 001），這些信徒做過山達基教會的「戴尼提」技術後，他們內心的主觀感受，外人無法理解其變化。

　　在量表總分為五分的程度中，「戴尼提」的「靈驗」效果總平均得到 4.55 分，「靈驗」的分項題目中，信徒滿意「戴尼提」的心靈諮商效果得到 4.59 分，面臨困難會選擇用「戴尼提」來化解得到 4.55 分，相信「戴尼提」不會出錯具有完美性得到 4.52 分。由此可知，山達基教會給信徒施行的修煉的技術，讓信徒強烈感受到「戴尼提」頗具「靈驗」。像對「戴尼提」的心靈諮商、面臨人生困難時運用「戴尼提」來化解及相信「戴尼提」技術的完美性，一再顯現出山達基教會創始人賀伯特先生所發明的「戴尼提」技術得到信徒高度的肯定，及「戴尼提」技術施行後，信徒相信她的「靈驗」性。

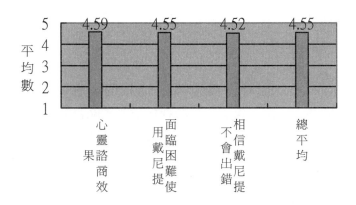

圖2　戴尼提技術對信徒內心「靈驗」平均數圖

（二）宗教捐獻

新興宗教的發展得具備經濟基礎，傳統宗教的經濟基礎經常來自於信徒的捐贈，在台灣地區非營利事業所得的大部分，經常就是信徒對該宗教團體的捐贈，此是台灣宗教團體蓬勃發展的主要因素，尤其當台灣經濟起飛，國民所得提升時，宗教團體獲得的捐贈隨之水漲船高。新興宗教的發展也不例外，如果沒有得到信徒的認同之後的捐贈，或其他「服務性」的收入，他們勢必很難發展。

山達基教會的經濟收入，主要來自信徒捐贈與上通往「自由之橋」[5]課程時的相關出版品販售兩項，（訪談編碼 002）根

---

[5] 「自由之橋」分訓練與聽析兩類，其中訓練總共分十二級，「訓練」是指培養各等級「聽析員」的課程，獲得資格者，可幫助他人改善自己；「聽析程式」是指個人加入教會之後，經過上課自我成長的過程，使自己成為「清新

據調查發現，山達基教會信徒定期捐錢給教會的分數在平均數 3 分以上得到 3.63 分，此意味信徒捐款給教會持中立偏正面的看法。換言之，信徒捐款給教會的意願並非很高；倒是信徒對教會「戴尼提」技術的認同較高，他們都願意透過學習「戴尼提」通往「自由之橋」所需的課程購買相關書籍，經常購買書籍得分為 4.35；經濟許可學習「戴尼提」的花費得分為 4.71 接近滿分；即使經濟不許可，信徒也會想辦法付費學習「戴尼提」技術，得到 4.42 分，信徒對山達基教會捐獻、學習及購買「戴尼提」出版品平均數總平均為 4.28 分。

由此可見，山達基教會的信徒對教會的捐獻，寧可花錢學習「戴尼提」，較少直接捐錢給教會。這意味信徒接受山達基創辦人所發明的「戴尼提」技術，並以此技術改善個人內心的負面「印痕」，使自己在社會中的發展更為順暢，到達「自由之橋」的最高境界。

者」，「清新者」自己可化解人生困難中的「印痕」。透過這兩類課程學習，信徒就可走上通往完全「自由之橋」，到達山達基教會讓最高自由境界。（山達基教會，2003，通往完全自由之橋宣傳圖表）

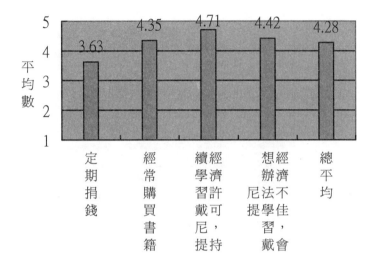

圖3　信徒對山達基教會捐獻、學習及購買「戴尼提」出版品平均數圖

　　山達基教會信徒約四成從未捐錢給教會，六成捐錢給教會的信徒中，約三成八的信徒屬於小額捐款，每個月捐錢的數額在二千元以內，其他的信徒捐錢在二千到四千元間占 8%，四千到六千元占 6.9%，捐六千元以上的信徒占 8%。

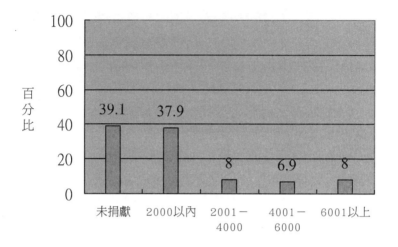

圖 4　信徒對山達基教會每月捐錢平均數圖

（三）戴尼提的「靈驗」與「宗教捐獻」相關分析

　　信徒在做完「戴尼提」課程之後，深受「戴尼提」相關技術的影響，對「戴尼提」的「靈驗」認同程度頗高，有可能對教會定期捐錢或為了學習「戴尼提」技術購買相關出版品。

　　研究證實信徒做完「戴尼提」之後的「靈驗」感受，和對山達基教會的捐獻產生高度的相關，以「靈驗」效果來解釋信徒對教會的捐獻，變異數分析的結果發現 F 值為 49.239，達低於 0.005 的顯著效果。（表 2）

表2　「靈驗」與「宗教捐獻」變異數 F 值表

ANOVA[b]

Model		Sum of Squares	df	Mean Square	F	Sig.
1	Regression	15.538	1	15.538	49.239	.000[a]
	Residual	29.347	93	.316		
	Total	44.884	94			

a. Predictors: (Constant), A134
b. Dependent Variable: B1234

　　進一步用線性迴歸分析「靈驗」對「宗教捐獻」的影響，發現前者對後者呈現正相關，用「靈驗」來解釋「宗教捐獻」，擁有三成四六的解釋力。（表 2）此意涵象徵著山達基教會的信徒，接受「戴尼提」技術之後，相信「戴尼提」的「靈驗」效果；而且此效果使信徒願意捐錢給教會，或是花錢購買「戴尼提」的服務。「戴尼提」技術本是山達基教主接受佛教的思想，及自己觀察社會現象之後創造出來的一套介於宗教學、社會學、心理學與輔導學的技術。山達基教會曾在歐陸國家引起爭議的就是這付費諮商的技術，但是在美國這是合法的宗教服務，目前在台灣的發展，這套技術除了山達基教會得接受台灣法律繳稅之後才能販賣出版品，一般信徒對於使用者付費的觀念頗能接受。[6]

---

[6]　根據受訪者指出「戴尼提」技術採取付費方式的學習，是一種等值的交換，信徒接受「戴尼提」技術繳一筆費用給山達基教會，而山達基教會訓練員或聽析員提供「戴尼提」課程，是相當便宜的。（訪談編碼 003）

表 3　「靈驗」與「宗教捐獻」模型、R 值及 R^2 數值表

Model Summary

Model	R	R Square	Adjusted R Square	Std. Error of the Estimate	Change Statistics				
					R Square Change	F Change	df1	df2	Sig. F Change
1	.588ª	.346	.339	.5617	.346	49.239	1	93	.000

a.Predictors: (Constant), A134

　　進一步將「靈驗」當作獨變項，「宗教捐獻」當作依賴變項，可以做出線性關係模型，在此模型當中常數為 1.604，方程式可寫成：（表 4）

$$Y_1（宗教捐獻）＝1.604＋0.593X_1（靈驗）$$

　　此方式程的涵意為每增加一個 X_1，就增加 0.593 個 Y_1；意即每增加一個單位的「靈驗」感覺，就可能使信徒對教會的捐獻 0.593 個單位。由此線性模型可以證實本研究的假設，即「新興宗教信徒的『靈驗』心理越強，越有助於對新興宗教團體的『宗教捐獻』」。

表 4　「靈驗」與「宗教捐獻」模型及線性關係數值表

Coefficients ª

Model		Unstandardized Coefficients		Standardized Coefficients	t	Sig.
		B	Std. Error	Beta		
1	(Constant)	1.604	.385		4.170	.000
	A134	.593	.084	.588	7.017	.000

a. Dependent Variable: B1234

二、悸動與宗教捐獻

（一）戴尼提對信徒具「悸動」心理

　　瞿海源在〈台灣與中國大陸宗教變遷的比較研究〉中論及新興宗教的神聖化現象，稱此神聖化現象為「靈驗」與「悸動」，雖然傳統宗教也有這種現象，可是新興宗教更為強調信徒在修煉之後的特殊心理經驗，及這種經驗相伴而生的「靈驗」和「悸動」。（瞿海源，1993：397）

　　至於何謂「悸動」？瞿教授創造了「理論概念」，尚有待新興宗教的觀察與研究加以填充。本研究在田野調查山達基教會時，發現其創辦人發明的「戴尼提」技術，信徒接觸它之後，內心「可能」出現未接觸前的具體變化，筆者嘗試將這種變化定義為「悸動」。經過實證調查的結果發現，信徒在做過「戴尼提」訓練及諮商技術後，身體、靈魂、內心、家庭生活及與人的互動這五個面向，信徒在身、心、靈皆產生相當程度的改變。

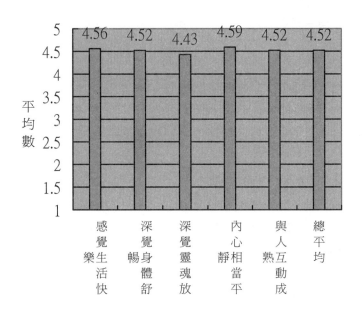

圖 5　戴尼提技術對信徒內心「悸動」平均數圖

　　山達基教會「信徒在做過『戴尼提』技術後，自己感覺生活快樂」，這項得分為 4.56；「做『戴尼提』之後，深深感覺身體比較舒暢」，得分為 4.52；「做『戴尼提』之後，深覺自己靈魂得到舒解」，得分為 4.43；「做『戴尼提』之後，深覺自己內心頗為平靜」，得分為 4.59；「做『戴尼提』之後，深覺自己與他人互動較為成熟」，得分為 4.52。這幾項總稱為『戴尼提』技術對信徒心理的「悸動」，總平均得分為 4.52。

　　在總分為五分的滿分標準下，此「戴尼提」技術帶給信徒內心的快樂感受幾乎接近滿分，「戴尼提」技術對信徒身心靈的

改變與生活快樂、與他人互動的成熟度，都讓信徒深深感受到內心的震撼。[7]

　　信徒進入山達基教會之後，接觸「戴尼提」技術，深受這項技術所吸引。在非信徒的眼光看來，有些不可思議。宗教團體提供給信徒修行的服務，大部分是「免費」，或信徒「自願奉獻」金錢給宗教團體；相反的是山達基教會採取「付費」的宗教服務，信徒卻也甘之如飴。[8]一般人如果沒有身入其境，恐怕很難理解。信徒付費接受「戴尼提」技術，而在他的內心主觀感受是充滿對「戴尼提」的認同，並且相信「戴尼提」帶給他人生光明的引導；沒做過「戴尼提」的人，似乎很難感同身受，「戴尼提」帶給信徒身、心、靈改變的「悸動」。

（二）戴尼提「悸動」效果與「宗教捐獻」相關分析

　　本研究的另外一個假想是：「新興宗教信徒的『悸動』心理越強，越有助於對新興宗教團體的『宗教捐獻』。」經過實證

---

[7]　對於「戴尼提」實行的效果，根據受訪者指稱對個人的身心靈具有「療效」，而此「療效」可以讓信徒深深感受到「戴尼提」的「悸動」，受訪者宣稱：「特別是情緒方面，焦慮、緊張、無自信，很多因情緒引起的身體毛病，經常發生像頭痛、胃痛，慢性、長期性的疾病，在戴尼提的理論裡，這是過去的傷害，導致現在身心上的疾病，這些問題，戴尼提特別容易解決。」（訪談編碼002）

[8]　當筆者詢問「宣教的財源如何來募款？」，受訪者指出：「教會的財源來自教友的捐贈。當他們參與我們的活動時，要有一定程度的捐贈，因為我們不同於其他宗教，無一定的儀式或形式的名義要求捐贈。此外，我們不要求額外的捐贈，不需要定期或收入要百分之十給我們（I HELP 會員則需要）。創辦人認為這也是說我們要努力，如果沒有人來進來接受我們的東西，我們就要關門了。」（訪談編碼002）

分析發現這項命題符合山達基教會的實際現象；即山達基教會
信徒的「悸動」心理越強，的確對山達基教會的捐獻也相對越
高。在表 5 中透過變異數分析，可以發現，F 值高達 55.348，
顯著值為 0.000，表示兩者呈現高度的正相關。

表 5 「悸動」與「宗教捐獻」變異數 F 值表

ANOVA[b]

Model		Sum of Squares	df	Mean Square	F	Sig.
1	Regression	16.746	1	16.746	55.348	.000[a]
	Residual	28.138	93	.303		
	Total	44.884	94			

a. Predictors: (Constant), A25678

b. Dependent Variable: B1234

　　在表 6 中，也顯現出來山達基教會信徒內心的「悸動」，會
影響教徒捐獻給教會金錢，及教徒購買「戴尼提」出版品的費
用。前項對後項具有 37.3%的解釋力，這意味著信徒使用「戴
尼提」技術之後的效果，會再次回過頭來進一步購買「戴尼提」
技術，或捐錢給教會。

表 6 「悸動」與「宗教捐獻」模型、R 值及 R^2 數值表

Model Summary

Model	R	R Square	Adjusted R Square	Std. Error of the Estimate	Change Statistics				
					R Square Change	F Change	df1	df2	Sig. F Change
1	.611[a]	.373	.366	.5501	.373	55.348	1	93	.000

a. Predictors: (Constant), A25678

　　根據「戴尼提」技術通往「自由之橋」之境界，分「訓練」
及「聽析程式」兩類，再從這兩類細分許多層級，由從未接觸
「戴尼提」到通往「自由」的狀況，「訓練」層級至少 12 級，「聽
析程式」層級則多至 25 級。每一級都有不同的「戴尼提」技術，

信徒要增加「戴尼提」的水準，就得花費金錢購買「戴尼提」的服務。而現在的研究證實目前山達基教會的信徒，只要作過「戴尼提」技術者，幾乎皆相當願意花費金錢繼續修煉「戴尼提」技術這項活動。

表 7　「悖動」與「宗教捐獻」模型及線性關係數值表

Coefficients [a]

Model		Unstandardized Coefficients		Standardized Coefficients	t	Sig.
		B	Std. Error	Beta		
1	(Constant)	1.878	.327		5.746	.000
	A25678	.539	.072	.611	7.440	.000

a. Dependent Variable: B1234

進一步將「悖動」當作獨變項，「宗教捐獻」當作依賴變項，可以做出線性關係模型，在此模型當中常數為 1.878，方程式可寫成：

$$Y_1（宗教捐獻）= 1.878 + 0.539X_2（悖動）$$

此方式程的涵意為每增加一個單位的 X_2，就可增加 0.539 個單位的 Y_1；意即每增加一個單位的「悖動」感覺，就可能使信徒對教會的捐獻多 0.539 個單位。由此線性模型可以證實本研究的假設，即「新興宗教信徒的『悖動』心理越強，越有助於新興『宗教捐獻』」。

三、靈驗、悖動互動之後的宗教捐獻

如果將「靈驗」、「悖動」同時當作獨變項，「宗教捐獻」

當作依賴變項，

　　也可証實本研究的另外一個假想：「新興宗教信徒的「靈驗」及『悸動』心理互動之後，將越有助於對新興宗教團體的『宗教捐獻』。」經過實證分析發現這項命題符合山達基教會的實際現象；即山達基教會信徒的「靈驗」及「悸動」心理越強，的確對山達基教會的捐獻也相對越高。在表 8 中透過變異數分析，可以發現，F 值高達 32.821，顯著值為 0.000，表示兩者呈現高度的正相關。

表 8　「靈驗」、「悸動」與「宗教捐獻」變異數 F 值表

ANOVA[b]

Model		Sum of Squares	df	Mean Square	F	Sig.
1	Regression	18.690	2	9.345	32.821	.000[a]
	Residual	26.194	92	.285		
	Total	44.884	94			

a. Predictors: (Constant), A134, A25678

b. Dependent Variable: B1234

　　在表 9 中，也顯現出來山達基教會信徒內心的「靈驗」、「悸動」，會影響教徒捐獻給教會金錢，及教徒購買「戴尼提」出版品的費用。前項對後項的 R^2 為 0.416，即山達基教會信徒內心的「神秘經驗」，是使用「戴尼提」技術之後的產生的效果，換言之，「神秘經驗」中的「靈驗」與「悸動」對教徒捐獻給教會金錢，及教徒購買「戴尼提」出版品的費用，具有 41.6%的解釋力。這意味著信徒學習「戴尼提」技術，肯定其「神秘經驗」，會再次回過頭來進一步購買「戴尼提」技術，或捐錢給教會。

表 9 「靈驗」、「悸動」與「宗教捐獻」模型、R 值及 R^2 數值表

Model Summary

Model	R	R Square	Adjusted R Square	Std. Error of the Estimate
1	.645[a]	.416	.404	.5336

a. Predictors: (Constant), A134, A25678

根據表 10，可以做出「靈驗」、「悸動」與「宗教捐獻」線性關係模型，在此模型當中常數為 1.369，線性方程式可寫成：

$$Y_1（宗教捐獻）＝1.369＋0.307 X_1（靈驗）＋0.343X_2（悸動）$$

此方式程的涵意為每增加一個單位的 X_1，就增加 0.307 個單位 Y_2；每增加一個單位的 X_2（悸動），就增加 0.369 個單位 Y_2；意即每增加一個單位的「靈驗」、「悸動」感覺，就可能使信徒對教會的捐獻多 0.650 個單位。由此線性模型可以證實本研究的假設，即「新興宗教信徒的『神秘經驗』心理越強，越有助於新興『宗教捐獻』」。

表 10 「靈驗」、「悸動」與「宗教捐獻」模型及線性關係數值表

Coefficients [a]

Model		Unstandardized Coefficients		Standardized Coefficients	t	Sig.
		B	Std. Error	Beta		
1	(Constant)	1.369	.372		3.677	.000
	A25678	.343	.103	.388	3.327	.001
	A134	.307	.118	.305	2.613	.010

a. Dependent Variable: B1234

肆、神秘經驗與宗教推廣

一、山達基信徒樂於從事「宗教推廣」

　　教徒在進入宗教團體之後,如果他得到自己宗教的啟發,或是根據宗教教義修練的過程得到許多「神秘經驗」,他就可能是新興宗教及傳統宗教推廣最好的見證人。以台灣法輪功的推廣來看,不少大學教授修煉法輪功法,改善自己的身心靈狀況,就為站出來法輪功現身說法。基督教更生團契在監獄的宣教推廣活動,也是以受刑人感受到宗教的神秘經驗,用親身經歷說明上帝感召下戒毒成功的過程,來吸引受刑人接受基督宗教。

　　山達基教會信徒接受戴尼提技術,經過不斷的「訓練」與「聽析程式」,信徒可能內心產生許多變化,尤其個人在身體力行後,和過去的言行比較起來具明顯的改善。當他身、心、靈提升時,就容易向周遭的親朋好友說明或推薦戴尼提技術及山達基教會。

　　根據研究顯現出來,山達基教會信徒對推廣山達基宗教及戴尼提技術頗為熱心。在「鼓勵親友來山達基教會參加戴尼提活動」得分為 4.57;「山達基的戴尼提宣教可以吸引新的信徒入會」得分為 4.47;「經過初級聽析的課程後,願意上進階的聽析課程」得分為 4.59;「參加過山達基活動後,而願意擔任志工」得分為 4.35;「願意推廣戴尼提相關技術在非山達基人員身上」得分為 4.55;鼓勵親友加入山達基海洋機構」得分為 3.98;「願意推廣戴尼提相關技術的書籍給親友」得分為 4.6;「向親友推

廣山達基的宗教教義」得分為 4.73；向親友「宗教推廣」山達基的總平均為 4.48 分。

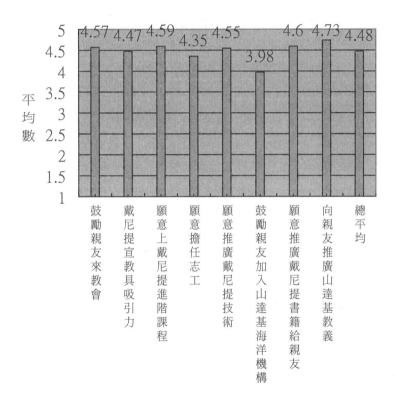

圖6　信徒接受山達基及戴尼提後對「宗教推廣」平均數圖

　　除了鼓勵親友加入山達基「海洋機構」[9]的得分 3.98 分相對於其他宗教推廣各項，這分數偏低，其他各項的得分都在 4.35 分以上。這是因為加入山達基海洋機構猶如一般宗教團體加入神學院，規範約束較多，不一定適合一般教徒，它的分數較低可屬理解。其他各項意味著教徒對山達基教會接受的程度很高，他們才會非常樂於對親朋好友推薦教會、戴尼提技術，及自己不斷修煉戴尼提。從宗教團體的發展來看，戴尼提技術是山達基教會最重要的手段，也是「宗教推廣」非常有效的方法。

二、山達基信徒「靈驗」經驗與「宗教推廣」

　　如果將「靈驗」當作獨變項，「宗教推廣」當作依賴變項，也可証實本研究的另外一個假想：「新興宗教信徒的「靈驗」經驗，將越有助於新興宗教團體的『宗教推廣』。」經過實證分析發現這項命題符合山達基教會的實際現象；即山達基教會信徒的「靈驗」心理越強，的確對山達基教會的推廣也相對越高。在表 11 中透過變異數分析，可以發現，F 值高達 20.092，

---

[9]　「海洋機構」是山達基教會的管理者、監督者、實踐者、保護者的角色，全世界各地都設立山達基海洋機構，機構成員生活在一起，共同接受海洋機構歸約，生活嚴謹，各國家地區海洋機構獨立運作，但與其他國家海洋機構聯繫。它淵源於賀伯特先生的想法，他想理解每一個人是否可記憶到前輩子的生活細節，乃籌組一支探險隊，沿著歐洲海岸線航行，想找出他過去的記憶是否正確。當初跟他一起探險的人成立海洋機構組織，追求共同的目標，運用人的能力結成團體共同改善社會。（訪談編碼 001）根據筆者理解賀伯特先生思想淵源之一是東方佛教「因果輪迴」的神學觀，他相信人有前世，我們現世的許多「印痕」，可能種因於前世。賀伯特許多潛在的記憶，靠旅行去追溯與證實前世的「印痕」。

顯著值為 0.000，表示兩者呈現高度的正相關。

表 11　「靈驗」與「宗教推廣」變異數 F 值表

ANOVA[b]

Model		Sum of Squares	df	Mean Square	F	Sig.
1	Regression	11.019	1	11.019	20.092	.000[a]
	Residual	51.003	93	.548		
	Total	62.022	94			

a. Predictors: (Constant), A134

b. Dependent Variable: D1TO8

在表 12 中，也顯現出來山達基教會信徒內心的「靈驗」，會影響教徒推廣教會及「戴尼提」技術給親朋好友。前項對後項的 R^2 為 0.178，即山達基教會信徒內心在使用「戴尼提」技術之後，產生「靈驗」的效果，會對教徒推廣教會，具有 17.8% 的解釋力。這意味著信徒學習「戴尼提」技術之後，會推廣教會及「戴尼提」技術給親朋好友。至於其他八成二的因素是什麼，則尚待進一步作研究理解。

表 12　「靈驗」與「宗教推廣」模型、R 值及 R^2 數值表

Model Summary

Model	R	R Square	Adjusted R Square	Std. Error of the Estimate
1	.421[a]	.178	.169	.7406

a. Predictors: (Constant), A134

根據表 13，可以做出「靈驗」與「宗教推廣」線性關係模型，在此模型當中常數為 2.222，線性方程式可寫成：

$$Y_2（宗教推廣）＝2.222＋0.499X_1（靈驗）$$

　　此方式程的涵意為每增加一個單位的 X_1（靈驗），就增加
0.499 個單位 Y_2；由此線性模型可以證實本研究的假設，即「新
興宗教信徒的『靈驗』心理越強，越有助於新興『宗教推廣』」。

表 13　「靈驗」與「宗教推廣」模型及線性關係數值表

Coefficients ᵃ

Model		Unstandardized Coefficients		Standardized Coefficients	t	Sig.
		B	Std. Error	Beta		
1	(Constant)	2.222	.507		4.381	.000
	A134	.499	.111	.421	4.482	.000

a. Dependent Variable: D1TO8

三、山達基信徒「悸動」心理與宗教推廣

　　如果將「悸動」當作獨變項，「宗教推廣」當作依賴變項，
也可証實本研究的另外一個假想：「新興宗教信徒的「悸動」
心理，將越有助於新興宗教團體的『宗教推廣』。」經過實證
分析發現這項命題符合山達基教會的實際現象；即山達基教會
信徒的「悸動」心理越強，的確對山達基教會的推廣也相對越
高。在表 14 中透過變異數分析，可以發現，F 值高達 38.609，
顯著值為 0.000，表示兩者呈現高度的正相關。

表 14　「悸動」與「宗教推廣」變異數 F 值表

ANOVAᵇ

Model		Sum of Squares	df	Mean Square	F	Sig.
1	Regression	18.195	1	18.195	38.609	.000ᵃ
	Residual	43.827	93	.471		
	Total	62.022	94			

a. Predictors: (Constant), A25678

b. Dependent Variable: D1TO8

在表 15 中，也顯現出來山達基教會信徒內心的「悸動」，會影響教徒推廣教會及「戴尼提」技術給親朋好友。前項對後項的 R^2 為 0.293，即山達基教會信徒內心在使用「戴尼提」技術之後，產生「悸動」心理，會讓教徒對推廣教會給親朋好友，具有 29.3%的解釋力。這意味著信徒學習「戴尼提」技術之後，會介紹教會及「戴尼提」技術給親朋好友。「靈驗」經驗與「悸動」心理，會影響教徒推廣教會及「戴尼提」技術給親朋好友。但兩相比較，教徒接觸教會之後的「悸動」心理，比教徒的「靈驗」經驗，在推廣教會給親朋好友中更具多約 10%的解釋力。至於其他七成的因素是什麼，也尚待進一步作研究理解。

表 15 「悸動」與「宗教推廣」模型、R 值及 R^2 數值表

Model Summary

Model	R	R Square	Adjusted R Square	Std. Error of the Estimate
1	.542[a]	.293	.286	.6865

a. Predictors: (Constant), A25678

根據表 16，可以做出「悸動」與「宗教推廣」線性關係模型，在此模型當中常數為 2.222，線性方程式可寫成：

$$Y_2（宗教推廣）= 1.973 + 0.562X_2（悸動）$$

此方式程的涵意為每增加一個單位的 X_2（悸動），就增加 0.562 個單位 Y_2（宗教推廣）；由此線性模型可以證實本研究的假設，即「新興宗教信徒的『悸動』心理越強，越有助於新興『宗教推廣』」。

表 16　「悸動」與「宗教推廣」模型及線性關係數值表

Coefficients [a]

Model		Unstandardized Coefficients		Standardized Coefficients	t	Sig.
		B	Std. Error	Beta		
1	(Constant)	1.973	.408		4.836	.000
	A25678	.562	.090	.542	6.214	.000

a. Dependent Variable: D1TO8

四、靈驗、悸動互動之後的宗教推廣

　　如果將「靈驗」與「悸動」當作獨變項，而「宗教推廣」當作依賴變項，也可証實本研究的另外一個假想：「新興宗教信徒的『靈驗』經驗與『悸動』心理互動之後，將越有助於新興宗教團體的『宗教推廣』。」經過實證分析發現這項命題符合山達基教會的實際現象；即山達基教會信徒的「悸動」心理越強，的確對山達基教會的推廣也相對越高。在表 17 中透過變異數分析，可以發現，F 值高達 19.229，顯著值為 0.000，表示兩者呈現高度的正相關。

表 17　「靈驗」、「悸動」與「宗教推廣」變異數 F 值表

ANOVA [b]

Model		Sum of Squares	df	Mean Square	F	Sig.
1	Regression	18.283	2	9.142	19.229	.000[a]
	Residual	43.739	92	.475		
	Total	62.022	94			

a. Predictors: (Constant), A134, A25678

b. Dependent Variable: D1TO8

　　在表 18 中，顯現出來山達基教會信徒內心的「靈驗」、「悸動」感受，會影響教徒認同山達基教會，及會影響教徒推廣「戴

尼提」技術給親朋好友。前項對後項的 R^2 為 0.295，即山達基教會信徒內心的「神秘經驗」，是使用「戴尼提」技術之後的產生的效果，換言之，「神秘經驗」中的「靈驗」與「悸動」使教徒認同山達基教會，具有 29.5%的解釋力。這意味著信徒學習「戴尼提」技術，肯定其「神秘經驗」，會再次回過頭來進一步認同山達基教會。

表 18 「靈驗」、「悸動」與「宗教推廣」模型、R 值及 R^2 數值表

Model Summary

Model	R	R Square	Adjusted R Square	Std. Error of the Estimate
1	.543[a]	.295	.279	.6895

a. Predictors: (Constant), A134, A25678

根據表 19，可以做出「靈驗」、「悸動」與「宗教推廣」線性關係模型，在此模型當中常數為 1.369，線性方程式可寫成：

$$Y_2 (宗教推廣) = 1.369 - 0.02X_1 (靈驗) + 0.520X_2 (悸動)$$

此方式程的涵意為每增加一個單位的 X_1（靈驗），就減少 0.02 個單位 Y_2（宗教推廣）；每增加一個單位的 X_2（悸動），就增加 0.520 個單位 Y_2（宗教推廣）；意即「靈驗」與「悸動」互動之後，「悸動」對「宗教推廣」的解釋力，遠比「靈驗」高出許多，由此線性模型可以修正本研究的假設，即「新興宗教信徒的『靈驗』與『悸動』互動之後，『靈驗』並沒有辦法幫助於新興團體的『宗教推廣』，倒是『悸動』心理，仍有助於新興團體的『宗教推廣』」。

　　為何「悸動」心理比「靈驗」經驗更具解釋力？仍待下次
研究澄清。現在筆者在此只能大膽揣測，可能與「研究設計」
有關，因為本研究之前「悸動」心理與「靈驗」經驗，只是「理
論概念」，如果再重新設計「靈驗」的問題，或對其他宗教團
體「靈驗」的事實材料重新規劃，說不定「靈驗」與「悸動」
互動之後，就可以對新興團體的「宗教推廣」呈現高度正相關。

表 19　「靈驗」、「悸動」與「宗教推廣」模型及線性關係數值表

Coefficients ^a

Model		Unstandardized Coefficients		Standardized Coefficients	t	Sig.
		B	Std. Error	Beta		
1	(Constant)	1.864	.481		3.876	.000
	A25678	.520	.133	.501	3.909	.000
	A134	6.550E-02	.152	.055	.431	.667

a. Dependent Variable: D1TO8

陸、結論

　　從上述分析，本研究發現，新興宗教團體發展的主要因素
之一是「神秘經驗」；在山達基教會信徒對其宗教「戴尼提」技
術，所產生的「神秘經驗」相當滿意，不但如此，此經驗也是
新興宗教山達基教會賴以生存發展的主要因素。具體而言之，
山達基教會的宣教內容對信徒產生內心的「神秘經驗」，具有「靈
驗」與「悸動」效果；而此效果又促進了信徒對山達基教會「宗
教捐獻」及「宗教推廣」。

　　這種「神秘經驗」是一般新興宗教團體的特色，有時他們

強調「宗教的神聖性」，但也有時則強調信徒修煉宗教的「靈驗」與「悸動」性；山達基教會的「戴尼提」或「援助法」技術，就是極好的個案。它依靠「戴尼提」技術，吸引信徒入教，如果「戴尼提」技術不具對信徒產生內心的「靈驗」與「悸動」性，其宗教團體將形萎縮。儘管山達基教會信徒對施行「戴尼提」技術，信徒得付費學習，但是實證及田野調查都證實，「宗教商品化」的「戴尼提」技術，山達基教會信徒接受的意願頗高，這也是新興宗教團體山達基教會宣教，不同於傳統宗教團體「宗教去商品化」的重大差異。

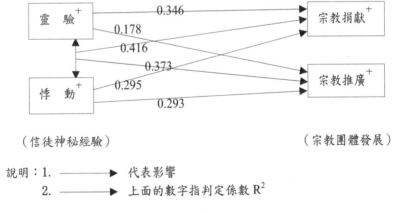

（信徒神秘經驗）　　　　　　　　　　　（宗教團體發展）

說明：1. ──────▶ 代表影響
　　　 2. ──────▶ 上面的數字指判定係數 R^2

圖 7　本研究線性關係路徑圖

除此之外，本研究也證實以下五個假設：

（一）新興宗教信徒的「靈驗」心理越強，越有助於對新
　　　興宗教團體的「宗教捐獻」。

（二）新興宗教信徒的「悸動」心理越強，越有助於對新

興宗教團體的「宗教捐獻」。

（三）新興宗教信徒的「靈驗」、「悸動」互動之後，越有助於對新興宗教團體的「宗教捐獻」。

（四）新興宗教信徒的「靈驗」心理越強，越有助於對新興宗教團體的「宗教推廣」。

（五）新興宗教信徒的「悸動」心理越強，越有助於對新興宗教團體的「宗教推廣」。

只有修正原有的第六項假設，原有假設是「新興宗教信徒的『靈驗』、『悸動』互動之後，越有助於對新興宗教團體的『宗教推廣』」；現在則改為「新興宗教信徒的『靈驗』、『悸動』互動之後，『靈驗』並沒有辦法幫助於新興團體的『宗教推廣』，倒是『悸動』心理，仍有助於新興團體的『宗教推廣』」。

另根據線性迴歸分析，繪出本研究四個主要變數：「靈驗」、「悸動」、「宗教捐獻」與「宗教推廣」的線性關係路徑圖（圖 7）在此圖中可以清楚發現，用新興宗教給信徒的「神秘經驗」，解釋新興宗教團體的「宗教團體發展」，是一個頗具「解釋力」的「模型」。解釋力在 17.8%~41.6% 之間，約六～八成因素尚不清楚，故仍值得進一步探究；其中有可能是「教主魅力」，也有可能是信徒的「宗教需求」等及其他因素。

本個案建構的「模型」：「宣教內容對信徒產生內心的『靈驗』與『悸動』效果，對山達基教會的『宗教團體發展』」，是否對其他新興宗教團體具普遍性的解釋力？則仍有待未來對不同新興宗教團體作後續「個案研究」及「比較研究」，或許才能釐清此「模型」的解釋效力。

參考書目

中文書目

中央研究院新興宗教綜合計劃組提供，2000，〈新興宗教介紹（六）──超覺靜坐〉《台灣宗教學會通訊》第六期。

中央研究院新興宗教綜合計劃組，2000，〈台灣新興宗教介紹（八）──世界真光文明教團〉，《台灣宗教學會通訊》，第八期。

吳寧遠，1996，〈後現代化社會與宗教現象〉，《東方宗教研究》，五卷七期。

宋文禮，1996，〈民間信仰、世俗化與迷信：一個心理學的觀察與討論〉《台灣新興社會運動》。

宋光宇，1998.5，〈試論新興宗教的起源〉，《歷史月刊》，5月號。

李亦園，1984，〈宗教問題的再剖析〉，楊國樞、葉啟政（主編）《台灣的社會問題》，台北：巨流圖書公司。

李亦園，1992，《文化的圖像上──文化發展的人類學探討》，台北：允晨文化公司。

林本炫，1996，〈國家、宗教與社會控制──宗教壓迫論述的分析〉，《思與言》，第三十四卷二期。

林本炫編譯，1993，《宗教與社會變遷》，台北：巨流圖書公司。

袁亦霆，2002，《新興宗教中知識份子參與靜坐修煉的宗教經驗──以天帝教為例》，東海大學社會學研究所碩士論文。

張芝怡，2002，《新興宗教奧修在台灣的發展──以門徒奧修經驗及消費特性為考察》，政治大學社會學研究所碩士論文。

張琳，2001，《日本新宗教在台灣發展之研究──以「世界真光文明教團」為例》輔仁大學宗教學研究所碩士論文。

張家麟，1999，〈國家對宗教的控制及鬆綁──論台灣的宗教自由〉，摘引自真理大學人文學院主編，《人文、社會、跨世紀學術研討會論文集》，

台北：真理大學。

許雅婷，2002，《母娘與祂的兒女——慈惠石壁部堂宗教人的經驗世界》，
　　東華大學族群關係與文化研究所碩士論文。

董芳苑，1983，《台灣民間信仰之認識》，台北：永望文化公司。

鄭志明，1998，《台灣當代新興佛教——禪教篇》，南華管理學院。

鄭志明，1999，〈台灣「新興宗教」的文化特色（上）〉，《宗教哲學季刊》，
　　五卷一期。

鄭志明，1999，〈台灣「新興宗教」的文化特色（下）〉，《宗教哲學季刊》，
　　五卷二期。

鍾秋玉，2000，《禪修型新興宗教之社會心理學研究》，政治大學心理學研
　　究所碩士論文。

瞿海源，1990，〈台灣的民間信仰〉，《民國七十八年度中華民國文化發展之
　　評估與展望》，台北：行政院文建會。

瞿海源，1993，〈台灣與中國大陸宗教變遷的比較研究〉，《宗教與社會變
　　遷》，台北：巨流書圖公司。

顧忠華，1997，〈巫術、宗教與科學的「世界圖像」——一個宗教會學的考
　　察〉，《宗教、靈異、科學與宗教研討會》。

顧忠華，1998，〈從宗教社會學觀看台灣新興宗教現象〉，未刊稿。

襲立人，2001，〈新興宗教與宗教自由：法輪功個案〉，《輔仁宗教研究》，
　　三期。

英文書目

Back, Kurt W. 1972. Beyond Words： The Story of Sensitivity Training and the
　　Encounter Movement. Baltimore： Penguin.

Berger, Peter. 1970. A Rumour of Angels. New York： Doubleday.

Cox, Harvey. 1977. Turning East. New York： Simon and Schuster.

D'Allesio, Thomas. 1975 "The Human Potential Movement as A Non-Theistic

System of Beliefs." Paper presented to the Society for the Scientific Study of Religion.

Eister, Allan W. 1972. "An Outline of a Structural Theory of Cult." Journal for the Scientific Study of Religion 11：319-334.

Glock, Charles and Robert Bellah. 1976. The New Religious Consciousness. Berkeley：California.

Parsons, Arthur. 1974. "Yoga in a Western Setting： Youth in Search of Religious Prophecy." Soundings 57,2：222-235.

Rodney Stark，1992，Sociology.Belmont：Wadswprth, Inc。

Stone, Donald. 1976. "The Human Potential Movement ." Pp.93-115 in C. Glock and R. Bellah（eds）, The New Religious Consciousness. Berkeley：University of California.

Tipton, Steve. 1977. "Est and Ethics： Rule-Egoism in Middle Class Culture." Presented to the American Psychological Association.

Truzzi, Marcello.1970. "The Occult Revival as Popular Culture： Some Random Observations on the Old and Nouveau Witch," Sociological Quarterly 13：16-36.

Wallis, Roy.1977.The Road to Total Freedom：A Sociological Analysis of Scientology. New York：Columbia.

Whitehead, Harriet. 1974. "Reasonably Fantastic：Some Perspectives on Scientology, Science Fiction and Occultism." Pp.547-587 in I. Zaretsky and M. Leone（eds.）, Religious Movements in Contemporary America. Princeton：Princeton.

Wilson, Bryan. 1969. Religion in a Secular Society. Baltimore：Penguin.

Wuthnow, Robert 1978c. "Religious Movements in the Transformation in World Order." In J. Needleman and G. Baker（eds.）Understanding the New Religions. New York：Seabury（Forthcoming）.

深度訪談　訪談編碼 001, 訪談編碼 002, 訪談編碼 003.

附錄一　新興宗教宣教策略及其發展──山達基個案研究問卷調查

一、請問您對山達基相關的技術施行後的「靈驗」滿意程度？

	非常滿意	滿意	沒意見	不滿意	非常不滿意
1.滿意戴尼提對我在宗教上的心靈諮商效果。	□	□	□	□	□
2.面臨人生困難時，會選擇用戴尼提技術來解決。	□	□	□	□	□
3.相信戴尼提不會出現任何問題。	□	□	□	□	□

二、請問您對山達基戴尼提技術施行後的「悸動」心理滿意程度？

	非常滿意	滿意	沒意見	不滿意	非常不滿意
1.作過戴尼提後會讓我感覺生活快樂。	□	□	□	□	□
2.作過戴尼提後，深覺身體舒暢。	□	□	□	□	□
3.作過戴尼提後，深覺靈魂解放。	□	□	□	□	□
4.作過戴尼提後，內心相當平靜。	□	□	□	□	□
5.作過戴尼提後，與人互動變得比較成熟。	□	□	□	□	□

三、請問您對山達基的捐獻，是否同意以下敘述？

<table>
<tr><td></td><td>非常同意</td><td>同意</td><td>沒意見</td><td>不同意</td><td>非常不同意</td></tr>
<tr><td>1.定期捐錢給山達基教會。</td><td>☐</td><td>☐</td><td>☐</td><td>☐</td><td>☐</td></tr>
<tr><td>2.經常會購買山達基出版的書籍。</td><td>☐</td><td>☐</td><td>☐</td><td>☐</td><td>☐</td></tr>
<tr><td>3.只要經濟許可，我會持續學習戴尼提相關技術。</td><td>☐</td><td>☐</td><td>☐</td><td>☐</td><td>☐</td></tr>
<tr><td>4.如果經濟不許可，我會想辦法學習戴尼提相關技術。</td><td>☐</td><td>☐</td><td>☐</td><td>☐</td><td>☐</td></tr>
</table>

5.每個月捐獻給教會，金額約：

☐未捐獻 ☐2000 元以內 ☐2001-4000 元 ☐4001-6000 元 ☐6001 元以上

四、請問您對「推廣山達基宗教」，同意以下敘述嗎？

<table>
<tr><td>1.鼓勵親友來山達基教會參加戴尼提活動。</td><td>☐</td><td>☐</td><td>☐</td><td>☐</td><td>☐</td></tr>
<tr><td>2.山達基的戴尼提宣教可以吸引新的信徒入會。</td><td>☐</td><td>☐</td><td>☐</td><td>☐</td><td>☐</td></tr>
<tr><td>3.經過初級聽析的課程後，願意上進階的聽析課程。</td><td>☐</td><td>☐</td><td>☐</td><td>☐</td><td>☐</td></tr>
<tr><td>4.參加過山達基活動後，而願意擔任志工。</td><td>☐</td><td>☐</td><td>☐</td><td>☐</td><td>☐</td></tr>
<tr><td>5.願意推廣戴尼提相關技術在非山達基人員身上。</td><td>☐</td><td>☐</td><td>☐</td><td>☐</td><td>☐</td></tr>
<tr><td>6.鼓勵親友加入山達基海洋機構。</td><td>☐</td><td>☐</td><td>☐</td><td>☐</td><td>☐</td></tr>
<tr><td>7.願意推廣戴尼提相關技術的書籍給親友。</td><td>☐</td><td>☐</td><td>☐</td><td>☐</td><td>☐</td></tr>
<tr><td>8.向親友推廣山達基的宗教教義。</td><td>☐</td><td>☐</td><td>☐</td><td>☐</td><td>☐</td></tr>
</table>

　　問卷到此結束，謝謝您的寶貴意見，祝您全家平安快樂。

附錄二　新興宗教山達基問卷各項目量表的信度分析表

構面	項目	Cronbach α 係數	
		分量表	總量表
靈驗	1. 滿意戴尼提的心靈諮商效果	.8134	.8409
	2. 面臨人生困難時，會選用戴尼提來解決	.7728	
	3. 相信戴尼提不會出現問題	.7365	
悸動	1. 做過戴尼提，感覺生活快樂	.9314	..9436
	2. 做過戴尼提，深覺身體舒暢	.9209	
	3. 做過戴尼提，深覺靈魂解放	.9270	
	4. 做過戴尼提，內心相當平靜	.9307	
	5. 做過戴尼提後，與人互動變的比較成熟	.9410	
宗教捐獻	1. 定期捐錢給山達基的教會	.8373	.8323
	2. 經常會購買山達基出版的書籍	.7622	
	3. 若經濟許可，會持續學習戴尼提相關技術	.7929	
	4. 若經濟不許可，仍會想辦法學習戴尼提	.7711	
宗教推廣	1. 鼓勵親友來山達基教會參加戴尼提活動	.5925	.6565
	2. 山達基的戴尼提宣教可以吸引新信徒入會	.6151	
	3. 經初級聽析課程後，願意上進階的聽析課程	.6090	
	4. 參加山達基的活動之後，而願意擔任志工	.5645	
	5. 願意推廣戴尼提相關技術在非教友身上	.5924	
	6. 鼓勵親友加入山達基海洋機構	.6237	
	7. 願意推廣戴尼提相關技術的書籍給親友	.5957	
	8. 向親友推廣山達基的宗教教義	.9158	
整體項目		.9387	

第四章　宗教儀式感受與宗教教義實踐──以鸞堂之扶鸞儀式為焦點

壹、前言

宗教儀式對宗教團體的成員而言，具有「教導」（Intichiuma）、「禁忌」（taboo）、「供養祖先」及「共享神聖食物」等功能。涂爾幹（E. Durkheim）對此進一步解讀，認為儀式可以使宗教團體成員重新獲得新生所需要的精神力量，不管宗教儀式的重要性如何，它都能使群體訴諸行動，能使群以集合起來，加深個體之間的聯繫，使彼此更加親密。[1]（E. Durkheim，1999：432-456）

---

[1] 宗教儀式的社會功能是將團體的勢力與價值印在每代人的心中，並且有效的傳延部落的風俗信仰，以使傳統不失，團體固結。（馬林諾夫斯基，1946：31-32）

宗教儀式的解讀著重在儀式對參與成員心理對團體的認同，透過儀式的舉行，所有成員產生彼此連結，成為「一家人」的感受。觀察宗教儀式中的集體崇拜，經常是促進個人和團體連結的重要手段，個人在參與宗教儀式的社會化過程，融入社會的價值體系當中。類似的看法也出現在社會學家布朗尼（Ken Browne）的觀點，他認為宗教儀式能夠給信仰者一種認同與保障，一種歸屬團體的感覺，這種群體供應照顧、使他們休戚與共，一起分享相同行為的道德符號，使他們緊密的團結在一起。（Ken Browne，2000：401）

宗教儀式對信仰宗教成員既然產生重大的社會化功能，透過儀式的洗禮，信徒對自己的宗教教義中展現的主要價值，無意間耳濡目染的結果，喜歡自己的宗教教義，及把自己的宗教教義實踐乃是合理的推論。因此，宗教社會學家幾乎都認同宗教儀式對信徒社會化的過程，具有皈依虔信的極端行為，（韋伯，1993：201-202）無形中宗教儀式對信徒行為，產生相當大的「社會控制」效果。

在傳統漢人社會的信仰，「關聖帝君崇拜信仰」隨移民活動進入台灣，而其中的「扶鸞儀式」也引進台灣社會。對於扶鸞的研究，過去已經累積不少的篇幅，例如日據時代伊能嘉矩（1928）及增田福太郎（1935）最早對鸞堂從事紀錄，但是他們的目的在於提供調查資料，供日本統治當局執政參考。另外，據王見川（1995a）的研究指出，台灣地區的鸞堂研究最早為丸井圭治郎，在日據時代他就對台灣地區的扶鸞活動，記錄在《台灣宗教調查報告書》第一卷「降筆會」一小目當中。

戰後到六〇年代，台灣鸞堂研究像其他新興宗教一樣研

究，幾乎完全空白。直到 1970 年，李茂祥在《略談拜鸞》一文中，重新提出鸞堂活動應從文化觀點加以認識，不應鄙視鸞堂的學術研究。（王見川，1995）從此以後鸞堂研究逐漸為學界所重視。主要分為以下幾個焦點做討論：(1)鸞堂的考證（許地山，1940；王世慶，1986；王見川，1995：54）；(2)鸞堂與善書（王見川，1995a：56；王志宇，1997：62；宋光宇，1998：1）；(3)台灣鸞堂的起源（王見川，1995c：65；王見川，1995b；宋光宇：1998）；(4)鸞堂系統與分香（李茂祥，1970：38）；(5)鸞手的巫術性格（宋文里、李亦園，1978；瞿海源，1993；余光弘，1999：94-101）；(6)鸞堂的社會功能（王世慶，1986；宋光宇，1995：133）。

在上述的文獻中，可以理解鸞堂研究是由不同領域的學者，包含人類學、歷史學、醫學及社會學，他們從自己的學科理論解讀鸞堂這頭「巨象」，既描繪出鸞堂的圖像，也給鸞堂神秘面紗作社會科學的詮釋與批判。

但是這些詮釋當中，鮮有從「扶鸞儀式」角度切入，來理解信徒對儀式的感受，進而對解讀其感受後與鸞堂「教義實踐」的關連。鸞堂教義以「儒、道、釋」三教的經典為主，現也有部分鸞堂擴大其教義來源，包含「儒、道、釋、耶、回」五教的經典[2]，合理的聯想是「常參與扶鸞活動的信徒，其感染鸞堂教義愈深」；或是「常參與扶鸞活動的信徒，其感受降臨鸞堂的

---

[2]　台中大里市中華玉線玄門真宗教會以「儒、道、釋」三教的經典為主；而桃園八德市中國儒教會中國儒教真佛心宗則包含「儒、道、釋、耶、回」五教的經典。（筆者於 2004.3.9 在台中大里市及 2004.3.13 在桃園八德市田野調查的理解）

心理愈強；其實踐鸞堂教義的程度愈強」。

　　換言之，扶鸞儀式帶給信徒的真實感受為何？這些真實感受是否又影響信徒的「教義實踐」？筆者對這兩個問題的解答頗為好奇，乃著手調查台中大里市中華玉線玄門真宗教會與桃園八德市中國儒教會中國儒教會真佛心宗兩間鸞堂[3]，企圖得到解答。

貳、研究設計

　　為了理解扶鸞儀式對鸞堂中「信徒」[4]的內心感受，及這儀

---

[3] 台灣地區鸞堂常態性的扶鸞活動已不多見，許多鸞堂只留下廟宇，鸞手老成凋零；常態性的扶鸞鸞堂以基隆普世警善堂、台北三清宮、宜蘭新民堂、苗栗獅山勸化堂、雲林西螺廣興宮興德堂、台中相德壇、斗六福興宮道元堂、高雄文化院、台中大里市中華玉線玄門真宗教會與桃園八德市中國儒教會中國儒教會真佛心宗等為主。其中中華玉線玄門真宗教會有 10 位鸞手，中國儒教會中國儒教會真佛心宗有 4 位鸞手，這兩間鸞堂每週皆有扶鸞的「教化」及「濟世」活動，筆者乃以其為調查對象；未來有機會，再作全面調查。

[4] 嚴格講，信徒包含「一般善男信女」及「效勞生」兩類；前者是指到鸞堂拜拜，祈求仙佛保佑的百姓，到鸞堂的頻率低於效勞生，他們自由參與鸞堂活動，仙佛沒有賜「法號」給他們，參與扶鸞儀式時，沒穿「道衣」。（筆者於2004.3.13 在桃園八德市中國儒教會中國儒教會真佛心宗鸞堂田野調查資料）後者又稱為「門下生」，是指「皈依」在仙佛座下的信徒，他們常態性的參與扶鸞儀式，到鸞堂的頻率高於信徒，他們經常鸞堂的各項活動，仙佛有賜「法號」給他們，參與扶鸞儀式時，得穿「道衣」。在扶鸞儀式過程中，扮演不同的角色，如負責操作鸞筆的「鸞手」，唱出鸞手在鸞台上用鸞筆寫出文字的「唱生」，將唱生唱出的文字做紀錄的「抄錄生」，這三種人稱為天地人三才。另外，又有負責獻禮的「禮生」，敲擊鐘鼓的「鐘鼓生」，迎接神及送神的「接送駕生」。儀式初起時，中華玉線玄門真宗教會鸞堂尚有「左右護法生」隨著鸞筆在鸞台上震動的聲音，搖擺身體進入「薩滿」的境界；其

式進行後對信徒認同鸞堂的宗教教義強弱，本研究乃先進行鸞堂文獻資料的理解，建構「理論概念」，並與田野觀察所得的「事實」資料比對，再進一步設計本研究的問卷，以增加問卷的「效度」。

一、操作化

鸞堂扶鸞的活動，是凝聚信徒認同鸞堂的重要儀式；而信徒參與扶鸞時，經常會感應仙佛降臨鸞堂，並透過鸞筆對他們教誨及指引他們在人生的方向，並且在日常生活中，實踐鸞堂的「忠、孝、節、義」等教義。

因此，筆者在本研究中著重於扶鸞儀式進行過程中及儀式結束後，信徒對「扶鸞儀式的主觀感受」；及儀式的感受所帶來的影響。在信徒對「扶鸞儀式的主觀感受」方面，筆者將先「操作化」（operation）為「信徒在扶鸞時，內心的靈驗感受程度」，及「信徒在扶鸞時，內心的悸動感受程度」，至於「信徒對鸞堂宗教教義實踐程度」，則直接「操作化」為可觀察的問卷問題。茲將上述三個概念分別說明如下：

（一）信徒在扶鸞時，內心的靈驗感受程度

1. 恩主降筆的指示，常能解答我內心的困惑。
2. 到鸞堂來得到恩主降筆指示後，會讓我感覺生活快樂。

餘沒有參加上述活動的效勞生，則集體靜坐，感受儀式過程中，仙佛降臨鸞堂。（筆者於 2004.3.9 在台中大里市中華玉線玄門真宗教會鸞堂田野調查資料）

3. 面臨人生困難時，常會想到鸞堂請求恩主降筆，指點迷津。

4. 只要常來鸞堂效勞，恩主會保佑我及家人。

5. 生病時到鸞堂祈求，得到恩主降筆之靈符，會減少我病痛。

6. 在扶鸞時恩主經常會預言社會重大災難，讓我逢凶化吉。

7. 扶鸞恩主降筆作人的道理，是我行為的準則。

（二）信徒在扶鸞時，內心的悸動感受程度

1. 在扶鸞時，會感應到恩主降臨到鸞堂。

2. 在扶鸞時，會感應到其他神佛降臨到鸞堂。

3. 在扶鸞時，相信恩主透過鸞手給我指示。

4. 在扶鸞時，在「接駕」神時，會感應到神降臨到鸞堂。

5. 在扶鸞時，在「送駕」神時，會感應到神離開到鸞堂。

（三）信徒喜好鸞堂宗教教義程度

1. 參加過鸞堂活動後，歡喜神常來的指示。

2. 日常工作中，內心常抱持「盡忠職守」的想法。

3. 家庭生活中，內心常抱持「孝順父母」的想法。

4. 內心喜歡救助窮人的教義。

5. 感覺人生作好人是一件好事。

6. 內心喜歡「行善」可以「積德」的想法。

（四）信徒實踐鸞堂宗教教義程度

1. 參加過鸞堂活動後，願意實踐神的指示。

2. 日常工作中，實踐「盡忠職守」的教義。

3. 家庭生活中，實踐「孝順父母」的教義。

4. 實踐救助窮人的教義。

5. 實踐作好人的教義。

6. 實踐鸞堂「行善」是種「積德」的教義。

二、研究假設及架構

　　一般合理的推論,「當信徒對儀式的感受越強烈,其對該宗教的教義實踐也會越深」;因此,筆者乃大膽作出:「扶鸞在信徒內心的主觀感受愈強,信徒對鸞堂宗教教義實踐愈高」的「理論假設」(theoretical hypothesis),再將之「演繹」出下列下項「具體假設」。

　　1. 信徒在宗教儀式中靈驗感受越強烈,宗教教義實踐程度越深。

　　2. 信徒在宗教儀式中悸動感受越強烈,宗教教義實踐程度越深。

　　3. 信徒在宗教儀式中喜好教義感受越強烈,宗教教義實踐程度越深。

　　由於筆者對兩個鸞堂作調查,乃進一步比較中國儒教會中國儒教會真佛心宗與中華玉線玄門真宗教會兩間鸞堂在宗教儀式感受及宗教教義實踐,兩個概念間是否存在差異?並探究其存在差異的可能因素。

　　在上述三個假設當中,皆具有較高抽象層次的理論意涵,它可以檢證宗教儀式對信徒的內心感受,所造成的影響。照涂爾幹的說法,宗教儀式經常是信徒成員集體產生團體認同的主要因素;當然他也指出,宗教儀式具有教導(Intichiuma)宗教

團體成員學習團體價值的功能。

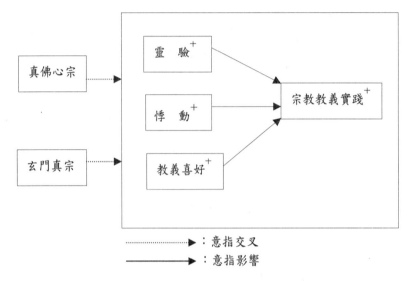

圖1　扶鸞團體在宗教儀式感受與教義實踐架構圖
資料來源：本研究整理

　　本研究思維比較接近涂爾幹式的思考，即宗教儀式具有教導信徒認同宗教教義的功能；討論傳統民間宗教的鸞堂扶鸞儀式，觀察其對信徒的「教導」功能，並嘗試證實鸞堂的信徒是否在參與常態性的扶鸞儀式後，實踐他們「仙佛」的指示，也就是實踐鸞堂「忠孝節義」的教義。

　　根據上述三項假設及理解兩個鸞堂團體在此三項假設的「差異」，筆者建構研究架構圖如上。（圖1）

三、問卷回收及信度

　　筆者分別在 3 月 9 日及 3 月 13 日二天深度訪談台中大里中華玉線玄門真宗教會及桃園中國儒教會中國儒教會真佛心宗，訪談之後進行問卷普查，分別回收中華玉線玄門真宗教會有效問卷 45 份，中國儒教會中國儒教會真佛心宗 27 份，共計回收 72 份。（表 1 ）

表 1　鸞堂普查問卷回收統計表

共計　　份數　　堂別	玄門真宗	真佛心宗
72	45	27

資料來源：本研究整理

　　為瞭解問卷是否具有信度，經 SPSS 統計軟體的信度分析確定，這四個概念得到的信度值分別為：靈驗感受 0.9375，悸動感受 0.9608，鸞堂教義喜好 0.9816，鸞堂宗教教義實踐 0.9665，總信度值為 0.9742。（表 2 ）表示本問卷的信度呈現出「高度可信」的情況，因此筆者乃對這些問卷進行「平均數分析」、「差異分析」及「變異數分析」，試圖揭開關聖帝君崇拜系統中扶鸞儀式的神秘面紗，及其對信徒所帶來的影響。

表 2 鸞堂研究問卷信度分析表

構面	項 目	Cronbach α 係數	
		分量表	總量表
靈驗感受	1. 恩主降筆的指示，常能解答我內心的困惑。	.9458	.9375
	2. 到鸞堂來得到恩主降筆的指示後，會讓我感覺生活快樂。	.9397	
	3. 面臨人生困難時，常會想到鸞堂請求恩主降筆，指點迷津。	.9235	
	4. 只要常來鸞堂效勞，恩主會保佑我及家人。	.9185	
	5. 生病時到鸞堂祈求，得到恩主降筆之靈符，會減少我疼痛。	.9213	
	6. 在扶鸞時恩主經常會預言社會重大災難，讓我逢凶化吉。	.9190	
	7. 扶鸞恩主降筆做人的道理，是我行為的準則。	.9219	
悸動感受	1. 在扶鸞時，會感應到恩主降臨到鸞堂。	.9457	.9608
	2. 在扶鸞時，會感應到其他神佛降臨到鸞堂。	.9533	
	3. 在扶鸞時，相信恩主透過鸞手給我指示堂。	.9626	
	4. 在扶鸞時，在[接駕]神時，會感應到神降臨到鸞堂。	.9484	
	5. 在扶鸞時，在[送駕]神時，會感應到神離開到鸞堂。	.9478	
鸞堂教義喜好	1. 參加過鸞堂活動後，歡喜神常來的指示。	.9866	.9816
	2. 日常工作中，內心常抱持「盡忠職守」的想法。	.9755	
	3. 家庭生活中，內心常抱持「孝順父母」的想法。	.9762	
	4. 內心喜歡救助窮人的教義。	.9801	
	5. 感覺人生作好人是一件好事。	.9748	
	6. 內心喜歡「行善」可以「積德」的想法。	.9751	
鸞堂教義實踐	1. 參加過鸞堂活動後，願意實踐神的指示。	.9654	.9665
	2. 日常工作中，實踐「盡忠職守」的教義。	.9624	
	3. 家庭生活中，實踐「孝順父母」的教義。	.9546	
	4. 實踐救助窮人的教義。	.9572	
	5. 實踐作好人的教義。	.9558	
	6. 實踐鸞堂「行善」是種「積德」的教義。	.9646	
整體項目		.9742	

資料來源：本研究整理

叁、信徒對扶鸞儀式感受強烈

一、信徒對扶鸞儀式「靈驗感受」程度相當強烈

扶鸞儀式在民間宗教信仰當中，不僅出現在關聖帝君的崇拜，也出現在儒宗神教、天帝教、天德教、道院及紅卐字會、一貫道、慈惠堂、澎湖各個有善堂組織的廟宇、以及散布大街小巷中的神壇。（宋光宇，1995：128）這些宗教團體領袖透過扶鸞儀式，對信徒進行「濟世」（余光弘，1999：94），也達到「社會教化」的功能，像日據時代降筆會就曾經運用扶鸞戒除鴉片煙癮的信徒。（王世慶，1986；宋光宇，1995：133）過去讀書人在鸞堂中透過扶鸞，扮演「代天宣化」的角色，他們深受儒家文化的薰陶，報經世濟民、教化愚痴的志向，成為社會穩定的潛在力量。（王見川，1995d：56）

扶鸞儀式一般分為「教化」及「扣問」二類[5]，「教化」是指仙佛對信徒中「效勞生」的訓誨；「扣問」是指仙佛對「一般善男信女」詢問後的回答。

---

[5] 筆者深度訪談兩個鸞堂皆有這二類的扶鸞儀式，「教化」的扶鸞儀式以效勞生為對象，「扣問」的儀式以一般信徒為主。以中國儒教會中國儒教會真佛心宗為例，每週二、五晚上教化扶鸞儀式各一次，每週六扣問扶鸞一次。以中華玉線玄門真宗教會為例，四個道場中，聖道院每週一扣問扶鸞一次，玄興禪院每週二、三各一次，玄勝院每週五、日各一次，玄儒院每週四、六各一次；至於教化的扶鸞儀式，玄興禪院每週二一次，其餘三個道場不定期舉行。（筆者田野訪談：2004.3.9；2004.3.13）

　　相對於鸞堂的負責人，被代天宣化的一般信徒來說，他們參與鸞堂扶鸞儀式時，內心可能展現出對仙佛指引他們人生困惑時的渴望；換言之，信徒可能期待仙佛透過鸞手的扶鸞，扶出的鸞文當作人生困頓時的行為準則，病痛時的指引。不僅如此，參與扶鸞的信徒，在參與過程中，實踐了自己內心中的「宗教價值」，而得到了快樂及滿足。

　　根據參與扶鸞儀式的信徒表示，每次扶鸞時，他們會有感應，進而隨之「靈動」，（附錄 1：玄門真宗照片）當作仙佛的「護法」，而在儀式結束後，身心相當舒暢，連病痛都沒了。

　　「基本上每次都有，我們的架構是在天、地、人，我們基本上就像是一個三角頂，一般扶鸞儀式，基本上仙佛要來之前會先有護衛告知大家。（訪談編碼 001）⋯⋯對，每一次扶鸞時都會有感應。剛開始站兩個小時會逃避覺得很累，但後來我們是左右護法，很自然的放鬆將情緒溶入其中，什麼痛都不會有了。（訪談編碼 002）」

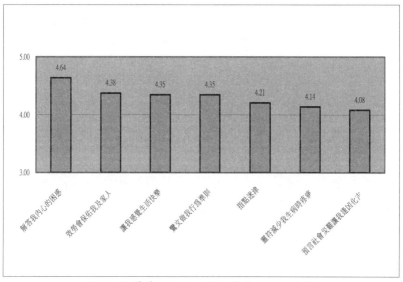

圖2 扶鸞時信徒內心靈驗感受程度平均數
資料來源：本研究整理

　　扶鸞是人與神溝通的儀式之一，台灣地區的鸞堂透過它，帶給信徒內心的「靈驗」[6]感受是什麼？研究發現，信徒相當依賴「鸞文」的指示，也就是依賴「神諭」；在總分5分的量尺

---

[6] 台灣的民間信仰者對傳統的巫術，包括術數和巫術，有顯著的親和性，這使得民間信仰這個宗教和巫術之間難以切割。（余光弘，1999：140）在另一方面則也充分顯示民間信仰這個宗教的特殊性格，即其強調功利與「靈驗」的性格（李亦園，1984；瞿海源，1989）。

然而也有學者指出，民間信仰中的鸞門儒宗，雖以扶鸞降筆為主要儀式，但核心宗旨在於道德實踐，和巫術任意而為的操控有所不同。筆者以為，這兩種說法各有擅揚，鸞堂的扶鸞儀式請神降諭，巫「支配」神的色彩不濃；反之，「祈求」神的色彩較強。然而，扶鸞給信徒的指引，卻在信徒心中，造成神明指示非常「靈驗」的感覺。

（scale），信徒皆認為扶鸞指示，「靈驗」感受在 4.08 分以上，都落在「靈驗」及「非常靈驗」兩個程度之間。（圖 2）依「靈驗」感受程度排列如下：

1. 恩主降筆的指示，常能解答我內心的困惑；得 4.64 分。
2. 只要常來鸞堂效勞，恩主會保佑我及家人；得 4.38 分。
3. 到鸞堂來得到恩主降筆指示後，會讓我感覺生活快樂；得 4.35 分。
4. 扶鸞恩主降筆作人的道理，是我行為的準則；得 4.35 分。
5. 面臨人生困難時，常會想到鸞堂請求恩主降筆，指點迷津；得 4.21 分。
6. 生病時到鸞堂祈求，得到恩主降筆之靈符，會減少我病痛；得 4.14 分。
7. 在扶鸞時恩主經常會預言社會重大災難，讓我逢凶化吉；得 4.08 分。

這種來自信徒內心對神「靈驗」的感受，是「古老」鸞堂[7]至今仍可生存及發展的主要原因。在「沒有信徒，就沒有菩薩」的前提下，應驗了鸞堂的扶鸞儀式，只要能滿足信徒的需求，它就有存在於現代社會的深層基礎。仙佛給信徒的解惑、指引、保佑、預言等，信徒內心主觀感受皆頗靈驗。

---

[7]　據許地山研究，扶鸞在宋朝已經相當盛行，到明清兩代，由於科舉考試的關係，扶乩成為應考士子從事考前猜題的必要工具。（許地山，1940）
　　另外，又據宋光宇研究，台灣在康熙五十八年時，就有扶鸞活動。（宋光宇，1998：1）陳文達《鳳山縣志》卷十〈外志・寺廟〉云：「仙堂，在長治里前猴社內，為鄉人何侃鳩眾所建，祀五文昌，能降乩。」康熙五十八年（1719），台灣銀行台灣文獻叢刊第一二四種，1961：162。

　　尤其當主持扶鸞儀式的鸞手，本身具備不錯的「宗教神學」、「宗教史學」、「宗教心理學」、「宗教社會學」及「宗教哲學」素養時，扶出的鸞文對信徒解惑的能力大增，鸞手扮演「神與人」溝通的角色，既代表神，又能給信徒指引迷津，滿足信徒內心需求，這正是「古老」鸞堂在科學昌明的 21 世紀中，仍對信徒具高度吸引力，信徒乃尊稱其為「老師」。（田野觀察：2004.3.9）

二、信徒對扶鸞儀式「悸動感受」程度有些強烈

　　到底神在扶鸞儀式時，有沒有來到鸞堂，對這個問題，「科學主義」者會持「批判」的態度，認為鸞手「裝神」，假藉神諭，欺騙眾生。日據時代，丸井圭治郎在《台灣宗教調查報告書》，就將這些活動視為巫覡行為。（丸井圭治郎，1919：156-160）民國初年，受西學影響的梁啟超就曾經嚴厲批評鸞堂，認為當時北平、上海等大城市，到處設有鸞堂，是不好的現象。（梁啟超，1922：17-25）這些都是從自然科學「實證主義」（positivism）的角度，想要探究神到底存不存在；當科學家無法看到神降臨時，就當作神不存在。因此，鸞堂的鸞手透過扶鸞儀式，請神扶出鸞文就容易被視為假藉神的巫術行為。

　　然而，參與扶鸞儀式活動的成員，他們對神降臨鸞堂當作「主觀的感受」，很少信徒會懷疑神的存在；不僅如此，神對鸞手的感應及神對信徒的感應，他們內心都強烈得到特殊的感覺。

　　「（扶鸞開始時）當下很安靜，（仙佛進）入內堂會有很強烈的白光，有強烈的氣感，從上而下，感應到（我）整個身體……

（扶鸞時是）由仙佛動的，自己（扶鸞）無法跟上那麼快速。」
（訪談編碼003）

　　鸞手在臨壇時亦是由其他堂生在旁誦唸降神咒，神明才能
附身，使其進入恍惚狀態，開始透過鸞筆的書寫，傳達神明的
旨意。（余光弘，1999：94）

　　鸞手以閉眼、表情轉變、手指比特殊的形式、顫抖和乾嘔
的形式，表示神靈已經附身，（附錄1）鸞手（含乩童）會以和
原來不同的聲音和語調宣告他是那一個神明附身（余德慧，
1985）鸞手（含乩童）的人格特質和一般人也有所不同，他們
通常具有比較容易被文化暗示、精神易進入恍惚狀態及易於幻
夢的特質。（李亦園，1996）扶鸞儀式初起時，所有成員共同吟
唱「請神咒」（淨三業神咒）：

　　「身中諸內境，三萬六千神，動作履行藏，前劫並後業，
願我心自在，常住三寶中，當於劫壞時，吾身常不滅，誦此真
文時，身心口業皆清靜，急急如律令。」（田野資料，2004.3.9）

　　感受神降臨鸞堂，此時鸞手或效勞生等常參與扶鸞儀式的
信徒，他們對神降臨鸞堂常抱持「相信」的心裡，自己也進入
「神人合一」的境界，常感覺神附身在自己身上，實證調查也
證實這項說法。

　　在扶鸞儀式過程中，「相信」神降臨鸞堂的分數皆高達3.44
分，持正向肯定態度。詢問信徒感應神是否降臨鸞堂，信徒「經
常有感應」及「偶爾有感應」佔絕對大多數，「很少感應」及「沒
有感應」比例非常低。（圖3）

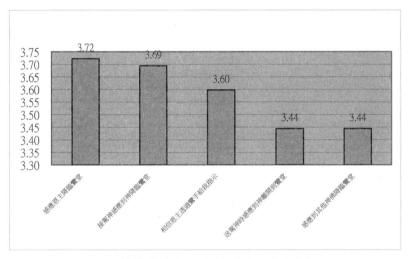

圖 3　扶鸞時信徒內心悸動感受程度平均數
資料來源：本研究整理

　　整個儀式過程感應神來到鸞堂的得分依序如下：

1. 在扶鸞時，會感應到恩主降臨到鸞堂；得分 3.72。

2. 在扶鸞時，在「接駕」神時，會感應到神降臨到鸞堂；
　　得分 3.69。

3. 在扶鸞時，相信恩主透過鸞手給我指示；得分 3.60。

4. 在扶鸞時，在「送駕」神時，會感應到神離開到鸞堂；
　　得分 3.44。

5. 在扶鸞時，會感應到其他神佛降臨到鸞堂；得分 3.44。

　　無神論者或是懷疑神存在者，對鸞堂信徒這種感應神存在
的心裡及行為，常持「批判」的態度，認為他們的行為舉止「荒
誕」及「可笑」。然而，就宗教社會學詮釋主義的觀點來看，鸞
堂信徒感應神「存在」，即是一種「真實」（reality）現象，無

論是相信神存在的想法，或是相信神附身的行為，都是具體存在的宗教活動，研究者應該存同理心來解讀這些行為背後的意涵及其影響，而非一昧的否定。

這種相信神降臨鸞堂的心態，可能是鸞堂信徒願意到鸞堂接受神指示的重要動力來源，如果不相信神存在，扶鸞的儀式對信徒而言，也就沒有任何意義。這符合中國人文化價值觀中，「頭上三尺有神明」的想法，和「敬神如神在」的觀念。只要在中國文化沒放棄這種「神存在」的價值觀前提下，鸞堂信徒自然擁有到鸞堂去感受「恩主」及「仙佛」降臨的內在心理需求。

三、信徒對扶鸞儀式「教義喜好」程度相當強烈

扶鸞儀式進行中，鸞手扶出「鸞文」，幾乎都是勸人為善，以早期的鸞文──《太上感應篇》、《玉歷鈔傳》、《太微仙君功過格》、《文昌帝君陰騭文》及《關聖帝君覺世真經》為例，皆充滿「勸善思想」，（李芝瑩，2000，120-121）勸人在世，「諸惡勿作」，「眾善奉行」，以人的行為訂「功過」，近報則在自已，遠報則在兒孫[8]。

筆者訪談的兩個鸞堂，在扶鸞儀式結束時，都得吟頌《關聖帝君覺世真經》，在此經文中，充滿儒家、道家及佛家的思想，（附錄2）信徒對這些教義的喜好程度多深，值得理解。

---

[8] 以《文昌帝君陰騭文》為例，非常具體的指出人處在世上，「應」作那些事，及「不應」作那些事，而作與不作的動力，在於求得個人及子孫的福報。

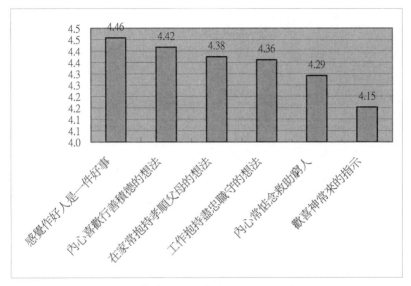

圖 5 鸞堂信徒教義喜好程度平均數

資料來源：本研究整理

　　信徒在儀式過程中，鸞手扶出的鸞文[9]充滿「教忠教孝」的道理，及儀式結束前，朗誦具儒家、道家及佛家思想的《關聖帝君覺世真經》。他們喜好這些鸞文及經文的程度都相當的高；喜好教義依序為：（圖 5）

　　1.「感覺人生作好人是一件好事」得分 4.46 分。

　　2.「內心喜歡救助窮人的教義」得分 4.42 分。

---

[9] 以西螺廣興宮興德堂的《儒門通義》為例許多鸞文都在教導信徒信守儒家教條，使信徒信神的過程超凡入聖，任舉其中一首鸞詩為例：「陰功累積福前途，任事中庸德不孤。鸞筆正聲扶道統，砂盤大義醒迷途。風遺鄒魯綱常繫，人誦弦歌矩範模。殷望諸生長繼起，儒門聖業莫荒蕪。」（廣興宮興德堂，2004：16）

3.「家庭生活中，內心常抱持『孝順父母』的想法」得分
　　4.38 分。

4.「日常工作中，內心常抱持『盡忠職守』的想法」得分
　　4.36 分。

5.「內心喜歡『行善』可以『積德』的想法」得分 4.29 分。

6.「參加過鸞堂活動後，歡喜神常來的指示」得分 4.15 分。

　　信徒對扶鸞儀式常唸的經文，及扶鸞神所降下的鸞文，他們內心的喜歡程度愈高，愈可能可能影響他們平時「為人處事」，而實踐了恩主、仙佛教誨的宗教教義。

肆、宗教儀式感受與信徒宗教教義實踐

一、鸞堂信徒宗教教義實踐程度頗高

　　社會穩定的主要力量之一，在於宗教教義對信徒的約束能力，當信徒願意信守並實踐宗教教義時，社會自然趨於穩定。

　　各種宗教都透過「儀式」、「宣教」、「講解經文」等方式，讓他們的信徒理解宗教的教義，民間信仰的鸞堂以扶鸞方式進行教化；信徒在參與鸞務的過程，感受「仙佛」的啟示。透過鸞手扶出的「鸞文」，及儀式過程中吟唱的「經咒」，希望對信徒潛移默化，教導他們實踐身在凡世應有的道理。

　　根據筆者訪談發現，在鸞堂活動的信徒強調「聖凡雙修」，修行在人間，認為凡夫俗子應認真工作，在人世間應多做好事，以累積陰德，希望得到「善有善報」的福田。

　　「我們做的事情都是恩主要求的，我們也會不計一切的達

成。聖凡雙修，我們自己在生活上就是在修，所以家庭、事業、
人際關係等都要很注意。」（訪談編碼 004）

　　在鸞堂服務的信徒，他們實踐鸞堂教義的程度頗深，他們
也是現代市民社會當中穩定社會的重要力量。調查顯現：「日常
工作中，實踐『盡忠職守』的教義」得分 4.13 分，「實踐作好
人的教義」得分 4.13 分，「家庭生活中，實踐『孝順父母』的
教義」得分 4.07 分，「實踐鸞堂『行善』是種『積德』的教義」
得分 4.06 分，「參加過鸞堂活動後，願意實踐神的指示」得分
3.96 分，「實踐救助窮人的教義」得分 3.85 分。（圖 6）

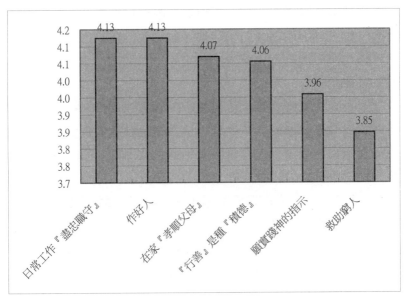

圖 6　鸞堂信徒宗教教義實踐程度平均數

資料來源：本研究整理

　　從這些調查可以理解，鸞堂的信徒在宗教教義實踐頗為透徹，幾乎實踐了鸞文與經文的主要宗教思想，他們願意在工作職場上盡忠職守，願意作好人行善事，在家孝順父母親，而且把這些行為當作是在累積個人及子孫的福報。鸞堂的信徒普遍學歷不高，不同於過去鸞堂由有功名的讀書人主持的現象，然而他們卻願意信守傳統儒家、佛家及道家的信條，延續鸞堂的主流價值。

二、宗教儀式靈驗感受與宗教教義實踐

　　宗教儀式對信徒而言，不但具有凝聚信徒認同宗教團體的功能，也可以透過儀式對信徒傳達該宗教的主流價值。鸞堂的扶鸞儀式對信徒是否也產生「教導」信徒實踐鸞堂的宗教教義，是筆者相當關心的研究焦點。

　　筆者將扶鸞儀式帶給信徒成員內心主觀感受，操作化為信徒對儀式的靈驗感受、悸動感受及喜好宗教教義感受，試圖解讀扶鸞儀式帶給信徒在傳統儒家、道家及佛家思想的實踐。因此，嘗試用統計學的變異數分析，將靈驗感受、悸動感受及喜好宗教教義感受，當作獨變數，而宗教教義實踐當作依賴變數，觀察他們之間的關係。

　　而研究發現，扶鸞儀式帶給信徒的靈驗感受，造成信徒實踐鸞堂教義呈現高度的相關，顯著值為 0.000，F 值為 27.795，證實了兩者的關連。（表 3）

表 3　宗教儀式靈驗感受與宗教教義實踐 ANOVA 顯著值及 F 值表

ANOVA^b

Model		Sum of Squares	df	Mean Square	F	Sig.
1	Regression	35.801	1	35.801	27.795	.000^a
	Residual	90.162	70	1.288		
	Total	125.963	71			

a. Predictors: (Constant), DIM1

b. Dependent Variable: DIM6

資料來源：本研究整理

　　扶鸞的宗教儀式帶給信徒靈驗感受，用來解讀鸞堂信徒宗教教義實踐，每增加一個單位的靈驗感受，信徒就可能實踐 0.75 個單位，用方程式表示如下：（表 4）

$$Y（宗教教義實踐）=0.800+0.750X_1（靈驗感受）$$

　　信徒對扶鸞過程中仙佛帶給他們的指示，信徒認為具有靈驗的效果，這頗符合過去學者研究民間信仰信徒的「功利性格」，當信徒主觀感受「仙佛顯靈」，他們非常可能願意實踐仙佛在「經文」及「鸞文」的教誨。

表 4　宗教儀式靈驗感受與宗教教義實踐模型及線性關係數值表

Coefficients ^{a}

Model		Unstandardized Coefficients		Standardized Coefficients	t	Sig.
		B	Std. Error	Beta		
1	(Constant)	.800	.627		1.275	.206
	DIM1	.750	.142	.533	5.272	.000

a. Dependent Variable: DIM6

資料來源：本研究整理

我們進一步跑出扶鸞儀式靈驗感受與宗教教義實踐的線性關係「適合度」（R^2 值），發現其適合度達 0.284，調整之後的適合度也達 0.274，證實這兩者之間的線性關係，雖然沒有呈現直線關係，但也符合人文社會科學研究 R^2 值 0.25 以上的要求。（表 5）

表 5 宗教儀式靈驗感受與宗教教義實踐 R 及 R^2 相關係數表

Model Summary

Model	R	R Square	Adjusted R Square	Std. Error of the Estimate
1	.533[a]	.284	.274	1.13491

a. Predictors: (Constant), DIM1

資料來源：本研究整理

三、宗教儀式悸動感受與信徒宗教教義實踐

扶鸞儀式帶給信徒不只是仙佛的靈驗感覺，信徒也有可能直接感受仙佛降臨鸞堂，而信徒感受仙佛降臨是否也對信徒宗教教義實踐產生影響，筆者調查的結果發現，兩者之間呈現高度的相關，顯著值 0.000，F 值為 42.162。（表 6）

表 6 宗教儀式悸動感受與宗教教義實踐 ANOVA 顯著值及 F 值表

ANOVA[b]

Model		Sum of Squares	df	Mean Square	F	Sig.
1	Regression	47.350	1	47.350	42.162	.000[a]
	Residual	78.613	70	1.123		
	Total	125.963	71			

a. Predictors: (Constant), DIM2
b. Dependent Variable: DIM6

資料來源：本研究整理

　　扶鸞的宗教儀式帶給信徒悸動感受，用來解讀鸞堂信徒宗教教義實踐，每增加一個單位的悸動感受，信徒就可能實踐0.612個單位，用方程式表示如下：（表7）

$$Y（宗教教義實踐）=1.838+0.612X_2（悸動感受）$$

　　信徒對扶鸞過程中仙佛降臨鸞堂，帶給信徒相當的震撼，他們主觀感受仙佛在扶鸞儀式時，感應在他們鸞手的鸞筆上，透過鸞筆表達仙佛的旨意。不僅如此，信徒在吟唱經咒、迎神送神、扶鸞、唱鸞、記載鸞文及靜坐的時候，他們強烈感受仙佛已降臨鸞堂。

　　由於信徒感受仙佛降臨鸞堂，也促使他們接受扶鸞時的鸞文教義；中國人相信「頭上三尺有神明」的價值觀，在鸞堂信徒身上展露無遺，鸞堂信徒感覺神明隨時在觀察其行為善惡，所以，他們不敢隨便為惡。

表7　宗教儀式悸動感受與宗教教義實踐模型及線性關係數值表

Coefficients ª

Model		Unstandardized Coefficients		Standardized Coefficients	t	Sig.
		B	Std. Error	Beta		
1	(Constant)	1.838	.360		5.106	.000
	DIM2	.612	.094	.613	6.493	.000

a. Dependent Variable: DIM6

資料來源：本研究整理

　　經由 SPSS 軟體跑出，扶鸞儀式悸動感受與宗教教義實踐的線性關係「適合度」（R^2值）發現其值達 0.376，調整之後的適合度也達 0.367，證實這兩者之間的線性關係頗強。（表8）

表 8　宗教儀式悸動感受與宗教教義實踐 R 及 R^2 相關係數表

Model Summary

Model	R	R Square	Adjusted R Square	Std. Error of the Estimate
1	.613[a]	.376	.367	1.05974

a. Predictors: (Constant), DIM2

資料來源：本研究整理

四、宗教儀式中教義喜好感受與信徒宗教教義實踐

　　鸞堂扶鸞儀式的主軸是教導信徒「忠孝節義」，鸞文與經文都展現出這些道理，信徒透過儀式主觀感受這些教義，表達相關強烈的喜好，而這種喜好是否也對信徒宗教教義實踐產生影響，研究發現兩者之間呈現高度的相關，顯著值 0.000，F 值為 267.908。（表 9）

表 9　宗教教義喜好與宗教教義實踐 ANOVA 顯著值及 F 值表

ANOVA[b]

Model		Sum of Squares	df	Mean Square	F	Sig.
1	Regression	77.341	1	77.341	267.908	.000[a]
	Residual	20.208	70	.289		
	Total	97.549	71			

a. Predictors: (Constant), DIM6

b. Dependent Variable: DIM7

資料來源：本研究整理

　　扶鸞的宗教儀式帶給信徒宗教教義喜好感受，用來解讀鸞堂信徒宗教教義實踐，每增加一個單位宗教教義的喜好感受，信徒就可能實踐 0.784 個單位，用方程式表示如下：（表 10）

Y（宗教教義實踐）=1.185+0.784X$_3$（宗教教義喜好感受）

表 10　宗教教義喜好與宗教教義實踐模型及線性關係數值表

Coefficients ^{a}

Model		Unstandardized Coefficients		Standardized Coefficients	t	Sig.
		B	Std. Error	Beta		
1	(Constant)	1.185	.203		5.834	.000
	DIM6	.784	.048	.890	16.368	.000

a. Dependent Variable: DIM7

資料來源：本研究整理

　　經由 SPSS 軟體跑出，扶鸞儀式宗教教義喜好感受與宗教教義實踐的線性關係「適合度」（R^2 值）發現其值高達 0.793，調整之後的適合度也達 0.790，證實這兩者之間的線性關係非常強。（表 11）

表 11　宗教教義喜好與宗教教義實踐 R 及 R^2 相關係數表

Model Summary

Model	R	R Square	Adjusted R Square	Std. Error of the Estimate
1	.890^a	.793	.790	.53730

a. Predictors: (Constant), DIM6

資料來源：本研究整理

　　上述三項扶鸞的宗教儀式帶給信徒的「靈驗感受」、「悸動感受」及「宗教教義喜好感受」，用來解讀鸞堂信徒宗教教義實踐，發現信徒內心對「宗教教義喜好感受」最具解釋力，高達 0.784；其次，信徒內心的「靈驗感受」對宗教教義實踐的解釋也高達 0.750；排名第三影響力的變數為信徒內心的「悸動感

受」，它對宗教教義實踐也高達 0.612 的解釋力。

至於三項變數和宗教教義實踐的線性關係，以宗教教義喜好最高，R^2 值為 0.793，信徒悸動感受的 R^2 值為 0.376，排名最後的信徒靈驗感受 R^2 值為 0.274。

伍、結論

筆者在本研究證實涂爾幹的「理論思維」，他認為宗教儀式具教導信徒信守宗教教義的效果；用玄門真宗和真佛心宗兩個傳統中國的鸞堂來解釋這項原理，發現以下三個命題：

1. 信徒在宗教儀式中靈驗感受越強烈，宗教教義實踐程度越深。
2. 信徒在宗教儀式中悸動感受越強烈，宗教教義實踐程度越深。
3. 信徒在宗教儀式中喜好教義感受越強烈，宗教教義實踐程度越深。

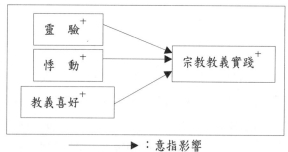

圖 7　鸞堂信徒宗教教義實踐程度平均數
資料來源：本研究整理

　　如果用研究架構圖來展現，靈驗、悸動與教義喜好都和宗教教義實踐呈現高度的正相關。其中，靈驗和宗教教義實踐的線性模型合適度為 0.274，悸動和宗教教義實踐的線性模型合適度為 0.376，宗教教義喜好和宗教教義實踐的線性模型的合適度為 0.793。

　　上述三項命題，可演繹成未來檢驗不同宗教團體在舉行宗教儀式時，對團體成員在教義的實踐。當然，筆者從信徒的「宗教心理」出發，解讀他們在「宗教教義實踐」是頗新的嘗試，期待未來能累積更多的不同類型的宗教團體，其儀式進行過程對信徒內心的衝擊，及這些衝擊在宗教教義實踐是否產生高度影響的研究，以增強本研究模型的解釋力。

　　由於本研究只是各種宗教儀式中的一小類，並不一定能代表其他宗教儀式，也會具有此項功能，如果要進一步推論，尚待搜集其他宗教儀式行為，再行驗證（verify）。

　　筆者雖然調查兩個鸞堂，發現兩者之間在上述靈驗、悸動、教義喜好及宗教教義實踐四個變數中，存在顯著差異；但是，其差異並無法改變筆者的假設，故就不再論述這兩間鸞堂的差異。

參考書目

E. Durkheim，渠東、汲吉吉譯，1999，《宗教生活的基本形式》，上海：上海人民出版社。

Ken Browne，王振輝、張家麟譯，2000，《社會學入門》，台北，韋伯文化事業出版社。

王世慶，1986，〈日據初期台灣之降筆會與戒煙運動〉，《台灣文獻》，第 37 卷 4 期。

王見川，1995，〈台灣鸞堂研究的回顧與前瞻〉，《台灣史料研究》，財團法人吳三連台灣史料基金會，第 6 號。

王見川，1995a，〈光復前（1945 年）台灣鸞堂著作善書名錄〉，《民間宗教》，第一輯。

王見川，1995b，〈李望洋與新民堂——兼論宜蘭早期的鸞堂〉，《宜蘭文獻雜誌》，第 15 卷。

王見川，1995c，〈清末日據初期台灣的「鸞堂」——兼論「儒宗神教」的形成〉，《台北文獻直字》，第 111-112 期。

王見川，1995d，〈略論「清末日據初期」「宜蘭」的「鸞堂」〉，《宜蘭文獻雜誌》，第 15 卷。

伊能嘉矩，1928，《台灣文化志》中卷，中譯本，南投：台灣省文獻會。

余光弘，1999，〈台灣區神媒的不同形態〉，《中央研究院民族學研究所集刊》，第 88 期。

余德慧，1985，《台灣民俗心理輔導》，台北：張老師出版社。

宋文里、李亦園，1988，〈個人宗教性：台灣地區宗教信仰的另一種觀察〉，《清華學報》，第 18 卷 1 期。

宋光宇，1998，〈清末和日據初期台灣的鸞堂與善書〉，《台灣文獻》，第 49 卷 1 期。

李芝瑩，2000，〈道教博士論文四種綜論〉，《台灣宗教學會通訊》，第五期。

韋伯，康樂‧簡樂美譯，1993，《宗教社會學》，台北：遠流出版事業股份有限公司。

梁啟超，1922，〈評非宗教同盟〉，《飲冰室文集》，第 38 卷，上海：中華書局。

許地山，1994，《扶乩迷信的研究》，台北：台灣商務印書館。

增田福太郎，1935，《台灣本島人的宗教》，台北：古亭書屋。

廣興宮興德堂，2004，《儒門通義》，雲林：螺陽廣興宮興德堂編。

瞿海源，1993，〈術數、巫術與宗教行為的變遷與變異〉，國家科學委員研究集刊：人文及社會科學，第 3 卷 2 期。

附錄一　玄門真宗及真佛心宗扶鸞圖片

扶鸞儀式開始前，「施咒生」先在鸞台周邊灑淨水。

扶鸞儀式開始時，「左右護法生」感應仙佛「靈動」，隨之起舞。

正鸞手扶鸞前進入「冥想」的狀態。

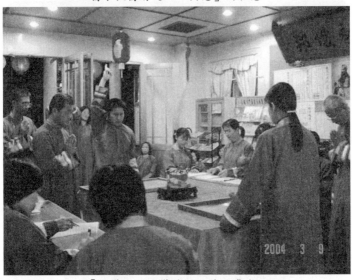

「正鸞手」扶鸞前對仙佛的感應。

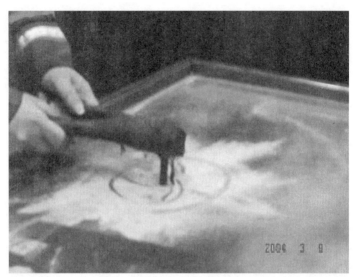

「正鸞手」扶鸞時，鸞筆在鸞台搖動。

正鸞手扶鸞時，二名「唱生」在旁邊，一名
唱出鸞台上的文字，另一名撥靜香。

二名「接送駕生」跪在鸞堂門前，接送仙佛；其餘效勞生在前殿打坐。

「抄錄生」在聽到唱生唱出鸞文時，立即用筆或電腦記錄。

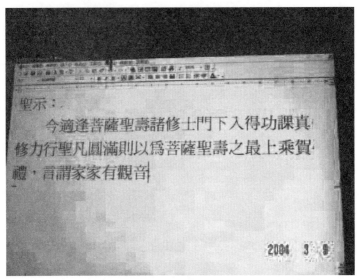

聖示：
　　今適逢菩薩聖壽諸修士門下入得功課真
修力行聖凡圓滿則以為菩薩聖壽之最上乘賀
禮，言謂家家有觀音

2004　3

「抄錄生」用電腦 key-in 鸞文後，立即在投影機螢幕顯示。

女性鸞手扶鸞，男性唱生在旁撥沙及唱出鸞文。

鐘鼓生敲鐘迎接仙佛。

鐘鼓生擊鼓迎接仙佛。

三跪九叩頂禮迎接仙佛。

迎接仙佛後，唱生宣唱扶鸞儀式開始。

扶鸞儀式開始時燃燈。

效勞生著道衣。

宗主（正鸞手）主持，帶領大家吟唱請神咒。

接送神禮生，焚香禮神。

宗主以手代鸞筆，感應仙佛。

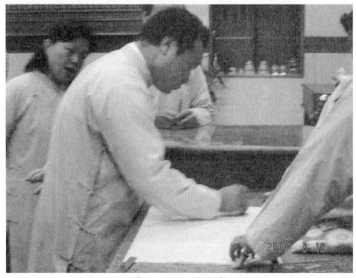

正鸞手以手振筆急書。

正鸞手以手振筆急書時，其餘效勞生在前殿打坐。

正鸞手以手振筆急書答覆一般信徒的叩問。

堂主在結束時，帶領大家唸「關聖帝君覺世真經」。

堂主在結束時熄燈。

附錄二　關聖帝君覺世真經

帝君曰：人生在世，貴盡忠孝節義等事，方於人道無愧，可立身於天地之間，若不盡忠孝節義等事，身雖在世，其心已死，是為偷生。凡人心即神，神即心，無愧心，無愧神，若是欺心，便是欺神。故君子三畏四知，以慎其獨。勿謂暗室可欺，屋漏可愧，一動一靜，神明鑒察；十目十手，理所必至，況報應昭彰，不爽毫髮。淫為萬惡首，孝為百善原。但有逆心，於心有愧者，勿謂有利而行之；凡有合理，於心無愧者，勿謂無利而不行。若負帝教。請試帝裁。

敬天地、禮神明，奉祖先、孝雙親，守王法、重師尊，愛兄弟、信朋友，睦宗族、和鄉鄰，敬夫婦、教子孫；時行方便，廣積陰功；救難濟急，恤孤憐貧；創修廟宇，印造經文；捨藥施茶，戒殺放生；造橋修路，矜寡拔困；重粟惜福；排難解紛；捐資成美，垂訓教人；冤讎解釋，斗秤公平；親近有德，遠避兇人；隱惡揚善，利物救民；回心向道，改過自新；滿腔仁慈，惡念不存；一切善事，信受奉行；人雖不見，神已早聞；加福添壽，添子益孫；災消病減；禍患不侵；人物咸寧，吉星高照；若存惡心，不行善事；淫人妻女，破人婚姻；壞人名節，妒人技能；謀人財產，唆人爭訟；損人利己，肥身潤家；咒天怨地，罵雨呵風；謗聖毀賢，滅像欺神；宰殺牛犬；穢溺字紙；恃勢欺善，倚富壓貧；離人骨肉；間人兄弟；不信正道，奸盜邪淫；好尚奢詐，不重勤儉；輕棄五穀，不報有恩，瞞心昧己，大斗小秤；假立邪教，引誘愚人；詭說升天，斂物行淫；明瞞暗騙，橫言曲語；白日咒詛，背地謀害，不存天理，不順人心；不信報應，引人作惡；不修片善，行諸惡事；官詞口舌，水火盜賊；惡毒瘟疫，生敗產蠹；殺身亡家，男盜女淫；近報在身，遠報子孫；神明鑒察，毫髮不紊；善惡兩途，禍福攸分；行善福報，作惡禍臨；帝作斯語，願人奉行；言雖淺近，大益身心。戲侮帝言。斬首分形。有能持誦，消兇聚慶。求子得子，求壽得壽。富貴功名，皆能有成。凡有所祈，如意而穫。萬禍雪消，千祥雲集。諸如此福，惟善所致。帝本無私。惟佑善人。眾善奉行，毋怠厥志。

附錄三　扶鸞儀式深度訪談稿

「玄門真宗」訪談

93/03/09

訪談編碼004「玄門真宗」宗主。

訪問者：您在什麼因素下創立「玄門真宗」？在何時？何地？

訪談編碼004：

「玄門真宗」的創立，最早在草屯，由乩童（濟公）指示我，關聖帝君降臨要我創立「玄門真宗」。因為與恩主（玄靈高上帝）有緣份所以過了約一年多，創立「玄門真宗」。那時我原本連宗教信仰都沒有。原本我事業做得不錯，開幼稚園，但祂說，如果我不做（玄門真宗），會一場空事業會衰敗。我大約28、29歲時到豐原學扶鸞，第一次上去就會寫字。自己覺得很驚訝，約30歲設堂。我也會到別人的宮裡去幫忙。

訪問者：為什麼指派您做？

訪談編碼004：

我也很奇怪為什麼要我做？祂說我領天命，要我出去流浪一年多，去到處看看，目前所謂的道教宮，已不是真正的道教，已偏離主軌，教化人心種種。我也下賭注，若摸不清「道」是什麼？我決定不吃飯。所以我一年三個月都沒吃飯，只吃水果，後來有個理教的人跟我說，道本自然，我才突然悟道。我只吃素，主要還是以「方便」為主。

訪問者：為何用「玄門真宗」？什麼立教？

訪談編碼004：

「玄門真宗」沒有用一個新的做正本，依你的力量無法去做間隔。二年多設立四個道場，為什麼這麼快做，我們也質疑？他說道本無道場，但為渡眾方便，所以設道場，也不用考慮地理的因素，因此，用「玄門真宗」也是一種方便。現在外面的道場都不知「尊師重道」，我曾說一天宗教不改善，一天約有一萬人受害。要我們立教，有理教（拜觀世音菩薩）來協助我們，但我們各有各的路，我們的工作使命很清楚，道統是什麼？我們講的道統

是生活的習性。

訪問者：「玄門真宗」的道統是什麼？

訪談編碼004：

祂給我們的第二個使命是「選賢、拔聖、渡九賢」。（就是精進、了業、報恩。鼓勵人向上，將天質化解，解怨世結，報父母恩）。這三個東西都有它們專有的材料與辦法。

訪問者：為何申請合法化？

訪談編碼004：

我們申請合法化的原因是想讓關聖帝君的「三綱五常」建立下來，三綱：天、地、人。我們是想讓關聖帝君有一個遵從的地位。

訪問者：社會福利事業？

訪談編碼004：我們做很多的社會福利工作，我們都有出書。

訪談編碼004：我們做的事情都是恩主要求的，我們也會不計一切的達成。聖凡雙修，我們自己在生活上就是在修，所以家庭、事業、人際關係等都要很注意。

訪問者：感應是何時有？

訪談編碼004：

感應應該是算小時候就有的。現在的宗教很糜爛，會跳壇就可當宮主，所以我們很急，想把事情做好。

訪問者：一天諮商多少人？

訪談編碼004：

一天都約排一、二十個諮商，一般都是滿滿的，我親自諮商。先開鸞回答人的話先寫好，之後再。用「金指妙法」先寫好，再問他們要問什麼事。不收費用，隨性。我們不向外募捐，靠自己經營。恩主要求奉獻是不能以神要求人奉獻，替別人做事後才能收費。

我們對祖先排位特別有研究。現在幾乎很多人的祖先排位的名字、輩份都是錯誤的。

訪問者：家族診斷的意義為何？

訪談編碼004：

例如：孩子或許原本讀書不順利，但祖先釐清之後，讀書就會很順利，開竅了。

如果人的恩、怨、情、仇都釐清，生活就會很安然。情緒也容易宣發出來。釐清問題在那裡？把確實的資料給找出來。請對方去申請戶籍謄本，整個處理大約要二、三個禮拜。我白天就做諮商的工作。

衣服上我們也提供可分辨的僧、先、員、士、師這幾種衣服的顏色。

93/03/30

訪談編碼 001：43歲，38歲進入「玄門真宗」；

訪談編碼 002：32歲。26歲入「玄門真宗」。

訪問者：接近「玄門真宗」儀式有多久了？

訪談編碼 001：五年。

訪談編碼 002：五年，我們同期的。

訪問者：什麼因素到「玄門真宗」？

訪談編碼 001：透過叔叔引導。原本是去拜拜，後來做生意不順，經過扣問。

訪問者：第一次扶鸞時扣問嗎？

訪談編碼 001：第一次接觸到是老師辦事時轉告我的。

訪問者：金指妙法是扶鸞儀式的轉化？

訪談編碼 001：對，金指妙法比較合法現代。

訪問者：叔叔現在還在「玄門真宗」嗎？家族有多少人在那？

先生：對。目前只有二位，我跟叔叔。

訪問者：訪談編碼 002 呢？

訪談編碼 002：之前在電腦公司上班，有一次我留下來參加共修，聽到觀世音菩薩的音樂，不由自主的一直哭，再加上我同學的姊姊介紹到那裡去幫忙，所以進入玄門真宗，有一次仙佛扶鸞就駕起來了。

訪問者：第一次在共修時，觀世音菩薩給您的感應？

訪談編碼 002：很像嬰兒看到媽媽很感動，哭完是很全身舒暢，精神特別好，好像人生有靠岸，會不自覺一直哭。

訪問者：其他人共修像您這種經驗的有沒有？

訪談編碼002：有，看每個人的因緣不一樣。

訪問者：是聽音樂掉眼淚？還是其他像老師講道的？

先生：一般我們是用聆聽的，沒有老師牽引，讓我們自己有因緣聆聽，各有不同的感覺。共修一般是靜坐、拜佛、持咒等。

訪問者：訪談編碼 002 在那一次共修時，深受感動所以如此？同學姊姊還在？

訪談編碼002：對。同學姊姊還在。

訪問者：請講講每次扶鸞時，您會不會有感應到神，起來活動？

訪談編碼001：基本上每次都有，我們的架構是在天、地、人，我們基本上就像是一個三角頂，一般扶鸞儀式，基本上仙佛要來之前會先有護衛告知大家。

訪談編碼002：對，每一次都會有感應。剛開始站兩個小時會逃避覺得很累，但後來我們是左右護法，很自然的放鬆將情緒溶入其中，什麼痛都不會有了。

訪問者：一個星期有三次每次都要到嗎？

訪談編碼001：對，我們有記錄整個儀式站了四個小時。

訪談編碼002：辦事會比較久。有次到日本去用扶鸞辦事，每次都站四個小時。

訪問者：在日本弘法左右護法也要上去？你們倆也去？

訪談編碼001：日本我沒去。別人代替我去。

訪問者：像你們這種左右護法在團體裡有多少人？

訪談編碼001：目前只有我們倆個而已。依仙佛講的要有一定的因緣，當左右護法要有相當的「格」，由扶鸞經過仙佛本身來指示。

訪談編碼002：要有一個像執照似的。

訪問者：第一次仙佛的指示也是經過扶鸞而說的？

訪談編碼001：是，本來我們也不知道。

訪問者：每次扶鸞，仙佛的左右護法會感覺到前護衛隊，那種感覺是什麼？

有沒有感應到護法神？

訪談編碼 001：一般隨自然就會覺應到。

訪問者：您知不知道誰來？

訪談編碼 001：會知道，但不可馬上說。有時來的神不是同一個神。他們來會一群來，像排班一樣，該誰上去，誰就上去，有時這是看因緣由誰接聖事而上去。

訪問者：您感應到的神明有男有女？

訪談編碼 001：對。每次感應到我身上的多是屬於武將。我們接什麼神時，本身做什麼動作會搞不清楚，由神明帶引，隨祂的動作，旁觀者看得比較清楚。

訪談編碼 002：我比較屬於文官。不一定是女神或男神。像母娘來就會一直跳舞。我們上去時，完全是放鬆自己，不預設立場是那一尊神來，否則涉入我們自己的話，就會亂掉。

訪問者：動作是沒有自我的概念？是人神的交會，一種薩滿的境界？

訪談編碼 002：對。是人神合一的情況。

訪問者：在儀式過程中旁邊會要有人幫您護持？接駕完氣會消一些嗎？

訪談編碼 001：對，他們怕我接駕時，會撞到旁邊東西。接駕時那種感應是很強的，是不規則的。對。一開始接的時候氣很充飽。當護法時要以歡喜的心情。

訪問者：送駕的感應？

訪談編碼 001：會有固定的儀式。仙佛是很有禮貌的，來跟走是一樣的方式，是很有規則的。

訪問者：一個主神來會接一次，第二個來接第二次？

訪談編碼 001：對。本身溶入時會感覺很微妙，精神很好。比如我們有感冒的話，上去接下來後感冒就好了。

訪問者：你們當護法時身體的狀況會很好？個性上？

訪談編碼 001：對，醫療方面有感應。

第一個要求就是不能起無名。隨便生氣，要改善自己的個性。耐受度要高一點。

訪談編碼002：本來是急性子的人，但後來就慢慢改善。

訪問者：當左右護法時有無感應恩主公給你一些智慧上的感應？

訪談編碼001：有。有時候有事情稍微想一下就會頓悟。

訪談編碼002：有。當你遇事時心情沉澱一下就會解決。

訪問者：當左右護法剛開始會排斥嗎？

訪談編碼001：剛開始一定會排斥的。會問為什麼？很多的為什麼？慢慢的感受得到這種緣份時，就會歡欣接受。

訪談編碼002：我也會，也會蹺課。後來仙佛會罵我。我也會問為什麼？

訪問者：「玄門真宗」有四個院，左右護法只有你們兩位嗎？

訪談編碼002：恩主宮的護法是有兩人。所以是我們兩位。

訪問者：萬一四個院都要扶鸞怎麼辦？

訪談編碼001：我們倆是跟著陳老師。一般他上場，我們就會上場。其他的筆就由其他的人代替。

訪問者：您當護法家裡的態度？

訪談編碼001：沒有反對，我太太也會來這裡。也會邀請親友來這裡。

訪談編碼002：我未婚。但家裡較開明並不會反對。我堂姊也是出家人，他們覺得人生若是有緣走這條路，家人是很贊同的。因為那時我又遇到叔叔往生，想探求人生的意義，所以也剛好有緣份接觸到「玄門真宗」。

訪談編碼001：我們「玄門真宗」是做生死來去之間。我們也做往生的部分。其實我們一般以修行為主，做左右護法是修行已經很高了，但我們不能驕傲。

訪談編碼002：我們是各司其職，每個職位都是很重要的。

93/03/31

訪談編碼003：34歲。入「玄門真宗」6、7年，當鸞手四年。正職生，領薪水。

訪問者：在什麼機緣下接觸玄門真宗？

訪談編碼 003：大悲同修會。接觸課程實際參加法會的互動。

訪問者：誰帶領您去？

訪談編碼 003：有親友在裡面。想找個生命意義、心靈寄託。

訪問者：何時接觸扶鸞儀式？

訪談編碼 003：進入約三、四年時，才正式上場。上場之前要接受 49 天戒期。吃素食、靜坐、七大戒律。

訪問者：49 天除了戒條遵守外，有沒有扶鸞技術上的學習？

訪談編碼 003：有，要一段期間之後，可以上台做。

訪問者：有無學習金指妙法？學習多久？進入 49 天訓練？

訪談編碼 003：對，從那時開始學習的。開始知道是鸞生後，接觸 49 天後，接受金指妙法學習，時間約一年左右才能上台。金指妙法是很多人學習的。但也要看因緣，不是每個人都可以。仙佛強調要因材施教。金指妙法的學習並不是每個人都可以當鸞生，由仙佛透過扶鸞儀式，正式授正。扶鸞出認可時，是由宗主所扶的。

訪問者：第一次扶鸞時，感覺如何？

訪談編碼 003：頭一次一定會緊張。剛開始是七分駕。上台時過程中一片空白，自動就寫出來。扶了三年目前還是七分駕。

訪問者：大約多久一次？

訪談編碼 003：還是以金指妙法為主，著書三世因果。

訪問者：您從三年前至今，約扶過幾次？

訪談編碼 003：以前約一個星期一次。視仙佛的情況而定。

訪問者：扶時感覺仙佛來了，扶鸞時內心的狀況？

訪談編碼 003：當下很安靜，入內堂會有很強烈的白光，有強烈的氣感，從上而下，感應到整個身體。

訪問者：手在動是仙佛動還是自己動？

訪談編碼 003：由仙佛動的，自己無法跟上那麼快速。

訪問者：一次扶多少字？速度很快嗎？

訪談編碼 003：我是筆抄生。速度還沒能像宗主那麼快。

訪問者：內修比較好嗎？速度多快？

訪談編碼 003：內修好的話，所接的磁場就會好，感應自然也會很好。

訪問者：內修是什麼？

訪談編碼003：比如像我們的原神的氣部分。經由靜坐、多讀書。

訪問者：讀什麼書？

訪談編碼003：不限，勵志或是讀經等都可以。

訪問者：動工、靜工？誰來教你們？

訪談編碼003：動工是運動、打拳。靈氣拳則是屬於自發性動工！靈氣拳是沒有一定的招術。靜工就是讀的部分、靜坐。

訪問者：您有閉關過嗎？時間多久？一個閉關或是很多人？

訪談編碼003：有的，有三天和七天的。都是一個人閉關。農曆八月十五日是歲末會有閉關。

訪問者：閉關是由仙佛指示嗎？

訪談編碼003：閉關七天以上是仙佛指示。有一定的因緣與階段。我曾被仙佛指示有四、五次閉關。閉關都是靜坐、寫心得，看書、調整自己體身體和打靈氣拳。

訪問者：扶鸞是仙佛感應，妳看來這些詩文或鸞詩是仙佛寫出來的還是自己寫出來的？

訪談編碼003：大部分是仙佛指示的，當下要「靜心」是非常重要，才不會傳錯指意。

訪問者：因為是七分駕而非全駕，所以會不自覺加入自己的想法嗎？

訪談編碼003：當仙佛下指意時，就直接扶出來的。

訪問者：您扶的時候，是扶仙佛的話，有無信徒問事？

訪談編碼003：沒有，大部分還是以教化為主，問事通常是由宗主扶，除非特殊狀況否則也很少做問事。

訪問者：宗主有代表恩主回答到信徒的需求嗎？

訪談編碼003：有，大部分都是要反求自省。

訪問者：信徒問事，透過扶鸞，信徒會不會越來越多？

訪談編碼003：一般建議用扣問，以金指妙法回答。除非特殊情況才會用扶鸞。

一般來鸞堂都是以「教化」為主，「扣問」較有試探性或祈求性，至於信徒能不能留在鸞堂裡還是要看機緣而定。

訪問者：扶鸞時，自己感覺以前未參加，扶鸞後道德性有無變化？

訪談編碼 003：我覺得耐受力較高。以前較會無名生氣，後來會退一步，較有包容性。敏感度像是對人或對事的感覺或是直覺會很強烈。

訪問者：什麼樣的直覺？

訪談編碼 003：應該說對事情的看法態度、角度不同。較能看透根源，深刻。扶鸞對人世間的現象觀察產生變化。

訪問者：對家人相處的變化？

訪談編碼 003：有，我是傳統家庭，現在較會傾聽。父母也會給我要結婚的壓力。

訪問者：父母也接受您當鸞手的事實？

訪談編碼 003：沒有說。但是他們曾經看過我做。
沒有直接反應贊同或反對。他們都是恩主會的會員。

訪問者：扶鸞時感應在您的過程展現在身體的變化？

訪談編碼 003：有一股很飽的氣感，很紮實，讓我每個細胞很活躍。

訪問者：扶鸞可治療身體？

訪談編碼 003：對，因為以前我身體有受過傷，但是現在反而對身體的酸痛減輕很多。也不太用吃藥了。

訪問者：仙佛透過鸞文教化社會，您的看法對自己的期許？

訪談編碼 003：自己先做好內修的功課，做好法喜心，較能接到真正仙佛的正氣。

訪問者：看到鸞文會不會感動？

訪談編碼 003：會，有時候看到宗主或自己的鸞文內心會很感動。

訪問者：您個人同意透過鸞文推廣社會教化的功能？

訪談編碼 003：對。有這方面的想法，但能更深入生活幫助其他更多的人才能教化。

訪問者：每次扶鸞都能感受仙佛的靈？

附錄四　問卷

鸞堂宣教及其發展問卷調查

敬愛的　先生／女士　：您好！

為了瞭解新興宗教，特別進行這項問卷調查，是否可以耽誤您幾分鐘的時間，請您填寫這份僅供學術研究、決不外洩的「問卷」，非常感激您。在您的友誼支持下，將有助於學術界對鸞堂的理解；而您參與填寫此問卷，也永遠溫暖我的心！

真理大學宗教學系主任　張家麟　博士

2004.2.11

壹、基本資料（填答方式：請在適當□位置上以 "✓" 表示，在　　　的地方以簡要文字說明）

一、性別：□男　□女　二、年齡：＿＿＿歲　三、職業：＿＿＿＿＿＿＿

四、教育：□小學（含以下）　□國中　□高中（職）　□專科　□大學
　　　　　□碩士　□博士

五、教徒身份：□非信徒　□信徒　□信徒兼效勞生　□信徒兼職員

六、信教幾年：□一年以內　□超過一年至三年以內　□超過三年至五年以內　□超過五年至七年以內　□超過七年以上

七、原有宗教信仰：□無神論　□民間宗教　□道教　□佛教
　　　　　　　　　□基督教　□天主教　□其他＿＿＿＿＿＿

貳、問卷內容「填答說明：請在適當的□位置上"✓"，如果您非常同意
問題陳述，請在非常靈驗（或非常感應）處打"✓"；反之，在非常
不同意或不同意處打"✓"；如果是中立的立場，在沒意見處打
"✓"。」

一、請問您對鸞堂在扶鸞時，內心的「靈驗」感受為何？

	非常靈驗	靈驗	沒意見	不靈驗	非常不靈驗
1.恩主降筆的指示，常能解答我內心的困惑。	□	□	□	□	□
2.到鸞堂來得到恩主降筆指示後，會讓我感覺生活快樂。	□	□	□	□	□
3.面臨人生困難時，常會想到鸞堂請求恩主降筆，指點迷津。	□	□	□	□	□
4.只要常來鸞堂效勞，恩主會保佑我及家人。	□	□	□	□	□
5.生病時到鸞堂祈求，得到恩主降筆之靈符，會減少我病痛。	□	□	□	□	□
6.在扶鸞時恩主經常會預言社會重大災難，讓我逢凶化吉。	□	□	□	□	□
7.扶鸞恩主降筆作人的道理，是我行為的準則。	□	□	□	□	□

二、請問您對鸞堂在扶鸞時，內心的「悸動」感受為何？

	每次感應	經常有感應	偶有感應	少有感應	沒感應
1.在扶鸞時，會感應到恩主降臨到鸞堂。	□	□	□	□	□
2.在扶鸞時，會感應到其他神佛降臨到鸞堂。	□	□	□	□	□
3.在扶鸞時，相信恩主透過鸞手給我指示。	□	□	□	□	□
4.在扶鸞時，在「接駕」神時，會感應到神降臨到鸞堂。	□	□	□	□	□
5.在扶鸞時，在「送駕」神時，會感應到神離開到鸞堂。	□	□	□	□	□

三、請問您對鸞堂宗教教義實踐的程度？

經常偶很完
常實而少全
實踐實實沒
踐　踐踐實
　　　　踐

1. 參加過鸞堂活動後，願意實踐神的指示。 □□□□□
2. 日常工作中，實踐「盡忠職守」的教義。 □□□□□
3. 家庭生活中，實踐「孝順父母」的教義。 □□□□□
4. 實踐救助窮人的教義。 □□□□□
5. 實踐作好人的教義。 □□□□□
6. 實踐鸞堂「行善」是種「積德」的教義。 □□□□□

四、請問您內心喜歡鸞堂宗教教義的程度多深？

非喜沒不非
常歡意喜常
喜　見歡不
歡　　　喜
　　　　歡

1. 參加過鸞堂活動後，歡喜神常來的指示。 □□□□□
2. 日常工作中，內心常抱持「盡忠職守」的想法。 □□□□□
3. 家庭生活中，內心常抱持「孝順父母」的想法。 □□□□□
4. 內心喜歡救助窮人的教義。 □□□□□
5. 感覺人生作好人是一件好事。 □□□□□
6. 內心喜歡「行善」可以「積德」的想法。 □□□□□

※問卷到此結束，謝謝您的寶貴意見，祝您全家平安快樂※

第五章　宗教團體與監獄宗教教誨[1]
——對佛光山在明德戒治分監活動之實證分析

---

[1] 宗教教誨意指藉著各種宗教如基督教、佛教、天主教等各種活動及儀式來淨化心靈，更以禱告、查經、靈修、見證或禪坐、念佛、誦經方式擺脫毒品隻糾纏與綑綁。（黃徵男，1994）在本研究當中，暫時採用宗教教誨的概念來取代國家機關有關宗教團體在監獄裡頭的「教化」活動，根據監獄行刑法第37條規定「對於受刑人應施予『教化』」，第39條「『教化』應注重國民道德及社會生活必須之知識與技能」，第40條「監獄得聘請有學識德望之人演講，並得延聘當地學術或教育專家協同研究策進監獄『教化』事宜」。

而在監獄行刑法施行細則則出現『教化』與『教誨』兩個概念，其中第43條規定「『教化』受刑人應本仁愛之觀念……」，另外在第44、45、46、47、48、49、50、51、52、53條則詳細規範受刑人應受集體『教誨』與個別『教誨』的內容教材及注意事項。

從國家機關對受刑人的『教化』或『教誨』的規範可以看出以下幾點：1.『教化』與『教誨』幾是相同含意；2.國家機關對受刑人施予『教化』或『教誨』是由國家監獄單位掌有主動權，當然不排除民間社會參與；3.當國家機關從事受刑人的『教化』或『教誨』的活動時並不包含宗教團體。所以宗教團體在監獄裡頭從事的宗教『教誨』活動並沒有相當強烈的法律根據，倒是根據監獄行刑法第38條及監獄行刑法施行細則第60條則又有灰色的地帶足以讓宗教團體進入國家監獄體系從事『教化』受刑人的活動。（附錄二、附錄三）

壹、前言

一、研究動機

（一）研究直覺

　　在民國九十年三月偶然的機會應邀到台南明德戒治分監對受刑人作專題演講，發現宗教團體在監獄裡頭的活動非常頻繁，進一步與佛光山宗教團體擔任駐監釋慧定法師訪談之後，更清楚國家機關在監獄的活動，除了戒護管理由國家機關的公務人員執行以外，有關教化受刑人的活動幾乎委託宗教團體負責。

　　就宗教團體在監所對受刑人所作的宗教教誨活動，足以讓受刑人產生不再吸毒的效果，在既有的文獻資料中，均相當顯著。（台灣台南監獄，1996：38-45）但是這些統計資料是否具有科學上的檢證，值得進一步探究。

（二）偏離個案（Deviance case）

　　明德戒治分監是台南監獄中，明德外役監內的小監獄，專門負責煙毒犯勒戒治療的場所。與我國中央政府行政院法務部主管的監所包括二十三所監獄、十五所看守所、四所技能訓練所、四所少年觀護所及四所矯正學校比較起來，（法務部，http://www.tpt.moj.gov.tw/B200/cb200B.htm）它是全台獨一無二的超小型監獄，當初設立的原因主要是希望對煙毒犯有良好的勒戒效果。（台灣台南監獄，1996：7-9）當初國家機關為了達到設立此監獄的特殊效果，引進宗教團體的宗教對煙毒犯作宗

教教誨活動，希望能夠感化煙毒犯，因此與其他監獄比較起來，明德戒治分監是屬於監獄管理中，宗教團體的宗教教誨活動頻繁的偏離個案，就個案研究（case study）而言，是非常值得深入探討的個案。其為偏離個案的理由說明如下：

　　1. 宗教教誨時間最長，明德戒治分監中，基督教及佛教團體對煙毒犯從事的宗教教誨時間每週約十五個小時，遠比一般監獄每週兩小時到六小時高出許多。2. 宗教團體常駐監獄，明德戒治分監有基督教更生團契長期駐監的牧師及傳道師各一名，佛教佛光山法師一名。其中佛光山慧定法師尚且二十四小時與受刑人生活在一起，這是全國獨一無二的特例。3. 宗教教誨頻率最高，一般監獄同意宗教團體進入對受刑人從事宗教教誨活動，大部分是每週一次，只有極少數的監獄像桃園監獄、澎湖監獄及台東監獄每週三次；綠島監獄則每週二次。但是明德戒治分監將受刑人分為基督教班與佛教班二個類別，分別接受基督教更生團契及佛教佛光山團體每週至少五次以上的宗教教誨活動課程，這也是全國各個監獄中所少見的現象。4. 宗教教誨課程多樣化，在明德戒治分監的宗教教誨活動呈現出課程多樣化的現象，以佛教班為例，除了課程表上的課程安排如早課、梵貝、宗教專題、宗教佛光山團體個別輔導、晚間在舍房中的小團體輔導、禪坐等，宗教團體的法師 24 小時留在戒治分監中隨時接受受刑人的請求，對受刑人做佛法的開示，展現出明德戒治分監宗教教誨課程與其他監獄的不同。

　　就方法學而言，偏離個案深具研究的意義，尚且有下列三個功能：1. 使原有理論更周延；2. 建構原有理論所無法涵蓋的新假設；3. 當累積許多偏離個案時，足以推翻舊理論，建構新

理論。我們可以在明德戒治分監的個案研究中，檢證現有監獄教化理論，並對既有的理論重新再詮釋。

（三）理論檢證

到底受刑人在監獄應該以教化為重或以戒護為重，在既有理論中有不同的模式（Model）相互競爭，歸納來看分為三種理論：

1. **教化有效理論**

(1) 教化成功機率高：此派說法以 T. Palmer 為主，他認為只要對受刑人作個別諮商、團體療法及社區心理治療等教化措施，則受刑人將有 48%以上的成功率，得到矯治成功。（Palmer, 1978）

(2) 減少受刑人再犯比率：此派說法以 Warrer 為代表，他認為由專業輔導員對受刑人從事密集式的監督輔導，而輔導前先將受刑人依人格類型加以分類，則輔導的效果可減少 52%的受刑人重新再犯罪。換句話說，經過對受刑人的分類，再施以合適的專業輔導將可使受刑人再犯罪率降低。（莊金生，1997：19）

(3) 動機論：Cullen & Gilbert 認為教化是國家照顧受刑人的唯一合法管道，而受刑人長久以來的潛在動機使人改過遷善，而此動機有助於矯正機構之人性化（Cullen & Gilbert, 1982）

(4) 利益論：Cullen & Wozniak 認為批評教化有效者根本沒有真正關心過受刑人，國家機關只有將受刑人施以矯治教化，才能使受刑人和國家雙方均得到真正的利益。

（Cullen & Wozniak, 1982）

(5) 矯治效果肯定論：Jeffrey & David 認為不能因為不瞭解矯治單位的矯治工作就否定矯治效果，如此將使矯治單位的工作人員萌生逃避責任的想法，結果使受刑人越變越壞，因此我們絕不可放棄教化。（Jeffrey & David, 1992）

2. 教化無效理論

對受刑人施予教化部分學者如 R. Martison（1974）、D. Ward（1973）、Wilson（1980）、Macnamara（1977），皆認為效果不大。像 Martison 就提醒紐約州州長及防制犯罪特別委員會，指出教化受刑人是無效的，整個刑事政策的矯治教育有待檢討。Ward 更感慨的提出，接受教化比不接受教化的受刑人對監獄管理人員較不友善，違規記錄較多，違反假釋條件較高，出監後再犯率也較高。Wilson 比較管理寬鬆與管理嚴格的二個監獄之後，其者重視教化，後者重視戒護，但是二作監獄受刑人在出監之後再犯罪的比例幾乎沒有差異。Macnamara 認為受刑人幾乎是經過二、三十年社會負面的社會化，已經染上惡習，所以任何醫療模式的教化行為，皆無法改變受刑人根深蒂固的反社會行為。

上述這二派理論幾乎持完全相反的論調，而且各有其實證調查的數字為依據，彼此相互批判，也造成監獄管理的兩類重要哲學，第一類認為受刑人可以透過教化而將其改變，相信人經過教育之後學習向善的可能。第二類哲學則認為受刑人已經長久的負面學習，根本不可能經過教化而有所改變。在這二種論證之外，尚有折衷派的說法，茲再分析如下。

3. 折衷論

對受刑人施以教化是否有效，折衷論在此立場上持部分肯定的看法。D. Glaser（1973）就認為犯罪者本身的條件，像前科少、熱心參與、對犯行具有悔意和容易與人溝通的受刑人，其比較容易接受教化而矯治成功。S. Adams（1961）則提出比較可能矯治成功的青少年受刑人其人格特質是比較聰明、能溝通及熱心參與。M. L. Smith & G. V. Glass（1977）認為聰明的患者比愚笨的患者容被矯治成功。Andrew & Kiessling（1980）則提出受刑人接受教化矯治成功的條件是 1. 排除強迫式，使受刑人參加各種教化活動；2. 應注意受刑人的需求；如此則矯治比較可能成功。Ross & Mckay（1982）指出矯治成功應具有幾項條件 1. 管教人員中立；2. 利用受刑人同儕團體的力量；3. 目標行為的設立標準恰當；4. 對受刑人施予適當的矯治等，如果針對這幾點加以改進，則教化效果將可凸顯。（莊金生，1997：22~23）

從上述三種理論來看，台南明德戒治分監宗教團體的宗教教誨活動，可以歸類為第一種模式，也就是說對煙毒犯採取宗教教誨的活動，將有助於煙毒犯的勒戒。

不過這是監獄主管主觀的想法，雖然也有外國的實證經驗證明透過宗教教誨活動有助於煙毒犯的勒戒，像在部分國家如英國、美國、新加坡、馬來西亞、香港等已經採用宗教力量來戒治毒品，而且有一定的效果。（黃徵男，1994；李志恆，1996）然而台灣國家機關引進宗教團體對吸毒的受行人從事宗教教誨，是否仍可以像外國有類似的戒毒效果，則值得進一步評估。

二、研究問題與架構

（一）研究問題

　　真實世界現象經常隱含值得研究的問題，明德戒治分監的宗教教誨現象也不例外，在經過文獻資料的歸納整理之後，本文研究焦點在對宗教團體在監獄從事宗教教誨活動的影響，分1.宗教教誨活動滿意度；2.宗教教誨活動的對受刑人戒毒效果的效果；3.宗教教誨活動對宗教團體發展；4.宗教教誨活動滿意度、受刑人戒毒效果的效果及宗教團體發展三者間的關係，等四個面向討論。而這四個面向可以細分以下幾個問題：

1. 理解明德戒治分監中監獄管理者、佛光山團體及受刑人對宗教教誨活動滿意度的實際情況及其差異。
2. 理解明德戒治分監中監獄管理者、佛光山團體及受刑人對受刑人戒毒效果程度的實際情況及其差異。
3. 明理解德戒治分中監監獄管理者、佛光山團體及受刑人對宗教團體發展程度的實際情況及其差異。
4. 宗教教誨活動滿意度、受刑人戒毒效果及宗教團體發展間的關係。
(1) 宗教教誨滿意度是否影響受刑人戒毒效果。
(2) 宗教教誨滿意度是否影響宗教團體發展。
(3) 受刑人戒毒效果是否影響宗教團體發展。

（二）研究架構

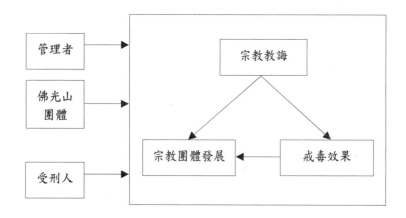

圖 1　佛光山團體在監獄宗教教誨研究架構圖

　　根據上述問題，本研究從監獄管理的教化有效論及折衷論演繹出研究架構圖（圖 1）。在此架構圖中，本研究企圖檢證（verify）教化有效論及折衷論的觀點，因為教化有效論隱含只要對受刑人施予教化，即可改變受刑人的行為，如不再犯罪或降低犯罪率。而折衷論則認為只要教化者施予受刑人適當的教化內容、態度、目標設定，應可改善受刑人的犯罪行為。而從這兩個理論演繹的假設（theoretical hypothesis）是施予受刑人宗教教誨，應可改善受刑人的戒毒效果。

　　除此之外，本研究尚且要對宗教教誨活動在明德戒治分監推動八年的情形，作滿意度的評估及調查宗教教誨活動是否有助於受刑人的戒毒效果及宗教團體的發展，並比較監獄管理者、受刑人及佛光山團體三者對宗教教誨活動的滿意程度、影

響及宗教團體的發展差異情形。

三、研究方法

（一）概念操作化

　　本研究涉及的主要概念為「監獄管理者」、「佛光山團體」及「受刑人」、「宗教教誨活動」、「戒毒效果」、「宗教團體發展」及「滿意度」（或幫助度）等。

　　「監獄管理者」：意指在明德戒治分監的分監長、教誨師、戒護人員、行政人員。**「佛光山團體」**：指經常在明德戒治分監從事的宗教教誨活動的佛光山宗教團體義工成員，在受刑人眼中，稱其為老師。

　　「受刑人」：是指在明德戒治分監「自費勒戒煙毒者」及「犯人」。

　　「宗教教誨活動」：則操作化為法師開示、宗教課程內容、法師全天候在戒毒村中、佛光山團體與受刑人諮商、宗教專題演講、法師與受刑人聊天、宗教儀式（禮佛）及禪坐等八項宗教教誨活動。

　　「戒毒效果」：將此概念操作化為法師開示、宗教課程內容、法師全天候在戒毒村中、佛光山團體與受刑人諮商、宗教專題演講、法師與受刑人聊天、宗教儀式（禮佛）及禪坐等八項宗教教誨活動對受刑人戒毒的影響。

　　「宗教團體發展」：將此概念操作化為受刑人對宗教教義理解、受刑人成為信徒、受刑人對宗教的認同、受刑人對法師的尊敬及受刑人對人生抱持希望等五個子題。

「滿意度」（或幫助度）： 本研究問卷採量表形式，由受訪者對各項問題表達主觀感受，共把滿意度（幫助度）分為「相當滿意」（相當有幫助）、「滿意」（有幫助）、「沒意見」、「不滿意」（沒幫助）、「相當不滿意」（相當沒幫助）等五個尺度。

（二）分析方法

本研究將回收之有效樣本編碼從輸入電腦，以統計套裝軟體 SPSS 加以編製成表，並以下列統計方法進行分析的工作：(1)以 Cronbach α 來進行問卷的信度，檢證本研究的問卷（附錄 1）是否有必要調整；(2)次以變異數（anova）分析監獄管理人、佛光山團體及受刑人在三個構面（宗教教誨、戒毒效果及宗教團體發展）的差異，再以 scheffe 來進行這三者彼此間的差異分析；(3)用相關分析（correlation）理解三個構面（宗教教誨、戒毒效果及宗教團體發展）彼此間的關連。

貳、文獻回顧

宗教團體從事戒煙效果的事實，早在日據初期即有記錄，以王世慶的「日據初期台灣之降筆會與戒煙運動」（1994：415-473）最具代表性，他從歷史文獻分析當年台灣鸞堂對信徒戒除鴉片煙癮的效果，發現宗教教誨對戒煙有相當顯著的影響，可惜在日據時代日本政府礙於台胞集會對政權可能的衝擊，及禁煙妨礙日本政府在台灣的財政收入；而給予鸞堂相當大的打擊，禁止降筆會運用神明的靈威來影響信徒中有吸鴉片煙癮者，並且取締降筆會鸞堂的宗教組織及其活動。

　　我國監獄容許民間團體進入從事教化受刑人的活動，從民國七十年代初期至今已有約二十年的歷史。長期以來，宗教團體以基督教更生團契、天主教及佛教佛光山對監獄受刑人的教化活動始終相當關心。然而在既有的監獄研究當中，幾乎都是從國家機關角度切入，如林茂榮、楊士隆（1997）合著的「監獄學──犯罪矯正原理與實務」，楊士隆、林健陽（1997）主編的「犯罪矯治──問題與對策」，林健陽（1999）的「監獄矯治──問題之研究」。都是站在國家「管理受刑人的立場」及「受刑人對國家管理的反應」，從事監獄的矯治研究，並嘗試理解那種國家機關的管理模式是最佳的監獄矯治，幾乎沒有碰觸宗教團體在監獄矯治扮演的角色及功能。

　　也有從法制主義（institutionalism）的角度研究監獄教化制度，（彭冀湘，1991；林健陽，1997：181-198；任全鈞，1998：137-149；林健陽、任全鈞，1999：393-410）這比較接近「靜態的」監獄管理制度描述，而非「動態的」監獄管理制度變遷的原因分析，這是傳統的描述研究。

　　另外，也有用統計學的實證主義角度切入，運用抽樣資料與技術，企圖全面的理解台灣區各個監獄對受刑人教化成效的研究，（莊金生，1997；林秀娟，1999；鄭善印、蔡田木、曹光文，1999：291-328）；但是，各個監獄對受刑人教化方式甚為「紛歧」，應該歸納不同類型監獄的管理模式，再比較監獄對受刑人教化成效，才可能得到較具解釋力的教化理論。

　　除了這些研究以外，也有以「矯正機構委託民營的可行性」為主題；（林健陽、黃蘭媖，1997：257-286；賴擁連，2000：129-161）這是受到「行政革新」──政府再造的影響，認為「小

而美」的政府是未來主要的政府類型，而追求小而有效能的政府理想，應將企業化模式引入政府，或將公部門業務轉給民間經營。

　　上述這些研究，大都從「國家」管理的角度切入監獄管理的研究；直接以市民社會的角度切入監獄管理及矯治的研究，則是朱台芳在 1992 年的「監牧關懷：對台灣天主教會監牧工作之研究與反省」的論文（朱台芳，1992）；另一篇是釋慧寬在 1996 年發表的「佛教對監獄教誨功能之研究——以台灣地區男性受刑人為考察對象」的論文。（釋慧寬，1996：97-134）這兩篇直接討論宗教團體在監所所從事教化活動的事實及其影響，論文中事實資料搜集頗為紮實，然而理論建構卻少著墨，殊為可惜。

　　本研究嘗試從實證的觀點理解宗教教誨的實際效果，以台南明德戒治分監為對象，因為在既有的資料顯現出來，此分監的宗教教誨活動，和其他監獄比較起來，其教誨活動相當頻繁。根據田野及文獻資料可以得知，其他監獄宗教教誨活動平均每週約一到三次，而此分監每週則有五次以上的教誨活動。（表 1）

表 1　台灣地區各監獄宗教教誨次數調查表

監獄別	佛　　教	基督教	天主教
基隆監獄	每週一次	每週一次	每週一次
台北監獄	雙週一次	每週一次	每週一次
桃園監獄	每週三次	每週三次	每週三次
台中監獄	每月四次	每月四次	每月四次
雲林監獄	每週一次	每週一次	每週一次
嘉義監獄	雙週一次	雙週一次	每週一次
台南監獄	每週一次	每週一次	每週一次

監獄別	佛　　教	基督教	天主教
高雄監獄	每週一次	每週一次	每週一次
屏東監獄	每週一次	每週一次	每週一次
台東監獄	每週三次	每週三次	每週一次
花蓮監獄	每週一次	每週一次	每週一次
宜蘭監獄	每週一次	每週一次	每週一次
澎湖監獄	不定期	每週三次	每週三次
綠島監獄	不定期	每週二次	不定期
明德戒治分監*	每週五次以上	每週五次以上	很少

資料來源：釋慧寬，《締觀》佛教對監獄教誨功能之研究——以台灣地區男
　　　　　性成年受刑人為考察對象。（1996：133）
　　　　　明德戒治分監*的資料是筆者田野調查後加上（2001.8.6-8）

　　如果戒治分監的教誨活動有其顯著的效果，則國家機關當
初所假想的對受刑人刑事政策改變，方向是正確的。相反的，
如果此分監投入這麼多的宗教教誨活動，相對的卻沒有辦法影
響受刑人戒毒，則國家機關的刑事政策有待商榷。

　　根據官方資料顯現台南戒治分監犯人出獄後再回到監獄
的比率遠低於其他監獄，從民國八十四年到八十九年戒治分監
受刑人的再犯率約20%，其他監獄在此時間的再犯率約50%，
比較之下戒治分監設立以來到現在為止所投入的宗教教誨活動
雖然沒有達到百分之百的戒毒效果，但也比其他監獄好了許
多。以再犯率來看此分監比其他監獄少了三十個百分點。

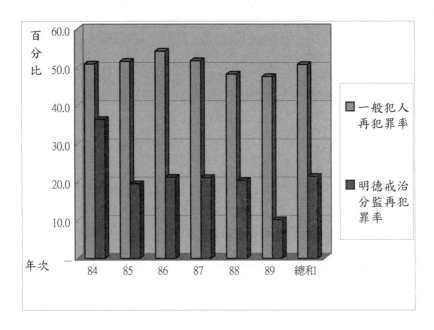

圖2 一般監獄犯人再犯罪率與明德戒治分監再犯罪率比較圖
資料來源：田野調查資料（2001.8.7）及法務部網站統計資料（2001.10.1）。

　　雖然官方資料顯現出明德戒治分監犯人再犯率低於其他
監獄，但是從來沒有研究對此作比較深入而且客觀的實證分
析，到底此分監的宗教教誨活動整體效果如何，而此效果所構
成的宗教因素有哪些，事實上皆值得深入分析。

叁、宗教團體在監獄從事宗教教誨的實證分析

　　為理解宗教團體在監獄從事宗教教誨的活動是否具有其
影響力，及宗教團體的教化活動是否得到與此活動相關的成

員，如國家機關的管理者、佛光山團體與監獄受刑人的認同，並進一步探求宗教教誨活動的滿意度與宗教團體教化受刑人的影響和宗教團體的發展三者間的關聯。因此本研究對上述的問題用平均數、變異數、相關分析等統計方法給予分析。

一、調查對象描述

明德戒治分監只是個小監獄，本研究採取普查的方式；即是對全體明德分監的管理人、受刑人及佛光山團體作普查。計有效回收問卷監獄管理人 28 份，佛光山團體 20 份，受刑人 168 份，共計 208 份（如表 2），問卷回收率，除了佛光山團體為 50% 外，其餘高達 99%。

表 2　普查問卷回收統計表

共計份數類別	管理員	佛光山團體	受刑人
208	28	20	160

二、信度分析

本研究以 Cronbach α 內部一致性分析檢定量表的信度，首先對本問卷三個構面檢定故量表的信度。第一個構面為宗教團體在監獄活動的滿意度，（簡稱為宗教教誨），第二個構面為宗教團體在監獄活動對受刑人戒毒效果的效果（簡稱戒毒效果），第三個構面為宗教團體在監獄活動對宗教團體本身的發展（簡稱為宗教團體發展）。

　　本問卷採量表形式，共分為「相當滿意」（相當有幫助）、「滿意」（有幫助）、「沒意見」、「不滿意」（沒幫助）、「相當不滿意」（相當沒幫助）等五個尺度，給分的方式為「相當滿意」（相當有幫助）給予五分，「滿意」（有幫助）給予四分，「沒意見」給予三分，「不滿意」（沒幫助）給予二分，「相當不滿意」（相當沒幫助）給予一分，經由 Cronbach α 內在一致信度分析的公式

$$\alpha \text{係數} = \left(\frac{K}{K-1}\right)\left(1 - \frac{\sum_{i=1}^{K} S_i^2}{S^2}\right)$$

K：量表中的題目數

S_i^2：各題目的變異量

S^2：總變異量

　　由 SPSS 統計套裝軟體的信度分析後，得到總量表、各構面及各子題分量表的信度如下（表3）。

表3　宗教團體在監獄活動各項目量表的信度分析表

構面	項目	Cronbach α 係數	
		分量表	總量表
宗教教誨	1.法師開示	.8497	.8552
	2.宗教課程內容	.8514	
	3.法師全天候在戒毒村中	.8482	
	4.佛光山團體與受刑人諮商	.8554	
	5.宗教專題演講	.8449	

構面	項目	Cronbach α 係數	
		分量表	總量表
	6.法師與受刑人聊天	.8483	
	7.宗教儀式（禮佛）	.8470	
	8.禪坐	.8967	
戒毒效果	1.法師開示	.8673	.8734
	2.宗教課程內容	.8678	
	3.法師全天候在戒毒村中	.8651	
	4.佛光山團體與受刑人諮商	.8807	
	5.宗教專題演講	.8696	
	6.法師與受刑人聊天	.8676	
	7.宗教儀式（禮佛）	.8671	
	8.禪坐	.9020	
宗教團體發展	1.受刑人對宗教教義理解	.8443	.83698
	2.受刑人成為信徒	.8624	
	3.受刑人對宗教的認同	.8395	
	4.受刑人對法師的尊敬	.8036	
	5.受刑人對人生抱持希望	.8351	
整體項目		.855193	

　　Cuieford（1965）認為 Cronbach α 係數大於 0.7 為高信度值，小於 0.35 為低信度值。由表 3 可以看出本研究的各項題目及其構面和整體項目的信度皆在高信度值 0.7 以上，像宗教教誨滿意度的信度為 0.8552，戒毒效果效果的信度為 0.8734，宗教團體發展的信度為 0.8369，整體項目的信度為 0.8551，皆高於 0.7 以上，故本問卷為相當可信的問卷設計。

三、效度分析

本問卷內容的適切性在於理解宗教團體在監獄活動的教化情形,故本研究在設計問卷內容時,除了先閱讀相關宗教團體在監獄教化活動的論文外,並進一步到明德戒治分監對佛光山團體及監獄管理員作深度訪談,對宗教團體在監獄活動有所理解之後,再建構上述三個構面及其相關問題,因此本問卷的內容效度具一定的水準,可以充分反映宗教團體在監獄活動教化情形的適切性。

四、宗教教誨活動滿意度的理解

(一)宗教教誨活動滿意度的平均數分析

對宗教團體在監獄的宗教教誨活動滿意度的分數,分成五個等級,相當滿意為五分,其次滿意為四分,中立為三分,不滿意為二分,相當不滿意為一分。從整體來看,宗教團體在監獄的宗教教誨活動滿意度,得到頗高的分數,總平均值為 3.81,接近四分的滿意度。

再從細項來看,滿意度的平均值依得分高低的順序:(圖 3)

(1)教團體佛光山團體與受刑人諮商 3.99,

(2)法師與受刑人聊天 3.98,

(3)法師開示 3.96,

(4)宗教專題演講 3.87,

(5)宗教儀式(禮佛)3.86,

(6)法師全天候在戒毒村中 3.82,

(7)宗教課程內容 3.78,

(8)禪坐 3.28。

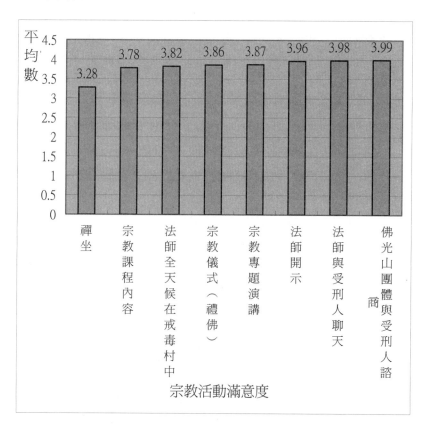

圖 3　各項宗教教誨活動滿意度平均數圖

　　從這些排序可以看出整體受訪者認為,佛光山團體及法師或牧師對受刑人的諮商或聊天得到的滿意度最高,分別為 3.99 及 3.98;而禪坐滿意度相對的最低,但也有 3.28 的滿意度。

　　無論是整體宗教教誨活動滿意度的平均值，或是各個宗教教誨活動細項滿意度的平均值，皆在三分以上，換句話說明德戒治分監宗教團體的宗教教誨活動，得到正面的肯定，佛光山團體推動的宗教教誨活動，除了自己滿意外，也贏得管理者及受刑人認同，其努力並未白費，而已經留下具體的痕跡。

（二）管理者、佛光山團體及受刑人對宗教教誨活動滿意度的平均數分析

　　從管理者、佛光山團體與受刑人三個類別來看宗教團體宗教教誨活動滿意度，佛光山團體對整體滿意度最高為 4.55，其次為管理者 3.85，受刑人的滿意度為 3.70。整體來看，佛光山團體對自己在監獄從事宗教教誨活動非常滿意，幾乎接近滿分，這也是為什麼這麼辛苦的工作，八年來佛光山團體持續不間斷的服務受刑人，除了認同自己的宗教信仰外，對自己在監獄的服務，也自我肯定，一不為名，二不為利，只是在「實現自我」的理念。佛光山團體服務受刑人，也得到管理者及受刑人的高度肯定，分別為 3.85 及 3.70 的滿意度，皆接近滿意的程度。

　　再從宗教團體在監獄的各項活動來看，佛光山團體對自己從事宗教教誨活動的滿意度，依序為法師全天候在戒毒村中 4.8，其次為佛光山團體與受刑人諮商 4.75，再來為法師與受刑人聊天、宗教儀式（禮佛）、禪坐這三項滿意分數為 4.55，宗教專題演講 4.5，法師開示為 4.45，最後為宗教課程內容 4.3。

　　從管理者的角度觀察各項宗教教誨活動的滿意度依序為宗教專題演講、禪坐兩項皆為 3.93，法師開示、宗教儀式皆為

3.89，佛光山團體與受刑人諮商為 3.86，法師與受刑人聊天為 3.82，法師全天候在戒毒村中為 3.73，宗教課程內容最後為 3.71。

另外從受刑人對各項活動的滿意度依序為法師與受刑人聊天 3.94，佛光山團體與受刑人諮商為 3.92，法師開示為 3.91，宗教專題演講及宗教儀式為 3.77，宗教課程內容為 3.72，法師全天候在戒毒村中為 3.7，受刑人滿意度最低的是禪坐的活動為 2.99。

由上面的描述可以知道，佛光山團體滿意的項目如「法師與受刑人聊天」、「佛光山團體與受刑人諮商」和受刑人喜歡的項目重疊。而管理者喜歡的項目偏向「宗教專題演講」及「禪坐」，而這兩項是受刑人較不喜歡的宗教教誨活動。尤其是禪坐，受刑人滿意的分數排序最後，而管理者卻認為這是最好的宗教教誨活動。為何會有此重大的差異，可能是管理者認為受刑人在接受禪坐宗教教誨活動時，表現出井然有序的團隊而給予較高的滿意分數；相反的，對受刑人而言，禪坐是如同「懲罰」，連動也不能動的坐在那裏，彷彿如坐針氈，故對此宗教教誨活動滿意度相對的最低。

表 4　宗教團體在監獄教誨活動滿意度平均數表

平均數 類型 滿意數	管理者 （28 人）	佛光山團體 （20 人）	受刑人 （160 人）	總平均數 （208 人）
1. 法師開示	3.89	4.45	3.91	3.96
2. 宗教課程內容	3.71	4.3	3.72	3.78
3. 法師全天候在戒毒村中	3.73	4.8	3.7	3.82
4. 佛光山團體與受刑人諮商	3.86	4.75	3.92	3.99
5. 宗教專題演講	3.93	4.5	3.77	3.87
6. 法師與受刑人聊天	3.82	4.55	3.94	3.98
7. 宗教儀式（禮佛）	3.89	4.55	3.77	3.86
8. 禪坐	3.93	4.55	2.99	3.28
總平均數	3.85	4.55	3.70	3.81

（三）管理者、佛光山團體及受刑人對宗教教誨活動滿意度的差異分析

　　對宗教團體在明德戒治分監的宗教教誨活動滿意度調查，監獄管理者、佛光山團體及受刑人三種類型之間彼此滿意度並不一致，分別為佛光山團體最高在總分五分的滿意度中為4.56，其次為管理者 3.86 滿意度較低者為受刑人，但也有 3.71 的分數。（圖 4）

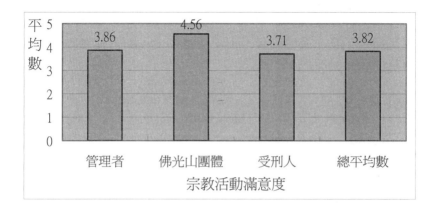

圖 4 管理者、佛光山團體及受刑人對宗教教誨活動滿意度平均數圖

　　而為理解三者之間是否對宗教教誨活動有差異，本研究進一步作三者的變異數分析，發現彼此間存在顯著差異。（表 5）

表 5 宗教教誨活動滿意度變異數表

	Sum of Squares	df	Mean Square	F	Sig.
Between Groups	12.701	2	6.351	21.548	.000*
Within Groups	55.703	189	.295		
Total	68.404	191			

* The mean difference is significant at the .05 level.

　　既然三種類型對宗教教誨活動滿意度有顯著差異，我們進一步做事後檢測，以便於理解三者間差異的實際情形，我們用 scheffe 法發現：管理者與佛光山團體存有顯著差異，佛光山團體與受刑人也存有顯著差異；管理者與受刑人則沒有差異。

　　佛光山團體與管理者的比較，佛光山團體對宗教教誨活動的滿意度強過管理者 0.7013 而佛光山團體與受刑人的比較，也

是佛光山團體強過受刑人 0.8479，三者間的分數分別為佛光山
團體最強，其次為管理者，再其次受刑人；而管理者與受刑人
在此議題沒有差異。（表 6）

表 6　管理者、佛光山團體與受刑人對宗教教誨活動 Scheffe 表

變異來源		Mean Difference　(I-J)	Sig.
（I）身份別	（J）身份別		
管理者	佛光山團體	-.7013	.000*
	受刑人	.1467	.460
佛光山團體	管理者	.7013	.000*
	受刑人	.8479	.000*
受刑人	管理者	-.1467	.460
	佛光山團體	-.8479	.000*

* 　The mean difference is significant at the .05 level.

五、明德戒治分監宗教教誨活動的對受刑人戒毒效果效果的理解

（一）宗教教誨活動對受刑人戒毒效果效果的平均數分析

　　宗教團體在監獄的教化活動對戒毒效果效果，總平均值為
3.79，接近四分「有幫助」的程度，故可以解釋受訪者主觀的
認為，宗教團體在監獄的宗教教誨活動對受刑人戒毒效果「有
幫助」。至於事實是否為宗教團體在監獄的教化活動造成受刑人
戒毒，則得用其他的研究設計證明。如比較同一批受刑人，其
接受宗教教誨活動前後之差異；或比較不同監獄的不同類型的
宗教教誨活動對受刑人的影響，才可能獲得更精確的分析。在
本研究，只能證明受訪者主觀的感受，認為宗教教誨活動對受

刑人戒毒效果頗有幫助。

　　至於各項宗教教誨活動中對受刑人戒毒效果效果來看，其得到受訪者肯定，依分數高低排列：

　　(1)佛光山團體與受刑人諮商對戒毒的效果分數為 4.03，

　　(2)法師與受刑人聊天對戒毒的效果分數為 3.99，

　　(3)法師開示對戒毒的效果分數為 3.88，

　　(4)宗教專題演講對戒毒的效果分數為 3.83，

　　(5)宗教儀式及宗教課程內容對戒毒的效果分數為 3.78，

　　(6)法師全天候在戒毒村中對戒毒的效果分數為 3.71，

　　(7)禪坐對戒毒的效果分數為 3.34。

　　在各宗教團體宗教教誨活動中，「佛光山團體與受刑人諮商」及「法師與受刑人聊天」被認為最能幫助受刑人戒毒；而禪坐對戒毒的效果分數為 3.34，是各項活動中最低，但也在中間值 3 分以上，傾向正面評價。

（二）管理者、佛光山團體及受刑人認為宗教教誨活動對受刑人戒毒效果的平均數分析

　　從管理者、佛光山團體與受刑人的角度來感受宗教教誨活動對戒毒的效果，整體來看佛光山團體評價最高為 4.6，其次管理者評價也頗高為 3.86，受刑人評價也傾向於相當有效分數為 3.67。這三類型對宗教教誨活動在監獄推動時對受刑人所產生的戒毒效果，佛光山團體是最同意宗教教誨活動可以產生巨大的戒毒效果的一個類別，幾乎認為各項的宗教教誨活動皆接近相當有效的程度。

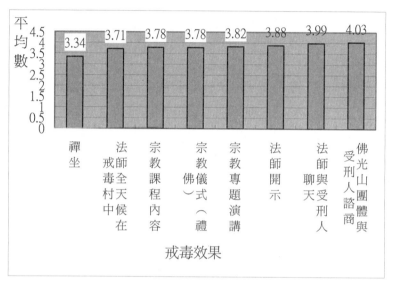

圖5　各項宗教教誨活動對受刑人戒毒效果平均數圖

　　如以各項宗教教誨活動來觀察，佛光山團體在八項宗教教誨活動對戒毒效果的效果依序為佛光山團體與受刑人諮商4.9，法師全天候在戒毒村中4.85，法師與受刑人聊天4.75，法師開示4.55，宗教團體演講及宗教儀式4.5，宗教課程內容及禪坐為4.4。

　　管理者角度宗教教誨活動對戒毒效果的效果，依序為宗教課程內容為3.97，佛光山團體與受刑人諮商3.96，禪坐3.93，宗教儀式3.86，法師開示、宗教專題演講及法師與受刑人聊天為3.82，最低為法師全天候在戒毒村為3.68。受刑人的角度來觀察宗教教誨活動對其本身戒毒效果的效果，受刑人認為最有效的宗教教誨活動為法師與受刑人聊天3.93，其次為佛光山團

體與受刑人諮商 3.92，再來為法師開示 3.81，宗教專題演講為 3.74，宗教儀式、宗教課程內容為 3.66，法師全天候在戒毒村中 3.56，受刑人認為最沒有效的宗教教誨活動為禪坐分數為 3.08。

　　在這三個類別當中他們認為宗教教誨活動對戒毒效果最有效的判斷並不一樣，佛光山團體以為佛光山團體與受刑人的諮商效果最佳，有效的分數高達 4.9，不同於管理者認為最有效的宗教教誨活動為宗教課程內容 3.97 及禪坐 3.93，受刑人本身認為對其戒毒效果最有效的戒毒活動是法師與受刑人聊天分數為 3.93 及佛光山團體與受刑人諮商為 3.92。三者在監獄中的宗教教誨活動對受刑人的戒毒效果有效的感覺並不一致，其中佛光山團體與受刑人皆認為佛光山團體與受刑人諮商是一項頗具戒毒效果的宗教教誨活　　，值得日後在規劃課程時，應給予較多的關注。

表 7　宗教團體在監獄教誨活動對戒毒效果平均數表

宗教活動對戒毒行為 ＼ 平均數類型	管理者 (28 人)	佛光山團體 (20 人)	受刑人 (160 人)	總平均數 (208 人)
1. 法師開示	3.82	4.55	3.81	3.88
2. 宗教課程內容	3.97	4.4	3.66	3.78
3. 法師全天候在戒毒村中	3.68	4.85	3.56	3.71
4. 佛光山團體與受刑人諮商	3.96	4.9	3.92	4.03
5. 宗教專題演講	3.82	4.5	3.74	3.83
6. 法師與受刑人聊天	3.82	4.75	3.93	3.99
7. 宗教儀式（禮佛）	3.86	4.5	3.66	3.78
8. 禪坐	3.93	4.4	3.08	3.34
總平均數	3.85	4.60	3.67	3.79

（三）管理者、佛光山團體及受刑人認為宗教教誨活動對受刑人戒毒效果的變異數分析

　　宗教團體在監獄推動的宗教教誨活動對受刑人戒毒效果的效果監獄管理者佛光山團體與受刑人的分數分別為 3.86、4.6、3.67，（圖6）三個類型對宗教教誨活動在戒毒效果的效果皆認為相當有效，具體的說這三類是否彼此皆有差異，則應進一步作變異數分析。

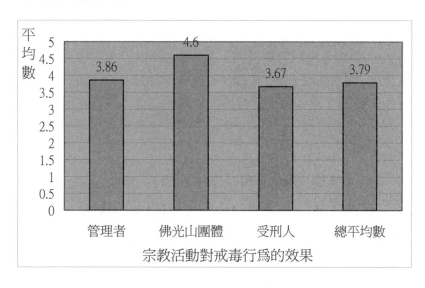

圖6　管理者、佛光山團體及受刑人認為宗教教誨活動對戒毒效果平均數圖

　　從變異數分析表（表 8）可以認知管理者、佛光山團體、受刑人這三類型在此議題存有顯著差異，三類型組間的 F 值為26.408，檢定的 P 值結果為.000，小於 0.001 的顯著值。既然存有顯著差異，我們再進一步理解彼此間的差異情形，用事後檢

定 Scheffe 法發現，佛光山團體與管理者、佛光山團體與受刑人這兩種存有顯著差異，而管理者與受刑人在此議題並無差異。（表9）

表8　戒毒效果變異數表

	Sum of Squares	df	Mean Square	F	Sig.
Between Groups	15.555	2	7.778	26.408	.000*
Within Groups	57.136	194	.295		
Total	72.691	196			

* The mean difference is significant at the .05 level.

由表9又可以理解佛光山團體在此議題比管理者高，也就是說佛光山團體認為宗教教誨活動對受刑人戒毒效果的效果平均值強過管理者 0.7491，佛光山團體也比受刑人在此議題高，換句話說佛光山團體認為宗教教誨活動對受刑人戒毒效果的效果強過受刑人平均值為 0.9351。

表9　管理者、佛光山團體及受刑人對宗教教誨活動的戒毒效果 Scheffe 表

變異來源		Mean Difference （I-J）	Sig.
（I）身份別	（J）身份別		
管理者	佛光山團體	-.7491	.000*
	受刑人	.1860	.253
佛光山團體	管理者	.7491	.000*
	受刑人	.9351	.000*
受刑人	管理者	-.1860	.253
	佛光山團體	-.9351	.000*

*The mean difference is significant at the .05 level.

六、宗教教誨活動的對對宗教團體發展的理解

（一）宗教教誨活動對宗教團體發展平均數分析

宗教團體在監獄的教誨活動對宗教團體本身的發展分為五項子題，分別為 1.受刑人對宗教教義理解，2.受刑人成為信徒，3.受刑人對宗教的認同，4.受刑人對法師的尊敬，5.受刑人對人生抱持希望。宗教團體在監獄的活動所造成的宗教團體發展整體構面的總平均數為 3.86，從此來看，宗教團體在監獄的教誨活動，受訪者主觀的心理認為是有助於宗教團體發展。

每一項的平均數依序分別為，宗教團體在監獄的教化活動對受刑人產生人生仍抱持希望的感覺分數為 4.07，其次是受刑人接受宗教教誨活動以後產生對宗教的認同分數為 3.98，再其次是宗教教誨活動使受刑人對法師產生心理的尊敬感覺分數為 3.88，宗教教誨活動也使受刑人對宗教教義有所理解分數為 3.80，最後是宗教教誨活動使受刑人成為教徒分數為 3.58。（圖 7）由上述，要使受刑人成為信徒的可能，遠比受刑人對人生仍抱持希望的感覺及對宗教的認同來得低。

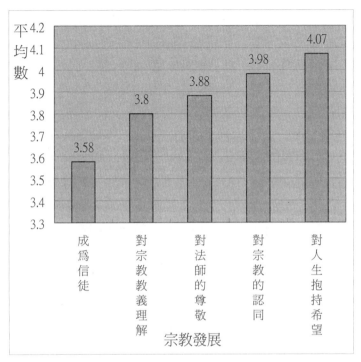

圖 7　宗教團體發展平均數圖

（二）管理者、佛光山團體及受刑人認為宗教教誨活動對宗教團體發展的平均數分析

　　從管理者、佛光山團體及受刑人三個類別來觀察，宗教教誨活動對宗教團體發展的平均值分別為，佛光山團體最高分數是 4.15，其次是受刑人分數是 3.85 管理者最低分數是 3.69。也就是說佛光山團體比受刑人及管理者認同宗教在監獄的教化活動，得以促使宗教團體的發展可能性高，然而三者對宗教團體

在監獄的活動促進宗教團體的發展都持相當高度的肯定。

　　理解佛光山團體在此議題的細項：佛光山團體認為宗教團體在監獄活動最可能促使宗教團體發展的活動，依序為受刑人對人生抱持希望 4.53，受刑人對法師的尊敬 4.47，受刑人對宗教的認同 4.16，受刑人對宗教教義理解 4.11，受刑人成為信徒 3.6。受刑人在此議題的各個細項依序為，受刑人人生抱持希望 4.07，受刑人宗教認同 4.01，受刑人對法師的尊敬 3.85，受刑人對教育的理解 3.78，受刑人成為信徒 3.57。管理者在此議題各個細項平均數的排序分別為，受刑人對宗教的認同及受刑人對人生抱持希望為 3.75，受刑人對宗教教義理解為 3.71，受刑人對法師的尊敬為 3.64，受刑人成為信徒為 3.61。

　　就宗教團體發展的現象來看，管理者、佛光山團體及受刑人皆認為宗教團體在監獄的活動使受刑人成為信徒的平均數最低，但是也是在 3.58 的平均值，傾向宗教團體吸收受刑人成為信徒可能性。

表 10　管理者、佛光山團體及受刑人對各項宗教團體發展平均數表

平均　　類型　　宗教發展	管理者（28人）	佛光山團體（20人）	受刑人（160人）	總平均數（208人）
1. 受刑人對宗教教義理解	3.71	4.11	3.78	3.80
2. 受刑人成為信徒	3.61	3.6	3.57	3.58
3. 受刑人對宗教的認同	3.75	4.16	4.01	3.98
4. 受刑人對法師的尊敬	3.64	4.47	3.85	3.88
5. 受刑人對人生抱持希望	3.75	4.53	4.07	4.07
總平均數	3.70	4.15	3.86	3.86

（三）管理者、佛光山團體與受刑人認為宗教教誨活動對宗教團體發展的差異分析

由圖6可以看出佛光山團體在此議題分數最高為4.15，其次為受刑人3.86，最後為管理者3.7，也就是說宗教教誨活動對宗教團體本身的發展，佛光山團體最看好它，而受刑人本身也頗認為這種活動有助於宗教團體的發展，管理者則持比較不樂觀的觀點，但也在正面的平均值3.7分。

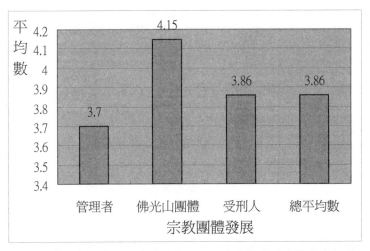

圖8　管理者、佛光山團體及受刑人認為宗教團體發展平均數圖

為了進一步理解佛光山團體、管理者與受刑人在此議題是否存在差異，本研究作變異數分析得表如下，（表 11）發現這三類型對宗教團體發展P值為0.017，存有顯著差異。

表 11 宗教團體發展變異數表

	Sum of Squares	df	Mean Square	F	Sig.
Between Groups	2.464	2	1.232	4.137	.017
Within Groups	57.472	193	.298		
Total	59.936	195			

*　The mean difference is significant at the .05 level.

　　既然三類型在宗教團體發展存有差異，我們就很好奇這差異存在哪幾類之間，用事後檢定的 Scheffe 法發現，這差異只存在於佛光山團體與管理者；而佛光山團體與受刑人間或受刑人與管理者間對此議題並沒有差異。佛光山團體與管理者的差異 P 值為 0.018，而平均數的差異是佛光山團體在此議題比管理者認為有幫助，其 P 值為為 0.4571，超過 0.05 的顯著值。

　　由此看來，佛光山團體對宗教團體在監獄的宗教發展，遠比管理者樂觀；管理者與受刑人雖然也持正面評價，但是兩者的差異不大；佛光山團體與受刑人也顯現不出彼此在此議題的差異。

表 12 管理者、佛光山團體與受刑人對宗教團體發展 Scheffe 表

（Ｉ）　身份別	（Ｊ）　身份別	Mean Difference　（I-J）	Sig.
管理者	佛光山團體	-.4571	.018*
	受刑人	-.1639	.348
佛光山團體	管理者	.4571	.018*
	受刑人	.2932	.081
受刑人	管理者	.1639	.348
	佛光山團體	-.2932	.081

七、宗教教誨、戒毒效果及宗教團體發展間的關係分析

　　本研究很好奇的另一問題是，宗教教誨活動是否對受刑人產生戒毒效果？宗教教誨活動是否對宗教團體發展產生正面的影響？戒毒效果是否對宗教團體發展產生正面的影響？經過相關分析後，宗教教誨滿意度、宗教團體發展與戒毒效果三者間 P-值<0.001，表示存在顯著的正相關。（表 13）即宗教教誨滿意度與宗教教誨活動對受刑人戒毒效果效果成正相關，宗教教誨滿意度與宗教團體發展成正相關，戒毒效果與宗教團體發展也成正相關。

表 13　宗教教誨、宗教團體發展與戒毒效果之相關分析表

	宗教團體發展	宗教教誨滿意度	戒毒效果
宗教團體發展	—	0.554*** （0.000）	0.642*** （0.000）
宗教教誨滿意度	0.554*** （0.000）	—	0.822*** （0.000）
戒毒效果	0.642*** （0.000）	0.822*** （0.000）	—

註：1. 刮號內表 P-值
　　2. ***：P-值<0.001，表示存在顯著相關

　　然而只理解三者間存在顯著的正相關，並未能釐清宗教教誨活動對受刑人產生多少的戒毒效果？宗教教誨活動對宗教團體發展產生多少的影響？戒毒效果對宗教團體發展產生多少的正面影響？

　　為理解這兩個問題，本研究乃再用迴歸分析，發現宗教教誨活動對受刑人產生戒毒效果具有 67.5%的解釋力，換言之，

宗教教誨活動對受刑人產生戒毒不錯的效果，不僅是高度的正相關，而且用宗教教誨活動來解釋受刑人的戒毒效果，具有六成七五的解釋力，其餘三成二五則待深入探究其他變數的影響。如果用線性迴歸方程式表現兩者間的關係如下：

Y_1（戒毒效果）$=0.585+0.841X_1$（宗教教誨活動）

其涵義為每增加一個 X_1，就增加 0.841 個 Y_1；意即每增加一個單位宗教教誨活動，戒毒效果就增加 0.841 個單位。

另外，發現宗教教誨活動對宗教團體發展具有 30.7%的解釋力；換言之，宗教教誨活動對宗教團體發展效果有限，除了兩者間呈正相關外，用宗教教誨活動來解釋宗教團體發展，則只有三成一的解釋力，其餘六成九則是受其他變數影響。如果用線性迴歸方程式表現兩者間的關係如下：

Y_2（宗教團體發展）$=1.963+0.489X_1$（宗教教誨活動）

其涵義為每增加一個 X_1，就增加 0.489 個 Y_2；意即每增加一個單位宗教教誨活動，就增加 0.489 個單位宗教團體發展。

最後，本研究發現戒毒效果也對宗教團體發展具有 41.2%的解釋力；換言之，戒毒效果愈佳，宗教團體愈發展，兩者間呈正相關關係，即是也可以用戒毒效果來解釋宗教團體發展，雖然只有四成一的解釋力，但是比宗教教誨活動更具直接的影響力，其餘五成九則是受其他變數影響，尚待未來進一步研究。如果用線性迴歸方程式表現兩者間的關係如下：

Y_2（宗教團體發展）$=1.653+0.0.583 Y_1$（戒毒效果）

其涵義為每增加一個 Y_1，就增加 0.583 個 Y_2；意即每增加一個單位戒毒效果，就增加 0.583 個單位宗教團體發展。上述的分析可以繪成圖 9：

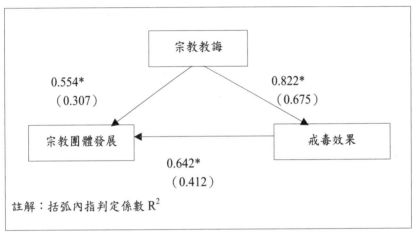

圖 9　宗教教誨、戒毒效果及宗教團體發展間關係路徑圖

肆、結論

一、理論檢證

根據上述的討論，本研究隱含教化有效的假設，本研究也證實了這個假設。至於依此的研究假設所建構幾項命題，也得到了以下幾點證明：

（一）監獄管理者、佛光山團體及受刑人對宗教教誨活動滿意度的頗高，且存在差異。

管理者、佛光山團體及受刑人三種類型對宗教教誨活動滿意度存在顯著差與異，而在兩兩相比之後此差異存在於，佛光山團體與管理者呈現非常顯著差異，佛光山團體受刑人之間也呈現非常顯著差異，而管理者與受刑人之間則無差異。這表示佛光山團體肯定宗教教誨活動甚於管理者及受刑人；雖然管理者與受刑人對此持肯定評價，但是兩者的差異不大。

這三類型對宗教教誨活動滿意度的平均值皆頗高，分別為佛光山團體最高為 4.56 管理者其次為 3.86 受刑人滿意度較低，但也有 3.71，總平均值為 3.82 接近滿意的程度。

（二）監獄管理者、佛光山團體及受刑人對受刑人戒毒效果程度持頗高的肯定，且存在差異。

管理者、佛光山團體及受刑人三種類型對戒毒效果存在顯著差異，而在兩兩相比之後，此差異存在於，佛光山團體與管理者之間，佛光山團體與受刑人之間也呈現非常顯著差異，而管理者與受刑人之間則無差異。這表示佛光山團體對宗教教誨活動可改變受刑人行為的信心遠比管理者與受刑人強，他們認為只要努力教誨受刑人，應可使其改過向善；而管理者與受刑人雖然也對此持有信心，但是兩者的差異不大。

這三類型對戒毒效果的平均值皆頗高，分別為佛光山團體最高為 4.6，管理者其次為 3.86，受刑人滿意度較低，但也有 3.67，總平均值為 3.79 接近滿意的程度。

（三）監監獄管理者、佛光山團體及受刑人對宗教團體發展程度的持頗高的肯定，且存在差異。

　　管理者、佛光山團體及受刑人三種類型對宗教團體發展程度存在顯著差異，而在兩兩相比之後，此差異存在於佛光山團體與管理者之間；佛光山團體與受刑人，及管理者與受刑人之間則無差異。這表示佛光山團體對宗教教誨活動對宗教團體發展的信心遠比管理者與受刑人強，他們認為只要努力教誨受刑人，受刑人接受宗教；而管理者與受刑人雖然也對此持有信心，但是兩者的差異也不大。

　　這三類型對戒毒效果的平均值皆頗高，分別為佛光山團體最高為 4.15，受刑人其次為 3.86，管理者滿意度較低，但也有 3.7，總平均值為 3.86 接近滿意的程度。

　　由上面的分析，宗教團體在監獄的教誨活動三項概念中，宗教滿意度的總平均值為 3.82，戒毒效果總平均值為 3.79 宗教發展總平均值為 3.86，三項指標皆將近 4 分的分數可見得受訪者對宗教團體在監獄的教誨活動都持相當肯定的態度。其中，佛光山團體對這三項的評價都是最高，這也可以解釋為何這八年來，監獄的宗教教誨活動持續不斷的原因，沒有這群「快樂的傻瓜」佛光山團體，這種沈重的教誨社會「底層」受刑人的工作，勢必很難推動。

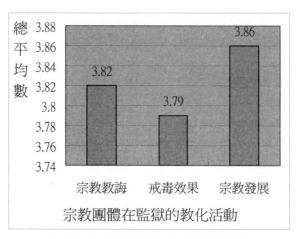

圖 10　宗教團體在監獄活動平均數圖

（四）宗教教誨活動滿意度、受刑人戒毒效果及宗教團體發
　　　展間的關係成正相關，而且宗教教誨活動滿意度可用
　　　來解釋受刑人戒毒效果及宗教團體發展，受刑人戒毒
　　　效果也可用來解釋宗教團體發展。

　　1. 宗教教誨滿意度影響受刑人戒毒效果，宗教教誨活動對
　　　受刑人產生戒毒效果具有 67.5%的解釋力，以線性方程
　　　式表現如下：

　　Y_1（戒毒效果）$=0.585+0.841X_1$（宗教教誨活動）

　其涵義為每增加一個 X_1，就增加 0.841 個 Y_1；意即每增加
一個單位宗教教誨活動，戒毒效果就增加 0.841 個單位。

　　2. 宗教教誨滿意度影響宗教團體發展，宗教教誨滿意度對
　　　宗教團體發展有 30.7%的解釋力；用線性迴歸方程式表

現兩者間的關係如下：

Y_2（宗教團體發展）=1.963+0.489X_1（宗教教誨活動）

其涵義為每增加一個 X_1，就增加 0.489 個 Y_2；意即每增加一個單位宗教教誨活動，就增加 0.489 個單位宗教團體發展。

3. 宗教團體發展是否影響受刑人戒毒效果，宗教團體發展對受刑人戒毒效果有 41.2%%的解釋力；用線性迴歸方程式表現兩者間的關係如下：

Y_2（宗教團體發展）=1.653+0.0.583 Y_1（戒毒效果）

其涵義為每增加一個 Y_1，就增加 0.583 個 Y_2；意即每增加一個單位戒毒效果，就增加 0.583 個單位宗教團體發展。

二、研究限制

本研究以台南明德戒治分監為研究母體證明瞭在監獄中對受刑人實行教化會有成效的既有理論，其中宗教教誨活動對受刑人的戒毒效果及宗教團體發展皆產生相當的解釋力。然而本研究仍有下列幾點限制：

（一）主觀的感受與真實效果的差異

本研究受訪者皆肯定宗教團體在監獄的教化活動及其教誨活動所產生的兩項影響，一為戒毒有效；另一為宗教團體發展。但是宗教教誨活動對受刑人具有良好的戒毒效果，此結果只是受訪者他們主觀的感受，認為宗教教誨將有助於受刑人的

毒癮戒治，至於事實是否真能產生此效果，則應深入追蹤研究出獄的受刑人比較在監受刑人與出獄受刑人在接受宗教教誨之後的前後差異。另外，宗教教誨活動對宗教團體的發展受訪者也皆持相當肯定的態度，至於接受宗教教誨的受刑人是否真正成為教徒、對宗教認同、對宗教教義理解、對宗教法師尊敬及對人生抱持希望，也應該追蹤考核出獄受刑人與在監受刑人的實際狀況與比較兩類受刑人的差異。

（二）個案研究的限制

本研究僅是對明德戒治分監作調查，所獲得的結論只能檢證教化有效的理論，並不能因此而建構或推翻既有理論。如果要對教化有效理論重新修訂，則應比較不同監獄的教化活動，累積較多的個案才能建構較具解釋力的理論模型。

（三）比較宗教類型與非宗教類型課程的限制

本研究的宗教教誨活動集中於「宗教類型」的課程及活動，事實上明德戒治分監的宗教團體從事的宗教活動層面甚廣，（附錄四）本研究暫時將非宗教性的課程活動排除在外，如果要全面評估宗教團體在監獄的活動，應可以比較宗教類型與非宗教類型課程的推動效果及其差異，此研究留待進一步探討。

（四）資料不齊的限制

此次研究設計本來有計劃比較佛教班與基督教班的宗教教誨活動之評估，但是，在搜集資料時，只有回收佛教班的佛光山團體資料，基督教班的佛光山團體資料完全闕如，故佛教

班與基督教班兩者的宗教教誨效果是否一致，本文暫不處理，如有機會，則再深入比較。

參考書目

中文書目

王世慶 1994《清代台灣社會經濟》〈日據初期台灣之降筆會與戒煙運動〉，頁 415-473，台北：聯經。

台灣台南監獄 1996《明德戒治分監成立紀念專刊》，台灣台南監獄。

李志恆 1996《赴東南亞鄰近地區考察麻醉藥品管理及藥物濫用防治政策之制度及行報告》，行政院衛生署 84 年因公出國人員報告彙編，台北：行政院衛生署。

林建陽 1999《監獄矯治：問題之研究》，台北：五南圖書出版公司。

林茂榮、楊士隆合著 1997《監獄學：犯罪矯正原理與實務》，台北：五南圖書出版公司。

楊士隆、林健陽主編 1997《犯罪矯治：問題與對策》，台北：五南圖書出版公司。

英文書目

Cuieford J. P. 1965, Fundamental Statistics in Psychology and Education, 4th ed., N. Y.: McGraw- Hill.

Cullen F. & J. Wozniak, 1982, Fighting the appeal of repression: crime and Social Justice, 18; 23-33.

Cullen F. & K. Gilbert, 1982, Reaffirming Rehabilitation, Cincinnati: Anderson Publishing company.

Henwood and Pidgeon, 1993,Qualitative Research and Psychological Theorizing,

Jeffrey D. Sense & David B. Kalinich, 1992, Activities and Rehabilitation Programs for Offender, Cincinnati: Anderson Publishing Company.

Palmer, Ted, 1978, Correctional Intervention and Research, Lexington, Mass: Lexington Books.

Skocpol, Theda 1985"Bringing the State Back In: Strategies of Analysis in Current Research,"in P. B. Evans, D. Rueschemeyer & T. Skocpol （eds.） *Bringing the State Back In.* Cambridge: Cambridge University Press.

Talcott Parson,1966" Societies: Evolutionary and Comparative Perspectives" N. J.: Englewood Cliffs.

Ward Schofield J., 1993 "Increasing the Generalisability of Qualitative Research,"in M. Hammersley （ed.）, Social Research: Philosophy, Politics and Practice. London: Sage.

期刊

任全鈞 1998〈矯治成效論的過去、現在與未來〉《警學叢刊》，29 卷 1 期，頁 137-149。

宋根瑜 1991〈加強監、院、所教化功能之研究〉《警學叢刊》，21 卷 4 期，頁 55-77。

林建陽、任全鈞 1997〈監獄區域管理制度的介紹〉《警學叢刊》，26 卷 6 期，頁 133-149。

林健陽、任全鈞 1999〈矯治理念的再探索：矯治模式落伍了嗎？〉《中央警察大學學報》35 期，頁 393-410。

林建陽 1997〈監獄矯治問題之研究〉《中央警察大學學報》，31 期，頁 181-198。

林健陽、黃蘭媖 1997〈美國矯正機構（監獄）民營化之研究〉《中央警察大學學報》30 期，頁 257-286。

莊金生 1997〈從受刑人擁擠之現況談監獄「教誨」和「假釋」問題〉《警學叢刊》，27 卷 5 期，頁 19-36。

鄭善印、蔡田木、曹光文 1999〈台灣地區組織犯罪受刑人矯治處遇之實證研究〉《中央警察大學學報》35 期，頁 291-328。

賴擁連 2000〈犯罪矯正機構（監獄）業務委託民間辦理之可行性〉《警學叢刊》31 卷 1 期，頁 129-161。

釋慧寬 1996〈佛教對監獄教誨功能之研究—以台灣地區男性成年受刑人為考察對象〉《締觀》，頁 133-134。

博碩士論文

朱台芳 1992〈監牧關懷：對台灣天主教會監牧工作之研究與反省〉，台北：輔仁大學宗教研究所碩士論文。

林秀娟 1999〈台灣地區監獄教化功能與戒護管理效能之研究〉，嘉義：國立中正大學犯罪防制研究所碩士論文。

莊金生，1997〈台灣地區監獄受刑人教化處遇成效問題之實證研究〉，桃園：國立中央警察大學犯罪防制研究所碩士論文。

彭翼湘 1991〈監獄教化制度之研究〉，台北：國立政治作戰學校法律研究所碩士論文。

網站

法務部 http://www.tpt.moj.gov.tw/B200/cb200B.htm

附錄一　問卷設計

1. 宗教團體進入監獄從事宗教教誨活動的滿意程度

（說明：下列是宗教團體進入監獄，所從事各項宗教教誨活動，請您依自己的意見在適當位置上打"✓"。）

	相當不滿意	不滿意	沒意見	滿意	相當滿意
(1)法師開示	□	□	□	□	□
(2)宗教課程內容	□	□	□	□	□
(3)法師全天候留在戒毒村中	□	□	□	□	□
(4)佛光山團體與您諮商	□	□	□	□	□
(5)宗教專題演講	□	□	□	□	□
(6)法師與您聊天	□	□	□	□	□
(7)宗教儀式（禮佛）	□	□	□	□	□
(8)禪坐	□	□	□	□	□

2. 宗教團體活動對戒毒者的幫助程度

（說明：下列各項宗教教誨活動對您的戒毒是否有幫助，請依您的意見在適當位置上打"✓"。）

	相當沒幫助	沒幫助	沒意見	幫助	相當有幫助
(1)法師開示	□	□	□	□	□
(2)宗教課程內容	□	□	□	□	□
(3)法師全天候留在戒毒村中	□	□	□	□	□
(4)佛光山團體與您諮商	□	□	□	□	□
(5)宗教專題演講	□	□	□	□	□
(6)法師與您聊天	□	□	□	□	□
(7)宗教儀式（禮佛）	□	□	□	□	□
(8)禪坐	□	□	□	□	□

3. 宗教團體進入監獄從事宗教教誨活動對宗教團體發展的幫助程度

（說明：下列各項宗教團體進入監獄的宗教教誨活動，對宗教團體的發展，請依您的意見在適當位置上打"✓"。）

	相當沒幫助	沒幫助	沒意見	幫助	相當有幫助
(1) 對宗教教義有理解	☐	☐	☐	☐	☐
(2) 對吸收信徒有幫助	☐	☐	☐	☐	☐
(3) 加深了您個人對佛教的認同	☐	☐	☐	☐	☐
(4) 加深了您個人對法師的尊敬	☐	☐	☐	☐	☐
(5) 使您個人對未來人生仍抱希望	☐	☐	☐	☐	☐

附錄二　監獄行刑法中有關教化及宗教團體在監獄活動的相關條文

第三十七條　對於受刑人，應施以教化。

前項施教，應依據受刑人入監時所調查之性行、學歷、經歷等狀況，分別予以集體、類別及個別之教誨，與初級、高級補習之教育。

第三十八條　受刑人得依其所屬之宗教舉行禮拜、祈禱，或其他適當之儀式。但以不妨害紀律者為限。

第三十九條　教化應注重國民道德及社會生活必需之知識與技能。

對於少年受刑人，應注意德育，陶冶品性，並施以社會生活必需之科學教育，及技能訓練。

第　四十　條　監獄得聘請有學識、德望之人演講，並得延聘當地學術或教育專家，協同研究策進監獄教化事宜。

第四十一條　教育每日二小時。

不滿二十五歲之受刑人，應施以國民基本教育。但有國民學校畢業以上之學歷者，不在此限。

第四十二條　監獄應備置有益圖書，並得發行出版物，選載時事及其他有益之文字，使受刑人閱讀。

閱讀自備之書籍，應經監獄長官之許可。

附錄三　監獄行刑法施行細則有關宗教團體 在監獄教化活動相關條文

第四十三條　教化受刑人，應本仁愛之觀念與同情之心理，瞭解其個別情況與需要，予以適當之矯正與輔導。

第四十四條　受刑人之集體教誨於例假日、紀念日或其他適當日期行之。類別教誨於適當日期分類行之。個別教誨隨時行之。

前項教誨，應製作施教紀錄。

第四十五條　個別教誨分入監、在監、出監三種：

一　入監：於受刑人進入監獄時行之。

二　在監：於受刑人執行中或於受刑人受獎、受懲、晉級、疾病、親喪、或家庭遭受變故時行之。

三　出監：於受刑人受刑期滿、釋放、假釋、保外或移監時行之。

第四十六條　實施個別教誨，應注意左列事項規定：

一　以管教區為單位，於適當場所個別行之。

二　應先瞭解受刑人之家世、社會背景、犯罪經過及身心狀況，以便因人施教。

三　任由受刑人自我剖白，把握適當時機，針對個別狀況，循循善誘。

四　談話不拘形式，以閒話家常、討論問題或講述故事方式為之。受刑人如有困難，應儘量為其解決，不能解決者，應加說明。

五　談話者之態度，應親切和藹，誠摯坦率，受刑人見解錯誤時，應婉言開導。

六　談話時，應察其言辭而斷其真偽，觀其表情而辨其是非。

七　運用個別談話技術，耐心施教。

八　就受刑人之主觀條件與客觀環境，審酌其出獄謀生之可能性。

九　累犯或性行頑劣者，應增加教誨次數，化暴戾為祥和。

十　談話內容，詳記於個別教誨紀錄表內，加註考語，錄送有關單位，以為處遇之參考。

第四十七條　入監教誨於調查分類後儘速行之，其內容如左：

一　入監受刑人之觀感。

二　本監概況與在監應遵守之事項。

三　檢討過去，策勵來茲。

四　接受管教，改悔向上。

五　利用時間，充實自己。

第四十八條　在監教誨，每人每月至少一次。遇有特殊事故發生，應適時行之。談話內容應先確定，並注意把握要點，闡明人生大義，啟發人性良知。

第四十九條　在監教誨，分普通教誨與特別教誨二種。

普通教誨之內容如左：

一　詢其入監後之生活情況。

二　詢其接受行刑處遇之觀感。

三　詢其與家屬親友聯繫之情形。

四　詢其處世之態度。

五　詢其對監內措施之改進意見。

特別教誨之內容如左：

一　受獎：鼓勵其更加奮發，努力向上。

二　受懲：分析事理，闡明曲直，勉其勇於改過。

三　親喪或家庭遭受變故：予以適當之寬慰。

四　疾病：囑其保重珍攝，解除心理威脅。

五　晉級：說明編級晉級之意義，促其努力向上。

第五十條　出監教誨之內容如左：

　　　一　闡明國法尊嚴。

　　　二　詢其今後之計畫及謀生之途徑。其須出獄人保護組織協
　　　　　助者，並應為適當之安排。

　　　三　勉勵重新做人，切勿重蹈覆轍。

　　　四　告其敦親睦鄰及與人相處之道，促其重視人際之關係。

　　　五　假釋者，並應告以假釋制度之意義及遵守之事項。

　　　六　保外醫治者，應告其保外醫治期間不算入刑期內，病癒
　　　　　後應即回監執行。

　　　七　移監者，告以新監概況與應遵守事項，勉其存心養性，
　　　　　適應新監生活。

第五十一條　類別教誨，除依調查分類之結果實施外，並得按受刑人觸犯
　　　　　之罪名分類實施之。

第五十二條　實施類別或集體教誨，應注意左列規定：

　　　一　切實維持施教場所秩序。

　　　二　內容故事化，措詞通俗化，以激發聽講者之情緒。

　　　三　禁用挑撥性或煽動性之言詞。

　　　四　時間不宜過長，以一小時為限。

　　　五　受教人數，應視場所及安全情況定之。

　　　六　保持受刑人自尊心，不得譏笑漫罵。

　　　七　事前應有充分之準備，其須文字說明者，並應印發綱目。

第五十三條　類別或集體教誨，應採用左列教材：

　　　一　國父遺教、總統言行。

　　　二　國民生活須知。

　　　三　民族英雄故事。

　　　四　古今中外偉人之嘉言懿行。

　　　五　法令常識。

六　國際現勢及重要國策。

七　部頒之教化教材及教化叢書。

八　其他有益於受刑人進德修業之書刊。

第五十八條　監獄得聘請品端學粹，熱心服務之社會人士二至四十人為榮譽教誨師，襄助教化工作。

前項榮譽教誨師，由各監獄典獄長報請法務部核備後延聘之。

第五十九條　監獄得勘酌情形，自辦或洽商當地機關學校、工商團體合辦受刑人之職業教育或工技訓練。

前項教育計畫應報請監督機關核准後實施。

第 六 十 條　監獄得依受刑人之宗教信仰，邀請宗教人士為其講解有助於教化之教義或舉行宗教儀式。

宗教團體志願從事前項工作者，得許可之。

前兩項宗教人士或宗教團體，得以富有教化意義之書刊、影片、幻燈片及錄音帶，供監獄使用。

第六十一條　監獄得以錄音、電視、電影、幻燈、廣播等電化器具實施教化，所有教材應妥慎審查。

附錄四　台南明德戒治分監佛教班宗教教誨課程及活動

表題（右側直書）：台南明德戒治分監佛教班課程表　90／07／15　製表

註備	六	五	四	三	二	一	期星	時間
專題時間：隨老師時間安排　白天個別輔導老師：余素蘭、梁秋華、吳秀華、方雀惠、薄培琦、方雪珠　夜間舍房輔導老師：楊鐵田、雷瑞朗、蔣英俊、邱銘全、黃重義、李錦瑞	起床、盥洗、靜坐（全）							06:30~（早覺）
	早餐、點名（全）							07:00~（早覺）
	開封、整理環境（全）							08:00~（早覺）
	收封	早課／慧定法師	早課／慧定法師	早課／慧定法師	早課／慧定法師	早課／慧定法師	授課人員	08:35~09:20 第一節
	公民教育	生涯規劃	受刑教育	宗教輔導	專題時間／慧定法師	受刑教育／黃秀娥	授課人員	09:30~10:20 第二節
	林緝熙	劉美齡	薄培琦	宗教輔導／張福春等人	專題教師／尹、余等人	梵唄輔導／焦余吳等人	授課人員	10:30~11:20 第三節
	午餐・點名（全）						授課人員	11:30~12:30 第四節
	主管（全）							
	午休時間（全）							12:30~13:30
	電影欣賞	環境整理／體能訓練（主管）	電影欣賞	收容接見	禪坐／慧定法師	衛生教育	授課人員	13:40~15:30 第五六節
	晚課	收封準備	晚課	收封準備	晚課	影帶教學／晚課／蔡曉花	授課人員	15:40~16:20 第七節
	運動時間（全）							16:20~16:40
	盥洗・點名・晚餐（全）							16:45~18:00
	夜間舍房輔導（慧定法師・男眾佛光山團體輔導老師）（全）							18:00~20:40

資料來源：台南明德戒治分監佛教班慧定法師

附錄五　明德戒治分監宗教誨活動大事記

日期	內　　　容
82.09.21	施用毒品成癮者，其最需要且最難治者乃其心理依賴，為切實發揮戒毒功能，原有在監所監禁煙毒犯之作法必須改弦更張，而代之以在戒治所進行心理、宗教、體能訓練、技能訓練、生活教育等多元化療程，始能克竟其功。法務部 馬部長指定明德戒治分監，利用座落台南縣山上鄉「台灣明德外役監獄」五百多公頃土地中，選擇適當地點籌建「明德戒治分監」。
88.02.26	基督教更生團契與本監聯合「福音戒毒」座談會，於上午九時卅分假明德戒治分監會議室舉行，由團契黃總幹事明鎮弟兄主持。莫牧師紹南報告「過來人的心路歷程」，隨後並進行討論三個主題： 1. 教會如何投入並有效協助「戒毒村」的工作。 2. 如何喚起社會人士的熱心參與。 3. 監獄及教會如在生活上與精神上幫助「戒毒村」的輔導佛光山團體。 座談會於十三時卅分圓滿結束。
88.08.12	更生團契黃總幹事明鎮蒞臨，簡介福音戒毒並勉勵學員： 1. 要檢選生命、榮神益人。 2. 破釜沈舟、跟主到底。 3. 愛神所愛、恨神所恨。
83.09.08	更生團契黃總幹事明鎮之特別助理陳加樂蒞臨傳講「神的愛」，由於戒治實驗班係初辦，學員在信仰仍有許多疑問，陳助理也與學員就信仰問題作一番溝通。
83.10.13	由明德戒治分監至各監挑選戒治意願較高之吸毒犯於今日正式參加戒治實驗班，合計總學員數為六十二名。
83.10.19	更生團契黃總幹事明鎮利用在美休假期間，返台視察受戒治學員宗教教誨情形時，期勉學員《人的一生中要跟對人、押對寶，耶穌就是「至寶」》。

83.10.27	國際青年使命團七位團員來自不同的國家,以吸毒過來人身份,蒞臨戒治實驗班現身說法,並帶領學員唱詩、禱告。
83.11.10	學員李碩叢、向國光、陳宗典、施正義、孫富田、甄銀龍、蕭豐憲計七名,於更生團契朱牧師伯江之帶領下,受洗歸主。
83.11.14	全國首座之戒治分監完工進駐,由黃典獄長徵男親自命名為「新生山莊」,第一期由六十名信仰基督教之吸毒犯學員進駐。
83.12.04	由鍾牧師平貴牧養之教會來的數位任職國立成功大學教授之主內弟兄姊妹,與學員同做主日禮拜,並做信仰心路歷程之見證。
83.12.27	戒治分監正式落成啟用、剪綵儀式由法務部 馬部長英九主持,衛生署張署長博雅以及佛光山星雲大師等蒞臨參加祝賀。
84.03.02	佛光山台南分會人員計卅五名蒞臨參觀。
84.03.07	基督教更生團契黃總幹事明鎮返國蒞臨分監。
84.03.20	更生團契同仁及台北教會弟兄姊妹,蒞臨分監與學員共同生活三日,帶領學員詩歌敬拜、資訊分享及見證耶穌大愛。
84.03.31	美國國際青年使命團一行十多名蒞臨傳道,並分享耶穌基督之大愛。
84.04.08	晨曦會劉民和牧師帶領基督教屏東更生晨曦輔導所知同仁蒞臨傳講。
84.04.10	全國首創之佛教戒治一般成立,並於今日舉行開訓典禮,尤黃典獄長親自主持。典禮後黃典獄長、教化科長、戒護科長、慧山法師、慧泰法師、慧定法師、慧望法師、慧信法師及六位居士率同參訓學員六十名,舉行佛教灑淨儀式。
84.04.19	佛光山台南佛教會林邦輝即日起,每週一、三至佛教戒治班上一小時佛教課程。
84.05.13	舉辦黃總幹事返美歡送會,黃總幹事行前期勉學員戒毒必須要有恆心、耐心、和信心。 佛光山駐本監法師慧山、慧泰與佛教戒治一般學員四十七名,參加本監與台南電信局聯合舉辦之母親節免費打電話孝親活動。
84.05.29	民生報章記者信宏蒞臨本監佛教戒治一般採取受戒治學員陳忠勇、王寶塘、馮亮堡、林崑萬等四名,並共同與駐班法師慧山、慧泰、慧定、慧望、望信、教化科與黃科長金章、龍會長連心、

	施居士等十餘人，假佛堂進行戒治過程及心得之座談。
	對管教人員與戒治學員作防火宣導短片教學，以充實防火常識。
84.06.07	佛光山代理住持心定大和尚由黃典獄長陪同至佛教戒治一班巡視，並對受戒治學員開示、唱聖歌與師偈。
84.06.29	佛教戒治二班於本監舉行灑淨典禮。
84.07.13	黃典獄長率教化科長黃金章、總務科長廖文珍、作業導師黃勝德至佛光山向星雲大師請益，並感謝佛光山對本監佛教戒治班之協助。
84.08.05	佛光山慧山法師等五人再度蒞分監參觀，俾有系統規劃佛教戒治班移駐分監後之各種戒治課程。
84.08.10	本監於樹德大樓三樓大禮拜堂舉行中元節超渡大法會，由佛光山派慧禮法師偕同二十位法師及居士廿四人前來辦理，佛教戒治一、二班全體學員均參與法會。
84.08.30	黃典獄長徵男陪同佛光山代理住持心定大和尚與慧山法師蒞分監參觀，並瞭解素食餐廳與佛堂設備之相關事宜。
84.10.04	孫越等人以長期佈道所獲得的成功實例，奉勸受戒治學員出獄要好好做人、遠離犯罪、決心戒毒，同時協助政府打好反毒戰爭。
84.10.19	舉辦第二次受洗（禁）典禮，計四名學員受洗。
84.10.20	佛教戒治班六十六名進駐戒毒村，慧山、慧信、慧望三位駐監法師亦隨同移監。為表示歡迎新夥伴，於去年十一月十四日先行進駐於第一期工程部分之福音戒治班學員、牧師及管教人員均於門口列隊迎接。
84.11.28	更生團契黃明德總幹事帶領台視迎新節目救世傳播公司蒞臨採訪。
84.12.13	朱伯江牧師率同台北救世傳播協會天韻合唱團領隊黃薇心等八位表演默劇讚唱聖歌之聚會活動。
84.12.28	基督教更生團契黃總幹事及香港基督教更新會溫姓、葉姓兩位牧師來佈道、見證，並與戒治學員們共渡兩夜三天。

資料來源：台灣台南監獄，1996《明德戒治分監成立紀念專刊》，頁 355-397。

第六章　當代台灣扶鸞儀式變遷

一、前言

　　鸞堂在台灣的興衰與發展，和鸞堂能否滿足台灣社會的需求，及鸞堂本身是否能「與時俱進」有關。為了理解當代台灣鸞堂的變化，筆者嘗試從鸞堂儀式變遷切入，觀察台灣地區鸞堂負責人在社會變遷當中，對扶鸞儀式所作的變革。

　　當農業社會轉型到工業社會的過程，一般大眾對鸞堂的需求可能也產生變化，例如為了追求人神間的溝通，採用一般人都懂的白話文；為了讓信徒快速知道神的旨意，「鸞筆」也產生大幅度的變化，由「大支」雙人扶的鸞筆改為「小支」單人扶持的鸞筆；婦女地位提升，女性主義思潮也影響到鸞堂，女性鸞手出現等現象；都可以看到台灣鸞堂內部的變化。

　　本文基於上述鸞堂的變化，乃在「第一屆鸞堂扶鸞儀式的傳統與創新」三場會議，分別於淡水、台中、關廟召開，利用

座談會之際，對鸞堂參與者及鸞堂領袖作調查，想要理解他們
對扶鸞儀式變遷的期待與內心感受，筆者乃把研究焦點放在以
下幾個問題：

（一）扶鸞時希望仙佛降下鸞文使用的語體是白話文或古
　　　文？

（二）扶鸞儀式進行時有無必要提升效勞生的儀式參與？

（三）女性參與扶鸞儀式的適當性？

（四）扶鸞時使用的鸞筆變化情形？

（五）鸞文記錄及展現和電腦化的結合？

希望透過問卷調查，釐清上述問題。

二、語體變遷

傳統鸞堂都由讀書人主持，像清朝時期宜蘭新民堂的負責
人及鸞手就有進士、舉人與秀才等功名，然而時代變遷，日本
統治台灣以後，引進西方學校制度，台灣的讀書人雖然可以讀
「漢學」，但大部分的讀書人只能學習西方的知識，「漢學」不
再是唯一學習的對象。國民黨遷台以後，這種現象更加顯著，
當大多數讀書人不再學習古典文學時，鸞堂的主持人及鸞手來
源變少。

不僅如此，白話文變成台灣地區主要的流行語言，部分鸞
堂鸞手扶鸞時，自然而然會採用白話文；也有台灣不少鸞堂文
言文與白話文同時使用。環境因素使鸞堂的鸞文跟隨轉變，像
在馬來西亞的鸞堂，鸞手扶出的鸞文除了「古漢文」之外，也
有「英文」和「馬來文」，就是最好的證明。

　　本調查在「恰當程度」（或同意程度）總分為 5 分的程度指標當中，5 分代表「非常恰當」，4 分為「恰當」，3 分代表「還好」，2 分指「不恰當」，1 分為「極不恰當」。

　　到底仙佛降臨鸞堂，透過鸞筆扶出鸞文，使用哪種語言比較恰當？鸞堂負責人及參與鸞務的效勞生則比較傾向「傳統」和「現代」語言文字的結合，調查顯現：希望「鸞文與古詩為主白話文為輔」的得最高分，分數為 3.73 分；也有不少人同意「使用白話文」，得分 3.58 分；同意「使用國語」得分為 3.3 分；也有人贊同「白話文為主古詩為輔」得分為 3.29 分；以上這幾項都得到標準分數 3 分以上的評價，意味者受訪者認同現在的鸞堂可以混合採用古代的詩詞及現代白話文字，甚至於混合使用古漢音或國語唱出的鸞文。

　　至於鸞文用「古詩不用押韻」表現，比較不得到認同，僅得 2.49 分；使用外國話唱出鸞文更沒有得到認同，僅有 2.33 分。（圖 1）

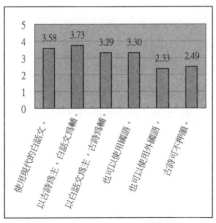

圖 1　扶鸞時仙佛降鸞使用語言與文字的恰當程度

　　進一步調查受訪者是否同意仙佛降鸞使用「古代語體」時，發現大部分的人同意維持傳統，尤其採用「七言絕句」來表達鸞文，得 3.78 分；比「七言律詩」3.34 分、「五言絕句」3.21 分、「五言律詩」2.91 分及「四六駢文」2.64 分都還高。

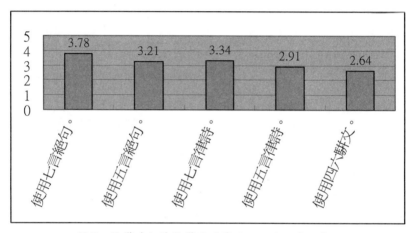

圖 2　扶鸞時仙佛降鸞使用傳統語文的恰當程度

　　從過去鸞堂扶出的鸞文來觀察，使用唐代的「七言絕句」幾乎是鸞文的主流，這項傳統即使到現代，仍被參與鸞務的效勞生所認同；然而筆者觀察發現鸞堂出版的鸞文，只要是用來「教化」信徒，仙佛降筆大部分以七言絕句或七言律詩為主，這些鸞文最主要在教導效勞生要嚴守「忠孝節義」的做人做事準則。至於「濟世」的鸞文，則可能出現白話文的形式。因為鸞堂領袖及參與鸞務的效勞生涉入鸞堂活動較深，常態性參與扶鸞活動，接受傳統鸞文的可能性也較高，才會認為用七言絕句來表達鸞文頗為恰當。

三、扶鸞儀式成員參與程度提升

在傳統鸞堂舉行扶鸞儀式時，正鸞手與副鸞手經常是儀式的焦點，尤其是正鸞手負責傳達仙佛的旨意，透過鸞筆在鸞桌上扶出鸞文，他是扶鸞儀式的核心，如果他無法扶出鸞文，儀式就無法進行，鸞堂只剩下硬體及神像，缺少宗教及人文的氣息。「天不言，地不語」；唯有靠正鸞手扶出鸞文來表達天神的想法，可見正鸞手在鸞堂儀式的關鍵角色。

正鸞手與副鸞手在扶鸞儀式時不能說話，透過唱生唱出鸞文，在由記錄生將鸞文記錄下來，其餘的成員就參與迎神、接神，敲打鐘鼓，獻花、獻茶、獻酒及獻果的活動。整個儀式過程，許多效勞生涉入的程度並不深，他們幾乎站著參與儀式長達 1 至 2 小時，在唱生唱出鸞文時，他們只能聆聽語意含糊的「傳統語文」，在無法理解神的旨意下，人與神之間的互動程度降低。

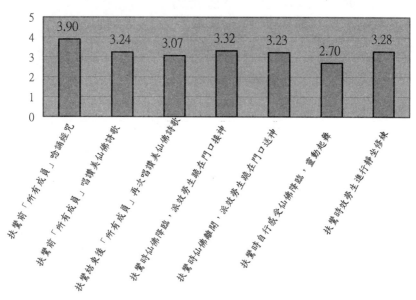

圖3 效勞生參與扶鸞儀式的同意程度

為解決在扶鸞儀式進行時,效勞生參與儀式的「無聊」窘境,部分鸞堂乃思考提升效勞生對儀式參與感。中華玉線玄門真宗及文化院兩個鸞堂,對扶鸞儀式進行改革。

筆者認為他們對扶鸞儀式的改革,可能可以讓效勞生提高參與感,於是將他們的做法操作化成:扶鸞前「所有成員」唸誦經咒;扶鸞前「所有成員」唱讚美仙佛詩歌;扶鸞結束後「所有成員」再次唱讚美仙佛詩歌;扶鸞時仙佛降臨,派效勞生跪在門口接神;扶鸞時仙佛離開,派效勞生跪在門口送神;扶鸞時自行感受仙佛降臨,靈動起舞;扶鸞時效勞生進行靜坐修練等問卷問題。

　　研究發現，這些改革都得到效勞生普遍的肯定，都在「還好」3 分以上的程度，（圖 3）其中，扶鸞前「所有成員」唸誦經咒得分 3.90 分，是所有改革分數最高，這意味著效勞生相當認同扶鸞儀式開始時唸誦「請神咒」，及儀式結束後唸誦「關聖帝君覺世真經」，在念誦經咒過程中，成員得到高度的滿足。會得到效勞生高度的認同主要原因在於他們對「念經」相當熟悉；平時沒有扶鸞，鸞堂效勞生「禮神」的方式之一就是念誦經咒，念誦經咒既是「修道」的基本功夫，也是「累積功德」做法。

　　其他扶鸞儀式改革的做法，如扶鸞前「所有成員」唱讚美仙佛詩歌得 3.24 分；扶鸞結束後「所有成員」再次唱讚美仙佛詩歌得 3.07 分；扶鸞時仙佛降臨，派效勞生跪在門口接神得 3.32 分；扶鸞時仙佛離開，派效勞生跪在門口送神得 3.23 分；扶鸞時自行感受仙佛降臨，靈動起舞得 2.70 分；扶鸞時效勞生進行靜坐修練得 3.28 分。

　　其中和傳統儀式最大的變化是「扶鸞時自行感受仙佛降臨，靈動起舞」及「扶鸞時效勞生進行靜坐修練」這兩項。前者是玄門真宗特殊的做法，每次扶鸞都由兩位「護法」靈動而「翩翩起舞」，這種近乎「跳乩」的行為，顛覆傳統鸞堂的扶鸞儀式。由於違反傳統，很少鸞堂有這種活動，因此，要得到其他鸞堂效勞生肯定的可能性較低應可理解。後者是目前不少鸞堂採取的改良方式，像玄門真宗、真佛心宗及文化院扶鸞儀式進行時，都有讓成員靜坐感受仙佛的降臨，而靜坐是傳統中國佛教、道教及儒教信徒的修練方式之一，因此，接受的程度也比較高。

四、女性參與扶鸞儀式

　　鸞堂大約起於宋朝，最早的鸞文是「太上感應真經」；鸞在傳統中國文化的「宗教神仙價值觀」及「八股考試取材制度」中發展。依傳統「重男輕女」的文化下，鸞堂對女性的歧視，乃可理解；然而，在女性主義（feminism）思潮的衝擊，女子教育程度提升，工作能力增加，生育自主性增強等因素，現代台灣女子地位大幅度提升，鸞堂也深受影響。以前鸞堂的鸞手都是男性，現在已經出現女性鸞手，不僅如此，記錄生、唱生、護法生、禮生也有由女性擔任的現象。女性已經由扶鸞儀式的配角，逐漸轉化成主角，過去她們不得進入鸞堂的內殿，現在已經「升堂入室」，成為神的代言人。

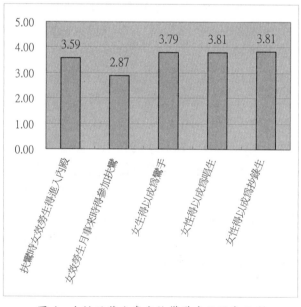

圖 4　女性效勞生參與扶鸞儀式的同意程度

　　筆者為瞭解這種現象轉變被接受的程度，調查發現女性參與扶鸞儀式被接受的程度非常高，像扶鸞時女效勞生得進入內殿，得 3.59 分；女效勞生月事來時得參加扶鸞，得 2.87 分；女生得以成為鸞手，得 3.79 分；女性得以成為唱生，得 3.81 分；女性得以成為抄錄生，得 3.81 分。（圖 4）除了女效勞生月事來時得參加扶鸞，得 2.87 分較低外，其餘得分都接近 4 分「同意」的程度，這種同意程度象徵現代鸞堂的參與者，已經能接受女性扮演傳統男性再扶鸞儀式的角色。我們已經很難在說明，傳統鸞堂現代化過程，對女性的歧視；未來鸞堂將可能接納更多女性扮演扶鸞儀式的重要角色，主要理由是女性參與宗教活動日增，及女子教育程度提升，已經具有成為神代言人的能力。

　　以玄門真宗為例，至少擁有十位女性正鸞手，抄錄生也都是女性為主，真佛心宗也有兩位女性正鸞手；女性鸞手出現在現代的鸞堂，除了具有「尊重女性」的價值觀與行為外，也代表鸞堂擁有新的生命力與活動力。

五、鸞筆變遷

　　傳統鸞堂的鸞筆材質是「桃木柳枝」，它的形式由「龍頭」構成，在龍頭後端銜接「丫字型」的兩根木頭，總重量約 3 公斤。在扶鸞儀式時，它得由正鸞手與副鸞手扶持，在鸞台上搖動。這支頗為「沉重」的鸞筆，扶出鸞文時比較「耗時」；因此，現代部分的鸞堂將鸞筆改良，最主要的改良方式為改成小支的鸞筆，由單人來扶即可。另外一種方式，稱為「金指妙法」，由鸞手直接拿「紅色簽字筆」在紙上書寫，這種方式用在信徒「扣問」仙佛時最多。

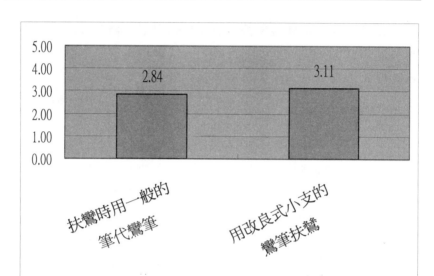

圖 5 　鸞筆改變的同意程度

　　我們對這兩種方式調查之後，發現改良式的鸞筆得到的肯定分數為 3.11 分，以手直接拿筆撰寫鸞文得到的分數為 2.84 分，前者得到「正向」的同意分數，後者得到接近「正向」的同意分數。我們可以解讀為小支鸞筆在部分鸞堂可被接受，能有部分鸞堂堅持使用傳統「丫字型」的龍頭鸞筆。

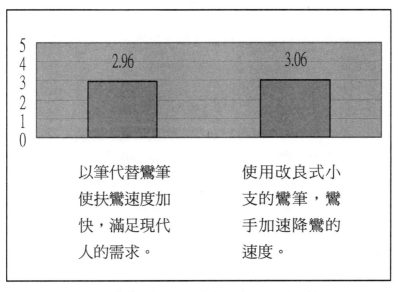

圖 6　鸞筆改良可增進神與人溝通的同意程度

　　筆者進一步調查發現：受訪者同意鸞筆改良可達到「促進人神溝通」的目的，其中「以筆代替鸞筆使扶鸞速度加快，滿足現代人的需求」得分為 2.96 分，「使用改良式小支的鸞筆，鸞手加速降鸞的速度」得分為 3.06 分。這意指鸞筆改良得到受訪者的「中度」肯定，為了加速鸞文的出現，使用現代的鸞筆乃「勢在必行」，但是同意的分數並不高的狀況下，意指鸞文快速出現相當重要，但是傳統鸞堂仍然應該堅持用傳統鸞筆來表達仙佛旨意。

六、扶鸞儀式電腦化

　　現在已經進入電腦工業時代，電腦影響人類社會各個層

面，也衝擊到鸞堂的扶鸞儀式，像玄門真宗在扶鸞儀式時，唱生唱出鸞文，記錄生用傳統方式拿筆記錄，同時有一名記錄生運用電腦立即記錄，再結合多媒體系統，將鸞文展現在鸞堂的外殿，讓所有參與扶鸞儀式的效勞生，感受仙佛降臨及仙佛的話語。

　　經過調查顯現，將電腦及多媒體運用到扶鸞儀式得到高度的肯定，扶鸞時抄錄生用電腦抄錄，得 3.80 分；用多媒體顯示鸞文，拉近人與神距離，得 3.41 分。（圖 7）這兩項分數象徵鸞堂的效勞生願意接受扶鸞儀式運用電腦及多媒體，我們也可以預言，未來鸞堂可能「電腦化」，鸞堂現代化的過程將不可避免電腦化的衝擊，尤其電腦化可以增進鸞堂扶鸞儀式成員的共同參與及人神的溝通。

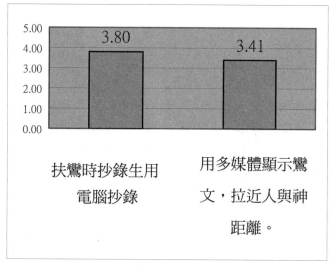

圖 7　鸞堂扶鸞儀式電腦化的同意程度

七、結語

在本調查進行時即對鸞堂儀式變遷產生好奇，經過調查之後發現：

（一）扶鸞時希望仙佛降下鸞文可以混合使用的是白話文或古文。

（二）扶鸞儀式進行時有必要提升效勞生的儀式參與，提升他們的參與可以降低傳統儀式的「無聊」感覺，尤其讓效勞生扮演不同角色，增進儀式進行中的人神互動；靜坐也可提升個人在儀式過程中的宗教修練。

（三）女性參與扶鸞儀式的相當適當，也可預估未來女性將在鸞堂扶鸞儀式扮演重要角色。

（四）扶鸞時使用的改良式鸞筆，得到肯定的分數接近 3 分，象徵傳統鸞堂即使步入現代社會，仍堅持傳統鸞筆。

（五）鸞文記錄及展現和電腦化的結合，得到高度的肯定；也可預言只要鸞堂有人力及財力資源，未來鸞堂在進行扶鸞儀式時，電腦化是不可避免的趨勢。

在現代社會變遷下，鸞堂的扶鸞儀式也隨之變遷，當然其中仍維持部分的傳統，也有一些傳統會被打破，至於扶鸞儀式變遷後是否能促進鸞堂發展，則有待觀察。

國家圖書館出版品預行編目資料

當代台灣宗教發展／張家麟著. -- 初版. --
臺北市：蘭臺出版：2009.03
　　面；　公分. --（台灣宗教與社會叢書：B017）
　　ISBN 978-986-7626-79-0

　　1.宗教史　2.臺灣
　　209.33　　　　　　　　　　98003179

台灣宗教與社會叢書 B017

當代台灣宗教發展

作　　　者：張家麟著
編　　　輯：張加君
美　　　編：Js
出　　　版：蘭臺出版社
地　　　址：台北市中正區開封街一段 20 號 4 樓
電　　　話：(02)2331-1675　傳真：(02)2382-6225
劃 撥 帳 號：蘭臺出版社 18995335
網 路 書 店：http://www.5w.com.tw　E-Mail：lt5w.lu@msa.hinet.net
　　　　　　　　　　　　　　　　　　books5w@gmail.com
網 路 書 店：博客來網路書店　http://www.books.com.tw
網 路 書 店：華文網、三民網路書店
香 港 總 代 理：香港聯合零售有限公司
地　　　址：香港新界大蒲汀麗路 36 號中華商務印刷大樓
　　　　　　C&C　Building, 36, Ting　Lai　Road, Tai Po,New Territories
電　　　話：(852)2150-2100　　傳真：(852)2356-0735
出 版 日 期：2009 年 3 月初版
定　　　價：新臺幣 320 元

ISBN：978-986-7626-79-0